企业社会责任会计体系构建研究

孙红梅　等著

上海财经大学出版社

图书在版编目(CIP)数据

企业社会责任会计体系构建研究/孙红梅等著. 一上海:上海财经大学
出版社,2014.4
ISBN 978-7-5642-1793-8/F・1793

Ⅰ.①企… Ⅱ.①孙… Ⅲ.①企业-管理会计-研究 Ⅳ.①F275.2

中国版本图书馆 CIP 数据核字(2013)第 289233 号

□ 责任编辑 朱静怡
□ 封面设计 张克瑶
□ 责任校对 赵 伟 廖沛昕

QIYE SHEHUI ZEREN KUAIJI TIXI GOUJIAN YANJIU
企业社会责任会计体系构建研究
孙红梅 等著

上海财经大学出版社出版发行
(上海市武东路 321 号乙 邮编 200434)
网 址:http://www.sufep.com
电子邮箱:webmaster @ sufep.com
全国新华书店经销
同济大学印刷厂印刷
上海景条印刷有限公司装订
2014 年 4 月第 1 版 2014 年 4 月第 1 次印刷

710mm×1000mm 1/16 13.75 印张 217 千字
定价:35.00 元

前　言

　　企业社会责任(Corporate Social Responsibility,CSR)是全球化进程中企业无法回避的使命,作为一种国际普遍认同的理念,要求企业在创造利润、为股东利益负责的同时,还要承担对消费者、员工、社区、环境和社会可持续发展的责任。改革开放以来,我国市场经济快速发展,社会财富极大丰富,但是部分掉入利润陷阱的企业缺失了社会责任的履行,存在产品质量低劣、偷逃税款、无劳动保护、污染严重、危害生态等行为。

　　我们课题组长期关注企业社会责任履行问题,从事多项相关的企业社会责任课题研究,围绕企业社会责任范围的界定,社会责任履行与企业绩效的关系,企业履行社会责任的计量、核算、报告等一系列问题进行长期探索,旨在找到切实可行的、促进企业自觉履行社会责任的有效途径。

　　基于前期研究成果,我们进行了企业社会责任会计体系构建的研究,从宏观上系统构建体现现代企业公司治理特征的企业社会责任会计理论框架,从微观上阐明确认、计量、核算、报告和披露等相关理论体系;将公司治理、社会责任同会计学有机结合,创新会计方法,全面、客观、低成本地反映和核算由企业经营活动引起的社会成本和社会效益,推进企业社会责任会计准则的建立。

　　本书是我们课题组共同的研究成果,由孙红梅、宁宏茹、贾茜、刘伟玲及林春涛老师合著,其中上海师范大学商学院孙红梅教授主持负责,并执笔第1、4、5、8章和第3章的第5节,西安外国语大学商学院贾茜老师执笔第2章及第3章的理论部分,陕西科技大学管理学院宁宏茹老师执笔第6章、刘伟玲老师执笔第7章、林春涛老师执笔第3章的实证分析。

　　本书适合关注经济可持续发展的各类人群阅读,也适宜作为高等院校经济管理类专业的研究生教材。

　　非常感谢上海师范大学高端人才基金和商学院财务管理重点学科对本书出版

给予的支持！感谢上海财经大学出版社全体工作人员的辛勤付出！感谢上海师范大学商学院的研究生王雪，陕西科技大学管理学院的研究生李其、马应娇、王成春帮助收集、整理资料；对本书写作中参考阅读的相关文献的作者及数据提供者一并致以诚挚的谢意！

由于水平有限，书中难免存在不足之处，恳请广大读者批评指正。

作　者

2014 年 4 月

目　录

1 ～

绪 论

1.1 研究背景与意义

党的十八大提出"大力推进生态文明建设"、"实现中华民族永续发展"。可持续发展的内涵包括生态持续、经济持续和社会持续,要求整个系统中的任何个体或群体都对此承担责任。企业处于社会系统之中,可持续发展要求企业不仅要关心其经济利益的实现,还要关心社会及公众效益,对生态环境等全部利益相关者都应该负起应承担的社会责任。社会责任的履行是企业可持续发展的重要保证。

改革开放以来,我国经济快速发展,但也出现了一些企业片面追求微观利益的倾向和弊端,暴露出环境污染日趋严重、假冒伪劣产品层出不穷、职工利益得不到根本保证等问题,并引发一系列社会矛盾。为此,大量学者开始研究企业社会责任的相关问题,不少企业开始公告社会责任履行报告。企业是社会最重要的微观经济主体,是商品生产和流通的主要承担者,是生产力发展和科技进步的主导力量,是政府财政收入的主要来源,是经济建设的重要支柱和骨干力量。企业社会责任缺失有悖于我国以人为本的发展方略,不利于经济社会的和谐、健康、可持续发展,不利于我国企业在经济全球化浪潮中占领国际市场赢得竞争优势。企业社会责任履行状况较差,已经对我国经济社会和谐发展及我国在经济全球化浪潮中参与国际市场竞争构成了严重阻碍。企业只有切实履行社会责任,才能消除自身经济发展给社会带来的外部不经济,达到国际社会对企业社会责任的 SA8000 等规范标准,也才能更好地融入国际经济竞争中。

企业社会责任会计出现的直接原因是企业在生产环节中对环境的破坏。环境的恶化,使得大部分国家和企业明白,在创造企业利润的同时,不能忽视承担社会责任,应保护环境,阻止环境的进一步恶化,维持人类的可持续发展。

资源问题是另一个产生企业社会责任会计的原因。企业为了片面地追求利润最大化,在生产过程中浪费很多资源,其中有很多是不可再生资源。为了保护大自然的资源,企业必须肩负起节约资源的责任,在追求利润的同时,通过科技创新,创造更多的资源,保护稀有资源,使企业得到长久发展,同时人类的发展也得到保障。

实践证明,自企业社会责任会计在国外产生以来,国家制定政策、法律,强制披露企业社会责任会计信息,客观上形成对企业履行社会责任的一种监督、检查制度,对企业履行社会责任能起到积极的促进作用。法国曾经强制企业披露对雇员的社会责任,确实有效地缓解了劳资矛盾。例如,企业排放的"三废"污染环境增加了社会成本,致使社会资产减少,通过企业社会责任会计的核算并对其加以披露,就能较好地反映企业经济活动中的这种"外部不经济性",促使企业增加环境保护投资以减少污染,减轻对环境造成的损害。

企业社会责任会计主要是采用会计的方法对企业应该承担的社会责任会计事项进行确认、记录、计量,并核算企业履行社会责任的社会责任成本、社会效益和社会成本,最终向社会各界全面反映企业对社会的各种影响。

目前,我国还没有系统而完整的企业社会责任会计准则用来指导企业社会责任会计实务的开展。企业履行社会责任发生的支出和收益只能零散地与企业的生产经营信息混合在一起,通过传统的会计核算方法体系进行核算,而现有会计体系只能核算企业的经济事项。当企业的社会责任事项发生时,总是以对经济的影响为出发点去核算,纳入经济成本和经济利润处理。例如,企业缴纳的排污费不能被分摊到商品成本中去,所以就作为期间费用处理;企业缴纳的社会责任罚款、对公益事业的捐助等非日常的支出在营业外支出科目核算;企业购买的环保设备在固定资产科目核算;企业获得的各项社会责任奖励、社会责任补助计入营业外收入核算;企业缴纳的矿产资源占用和补偿费在期间费用核算;循环利用"三废"生产商品获得的税收减免在少缴的税款中核算。由此看来,传统的会计核算方法已经不能满足对企业社会责任会计事项的核算和披露的需要,不能满足信息使用者对社会责任信息的需要。社会责任应该作为一种独立的会计交易或事项进行计量,实践呼唤这种新的确认和计量方法。企业社会责任会计既是对传统会计的补充和对接,也是对传统会计职能的扩大,更是为了适应信息的需求变化对传统会计方法的创新。我国亟须建立社会责任会计及其信息披露机制,以反映企业经济活动对社会的影响。

目前,企业社会责任会计准则尚未建立起来,缺位的根本原因是企业社会责任会计体系的研究还不充分。从我们查阅的研究文献来看,社会责任会计研究处于本学科研究体系的基础地位,衡量社会责任与公司财务状况的关系、社会责任报告和披露等方面的研究都必须建立在对社会责任成本、社会效益和社会成本进行准确确认和计量的基础上,也就是必须建立在社会责任会计研究成果的基础上。

因此,本研究的理论意义在于完善会计理论,推进企业社会责任会计准则的建立。本研究将从宏观上系统构建体现现代企业公司治理特征的企业社会责任会计理论框架,从微观上阐明确认、计量、核算、报告和披露等相关理论体系;将公司治理、社会责任同会计学有机结合,创新会计方法,全面、客观、低成本地反映和核算企业的生产经营活动所引起的社会成本和社会效益,推进企业社会准则的建立。同时,由于企业社会责任会计研究在相关研究领域处于基础地位,因此,决定整个研究领域的研究水平。

本研究的实践意义在于规范企业社会责任的履行和报告,促进社会的可持续发展。企业社会责任会计真实地反映企业对社会的贡献及损害,有利于管理部门和利益相关者对企业社会责任履行情况进行监督,切实维护社会大众的利益,最终目的是提高社会整体效益,实现社会净效益最大化;在公司治理机制中体现社会责任范畴,推进企业社会责任管理,从而有利于协调企业的经济目标和社会目标,抑制企业行为的短期化,对实现企业和社会的可持续发展具有切实可行的实际应用价值。

对于公民个人的意义,首先,本研究是员工维护生存权、发展权、劳动权、福利权等权利的有力保障;其次,能使大众分享到企业发展的部分红利,间接地调整社会主体的利益分配格局,提高整个社会的福利。对于企业发展的意义,首先,本研究通过核算得出社会绩效和社会责任成本并加以对比披露,能使企业管理者和投资者认识到自觉履行社会责任会带来企业长期绩效的提高;其次,企业管理层也可以从企业社会责任信息中查找企业管理中存在的疏漏并及时调整,有利于对企业进行经营管理,有助于企业作出社会责任管理决策,积极推动企业自觉履行社会责任,督促企业提高产品质量,增强企业诚信度、创新力和竞争力,提高企业的经营管理能力,提高企业的整体竞争能力,消除企业自身发展中给社会带来的损害,提高企业的经济效益和社会效益。对于国家经济社会发展的意义,首先,本研究有利于消除企业经济发展中给社会带来的损害,提高社会效益,增加社会福利,有利于整个国家的经济社会可持续发展。对于构建和谐社会,深入落实科学发展观,实现国家提出的可持续发展战略,使我国进一步融入全球化发展进程,全面参与国际合作与竞争;其次,对企业社会责任进行核算和披露,有助于国家对企业进行管理,有助于国家的宏观调控、社会管理;再次,会计学的产生与发展总是能折射出社会经济管理需求的变迁,加强社会责任会计研究,可以提高社会责任信息质量,利于社会责任会计信息的生成和披露,弥补传统会计信息不能弥补的信息缺失,满足政府、公众、企业、消费者等社会各界对社会责任信息的需求,为其决策提供依据。

1.2 研究内容与方法

本书研究内容主要涉及三个方面:一是企业社会责任范畴。探索为保障企业有效履行社会责任促进可持续发展的相关制度安排与组织建设的范畴,包括制定可持续发展的社会责任目标、公司治理结构、分解企业社会责任目标到企业经营管理的各个环节等。我国在《企业内部控制应用指引第4号——社会责任》中规定,企业的社会责任包括安全生产、产品质量、环境保护、资源节约、促进就业、员工权益保护等方面。本研究拟将其与公司治理融合,并体现在会计核算和监督中。二是企业社会责任与可持续发展的相关关系的实证分析。主要通过上市公司近几年的绩效数据与社会责任报告公告的责任履行行为,实证分析两者的相关系数,探索社会责任履行对企业绩效的影响度。三是可行的、低成本的企业社会责任确认、核算、计量方法及报告和披露的方式。综合运用三维立体会计核算方法的研究成果,将企业应履行的社会责任融入公司治理机制中加以计量和核算,建立可行的低成本的企业社会责任会计确认、核算和计量方法。增加社会性、政策性和强制性核算原则,调整会计要素,建立规范的社会资产负债表、社会收益表、增值表和环境损益与效益对照表等报告形式,对企业社会责任履行情况进行综合报告与披露。

本研究主要运用的研究方法有:(1)三维立体会计核算法。综合运用三维立体会计核算方法的研究成果,将企业应履行的社会责任融入公司治理机制中加以计量和核算,降低社会成本和效益核算成本。(2)多学科理论交叉应用。将会计学与社会学、经济学、计量学、生态学等学科的发展结合起来,综合运用会计、战略管理、组织行为、统计、财务管理等学科的理论,对可持续发展的企业履行社会责任的内容、实施保障进行探索。(3)实证分析法。根据分析变量指标,运用统计软件 STATA9 实证分析企业社会责任与公司治理的关系。(4)比较分析法。通过社会责任会计与传统会计的比较,通过国内外企业社会责任会计理论、实务的对比,寻找异同、分析原因,借鉴与创新并举探索适合我国实际情况的可行的企业社会责任会计核算方法。(5)规范分析方法。根据企业社会责任会计的理论基础,运用演绎法分析并分项列示企业对各利益相关者所承担的社会责任,解决企业社会责任会计核算范围广泛、头绪太多的问题。演绎分析之后,本书应用归纳法将分散核算的社会责任会计数据按照编制的报表、汇总得出企业在某一具体的会计期间内履行社会责任的总体情况。

1.3　文献综述

企业社会责任(Corporate Social Responsibility,CRS)这一概念起源于 20世纪初的美国。20 世纪初,随着市场经济的迅速发展,企业作为社会的组成部分,其影响力也在日益增强。企业的产生虽然为社会创造了巨大的物质财富,促进了社会的发展,但同时也消耗了大量的社会资源,带来了各种问题,如资源枯竭、环境污染、食品安全、诚信问题等。20 世纪 90 年代中后期,世界悄然兴起了一场"企业社会责任"运动。回顾国内外学者近年来的研究文献,主要从公司治理、股权结构、企业财务绩效、企业竞争力四个方面揭示企业发展与社会责任的关系。

关于公司治理与企业社会责任。国内外的研究理论归纳起来大致可以分为以下三类:一是社会责任的履行与公司治理不矛盾。Berle(1931)指出企业固然是以盈利为宗旨,但是盈利与担负社会责任并非必定发生矛盾,即使产生矛盾,也并非是不可调和的,企业完全有可能同时达到这两个目标。曹素璋(2004)通过对国外文献的总结得出,企业社会责任的履行并非要加重企业负担,而是要企业的经营者改变传统的公司治理思维模式,以一种新的方式来驱动公司取得更长远、更大的效益。二是企业应将履行社会责任作为公司治理的新内容。Deakin 和 Hughe(1997)认为从社会责任的角度来看,公司治理就是关于处理公司内部治理机制与行使公司社会责任关系(从整个社会)的问题①。张兆国(2008)提出,要突破股东至上的公司治理模式,建立起一个能够让公司承担社会责任的公司治理机制。王阳(2009)认为应基于社会责任对公司治理模式进行重塑,并从职工、债权人参与治理等角度对公司治理模式进行论述。三是社会责任的履行与公司治理是相互影响的关系。王长义(2007)规范研究得出,公司治理和社会责任具有历史的渊源性和发展的共生性。公司治理和社会责任都产生于现代大公司的出现,两者统一于利益相关者理论和实践。高汉祥和郑济孝(2010)指出,现代企业的诞生是公司治理与企业社会责任共有的理论源头,以及两者共有的理论内核责任概念,为两者的融合发展提供了坚实的理论基础。

关于股权结构与企业社会责任。Nazh(2007)实证研究得出:如果公司董事持有的股权比例较高,会大大减少公司社会责任披露的信息;如果是政府承担大股东的角色,则公司社会责任信息的披露会相对较多。Burak 和 Monrante(2007)在对瑞典上市公司进行研究时,发现政府控股的上市公司能够更好地履行社会责任。Rashid 和 Lodh(2008)指出,由于不同的控股股东对公司利益具有不同的目标和管理策略,所以上市公司中不同的股权结构会带来不同的社会责任表现。CostanZa、Paola 和 Jaiswal(2008)通过对欧洲上市公司进行抽样分析,发现股权集中度与公司社会责任呈负相关关系,原因在于大股东可能会行使自己的控制管理决策,最大限度地保证股东财富,试图阻止现金流出,削减公司履行社会责任的支出,从而增加自己的短期私利,还有一种情况是大股东只有该公司的临时股权,他可能会从管理上阻止较长的投资,也会使得公司的社会责任表现位于较低的水平。Dezphine 和 Evans(2009)的研究结果发现,瑞典

---

① 宋建波,李爱华.企业社会责任的公司治理因素研究[J].财经问题研究,2010(5).

上市公司的股权结构与它们的公司社会责任有强有力的联系①。崔秀梅和刘静(2009)研究得出国有控股企业与非国有控股企业相比,社会责任的履行更为显著。

关于企业财务绩效(企业价值)与企业社会责任。Grlffin 和 Mahon(1997)统计了 1972～1997 年的 51 篇论文的研究结论,其中正相关 33 篇,负相关 20篇,9 篇研究没有得出明确的结论,部分文章还同时得出正相关和负相关等结论。Cornell 和 Shapiro(1988)提出,企业社会责任代表着公司的外部形象,不同的外部形象会导致相应的财务结果,两者之间存在因果关系。随后Rothenberg(2008)认为创新和产业分化水平是影响公司社会绩效与财务业绩正相关的调节(减速或缓和)因素,尤其在创新水平低的公司和分化水平低的产业中,这种正相关关系更强。同时也有持相反观点的学者,Vance、Holman 和Singer 认为,公司的资源有限,履行社会责任必然要耗费资源,同时也就增加了公司的营运成本,如果其竞争对手不考虑社会责任,那么企业在竞争中就会处于劣势地位。所以,公司社会责任的履行与企业财务绩效呈负相关关系。国内学者对于社会责任与财务绩效关系的研究起步较晚,研究得出的结论也是不一致的,有正的相关关系、负的相关关系和无相关关系。出现这种情况的原因可能是由于评价方法的不一致,而且影响公司财务绩效的因素有很多,很难得出一致的结论。但是认为两者之间存在正相关关系的研究占绝大多数。

关于企业竞争力与企业社会责任。20 世纪 80 年代以前,基于当时西方的社会经济背景,企业生存目标远远大于社会整体的发展,企业股东权益最大化理论也一度优先于利益相关者理论。当时有经济学家认为企业承担社会责任会破坏资本主义自由竞争原则,从而直接降低企业在市场中的竞争力。其中最有影响力的是诺贝尔经济学奖获得者弗里德曼(Milton Friedman,1970)的观点:"企业自愿寻求社会目标会造成经济上的牵制,使企业增加额外开支,使它们面对那些缺乏社会责任的竞争对手难以匹敌……这将打击自由竞争。"还有Richard Posner A、Levitt Theodore 和 Hayek 等人认为,企业履行社会责任会耗费企业有限的资源,使其经营成本增加,造成企业的负担,从而使企业失去竞争力,甚至陷入困境。随着企业社会契约的变化,面对严峻的社会现实,关于企

① 高汉祥,郑济孝.公司治理与企业社会责任:同源、分流与融合[J].会计研究,2010(6).

业是否应该承担社会责任的争论在逐渐减少,持反对意见的经济学家有的后来修改了自己的意见,Greening 和 Turban(2000)认为,如果企业关于社会责任业绩方面的声誉与现象是有价值的、稀缺的和不容易复制的,那么它将为公司带来竞争优势[①]。卡罗尔(Archie B.Carroll,2000)一直坚定地认为"只要企业能有意识地进行这种投资并持之以恒,那么迟早会获得企业在社会资本上的回报。"迈克尔·波特(Michael E.Poter,2003)直接指出:"企业社会责任并不简单意味着成本、约束或者是慈善活动的需要,而是企业实现创新和提高竞争优势的机会。"Porter(2006)指出,竞争优势是社会责任战略、企业内外部环境之间匹配的结果,如果企业主动将社会责任纳入战略,履行社会责任可以成为机会、创新和竞争优势的来源。国内在理论研究方面,殷格非(2005)首次阐述了"责任竞争力"的内涵,他认为企业应运用自身的专业优势解决社会、环境、员工等问题,使企业在履行社会责任的同时经济效益同步提升,竞争力得到增强。刘藏岩(2005)认为,企业履行社会责任可转化为企业的竞争力,有利于企业跨越国际壁垒,能提升企业的长期盈利能力。张红(2008)认为企业社会责任不是企业的负担,而本身就是企业核心竞争力的一部分。杨贤(2008)认为政府和企业的短视行为可能导致中国经济增长的长期性结构问题,如果不及时纠正,可能带来全球经济停滞。在实证研究方面,杨蓉(2008)建立了社会责任和核心竞争力的指标体系,通过回归分析发现,我国上市公司社会责任成本与核心竞争力在总体上呈较强的正相关关系。张旭(2010)从供应商、股东、债权人、员工和政府5个维度选择财务指标衡量企业社会责任,然后用因子分析法计算企业社会责任总得分。随着经济环境的改变,大多数学者还是认为社会责任的有效履行可以帮助企业树立良好的社会声誉,提升企业的品牌形象,提高顾客的满意度和忠诚度,吸引高素质员工,优化竞争环境,最终获得持续竞争优势。

美国会计学家戴维·F.林诺维斯(David.F.Linorwitzki)于 1968 年在《会计职业和社会进步》一书中最早提出"企业社会责任会计"这一概念。戴维认为,企业社会责任会计是会计学在社会学、政治学、经济学等其他学科中的应用[②]。美国学者埃斯坦斯(Lovestance,1976)出版专著《企业社会会计》、阿迈

---

① 李灿.企业社会责任与竞争力研究综述[J].统计与决策,2009(19).

② David S. Gelb, Joyce A. Strawer. Corporate Social Responsibility and Financial Disclosures:An Alternative Explanation for Increased Disclosure[J]. *Journal of Business Ethics*,2003(3).

德·贝克奥依(Ahmed Belkaoui,1981)著《会计理论》,以"会计的未来"为主题,把社会责任会计作为未来会计发展的趋势之一。杰佛里·S.阿潘(Jieferri. S. Apan)和李·H.瑞德宝(Li. H. Rnidebao,1081)在合著的《国际会计与跨国公司》中全面而深入地研究了企业社会责任会计的主要内容、计量特点和计量技术、报告和披露等更详细的问题①。马修斯(Matthews,1984)、阿德巴育(Adebayor,2000)分别定义了社会责任会计。美国注册会计师协会(AICPA)、美国会计学会(AAA)、全国会计师协会(NAA)对企业社会责任会计的计量研究作出了突出的贡献。1984 年,英国会计学家特雷佛·干布林(Terefer. Ganbulin)在著作《社会会计学》中认为会计学要和经济学、社会学等学科相结合才能适应社会经济环境的发展。

　　关于企业社会责任会计的内容。1975 年,法国政府在《关于公司法改革的报告》中建议企业每年公布《社会报告》,但《社会报告》要求揭示的社会责任信息从内容上讲侧重于反映企业对雇员的社会责任,具体包括员工工资、员工数量、劳动保护、工作环境、员工健康、员工家庭的生活状况等内容。1974 年 2 月,由美国会计人员协会成立的企业绩效委员会在《管理会计》期刊上发表了一篇专题研究报告,报告中将社会绩效分为四个主要范围:社会关系、人力资源、自然资源、环境贡献。2001 年经济优先权委员会(Council on Economic Priorities,CEP)在其发表的全球第一个社会责任国际通用准则中规定了社会责任的九个要素,分别是童工、安全卫生、歧视、工作时间、薪酬、管理等方面。

　　关于企业社会责任会计的计量问题。1972 年,会计学家戴利在其学位论文中系统论述了企业社会责任会计的目标和计量问题。AICPA 于 1974 年在美国查理斯顿举行的社会计量会议极大地推动了社会责任会计计量的研究。之后,AICPA 在其研究报告《企业社会业绩》中建立了初步的企业社会责任计量方法体系。20 世纪 80 年代末,乔治斯坦纳(Georgesteiner)教授通过调查企业社会绩效指出企业社会责任会计需要发展和应用适当的计量技术。阿伦·肯尼迪(Alen. K. Kennedy)著的《社会责任计量》对企业社会责任会计计量进

---

① Kim Eckart. Seminar Urges Business to do the Right Thing. The News Tribune Tocama,WA,2001 (11).

行了系统阐述。

关于企业社会责任会计的报告与披露。1980年,英国会计准则委员会(ASSCC)在《公司报告》中建议企业编制包括传统的财务报表、增值表、公司前景报告、就业报告的社会责任报告披露企业的社会责任履行状况。1982年,国际会计与报告准则专家小组(GEISA)发表《联合国跨国公司行为准则草案》,要求跨国公司披露的社会责任信息既包括货币信息,也包括非货币信息。1997年西蒙出版了著作《构建公司受托责任》,以案例形式介绍了社会责任报告并且建立了社会责任报告的五步骤模型。2001年12月12日,长期致力于社会责任和环保研究的经济优先权委员会(Council on Economic Priorities,CEP)发表了全球第一个社会责任国际通用标准,并且该标准可用于第三方认证①。

20世纪90年代以来,企业社会责任会计受到许多发达国家政府、会计职业团体、理论界的高度重视。美、日、英、法、德等国政府陆续出台了有关规章制度,要求企业必须严格遵循并切实履行各项社会责任,企业社会责任会计制度应运而生。企业社会责任会计作为一个新的会计学分支,从传统会计的为一个企业的利益服务,扩大到为企业的各利益相关者的社会利益服务,会计的核算范围也不再仅仅局限于企业内部的财务收支和财务成果,而是扩大到核算企业的社会责任成本和各利益相关者的社会效益。

从法国的会计模式来看,企业社会责任会计备受重视。1977年法国政府颁布法令要求雇员750人以上的企业必须编制社会资产负债表,并且要用货币金额披露企业履行社会责任的状况;1982年扩大了企业社会责任披露范围,规定300人以上的企业必须披露社会责任状况。法国社会责任会计强制披露的信息有:对员工的社会责任包括员工构成、劳动报酬、福利待遇、职工健康、劳动环境、员工培训等,对社会环境的社会责任包括节约能源、降低污染、对社区环境的贡献和社会慈善捐助等。由此可见,法国政府对企业社会责任披露内容规定得相当详细,对企业社会责任会计相当重视,使企业社会责任会计服务于对整个国民经济的管理。

英国也比较重视企业社会责任会计。早在1950年,英国会计准则委员会

---

① Heledd Jenkins, Natalia Yakovleva. Corporate Social Responsibility in the Mining Industry: Exploring Trends in Social and Environmental Disclosure[J]. *Journal of Cleaner Production*, 2004(10).

（ASSC）就出版了《公司报告》，鼓励企业在传统财务报表之外编制社会责任报告披露企业社会责任信息。英国政府颁布立法规定应该披露的企业社会责任会计信息有：雇佣员工的民族、身体状况、报酬待遇等基本信息，工作场所劳动保护、安全保障信息，社会捐助信息，能源耗用状况和治理工业废水、废气、废渣状况，公司前景信息，社会效益状况等。特别应该值得一提的是，20 世纪 70 年代，英国政府就把员工工资薪金数据作为强制披露的内容之一。英国政府规定的社会责任披露企业范围较法国要广泛，100 人以上的企业就要披露企业社会责任会计信息。

除美国、法国和英国以外，日本、德国、意大利和瑞典等国也非常重视企业社会责任会计的理论研究和在实践中的应用，但是，迄今为止还没有一个国家建成了完善的社会责任会计体系，没有统一的规范和标准，因此各国企业社会责任范畴和会计报表的内容并不相同。

国内研究起步较晚，最早见于葛家澍（1985）对西方会计学的介绍和研究中，后有学者李铜新（1985）、李皎予（1989）、陈文华和尚丽（1988）等借鉴国外社会责任信息披露要求，提出社会责任会计概念以及社会平衡表和社会责任损益表；其后关于社会责任会计的概念有很多，其中，比较有代表性的观点是葛家澍和林志军（2001）提出："所谓社会责任会计，就是要以货币或非货币形式，把企业在环境保护、就业、雇员培训、反种族歧视、医疗劳保、与社区之间的联系等方面的努力与成就通过一定的会计方法加以衡量和报告反映。"学者姜国华（2011）、王立彦（2011）、张亚梅（2001）、吴联生（2005）、胡承德（2009）等，分别从宏观和微观角度对社会责任会计进行定义，认为社会责任会计的研究内容不能面面俱到，主要包括企业对员工的责任、对生态环境的维护、对社会和本地区的责任、对消费者应履行的责任和其他责任。在社会责任会计要素确认和计量方面分别有学者张隆兴（1995）、祁新娥（1999）、张亚梅（2001）、姚正海（2003）、李洁（2012）等，提出社会收入、社会成本、社会收益、社会资产、社会求偿权和社会资产净额六要素论，历史成本与主观分析相结合、预防成本法、社会公正法、间接评价法、机会成本法、替代品评价法等计量方法。学者吴俊（1994）、田昆儒（1998）、黎精明（2004）、刘长翠和孔晓婷（2006）、刘菁（2012）等，分别针对不同时期、不同行业上市公司的社会责任信息披露情况进行研究。学者冯巧根（1992）、陈玮（1994）、宋献中（1992）等还对社会责任会计的理论基础进行了大量研究,分别提出西方福利经济学派、马歇尔的"外部经济"理论和庇古的"外部效应"理论。国内对社会责任会计要素的研究主要有"四要素论"、"五要素论"、"六要素论"三大观点。胡素华(2008)构建了社会责任会计的概念框架,认为社会责任会计的会计要素主要包括四个方面:社会交易、社会资产、社会负债和社会损益。李素枝、谭翀和刘胜花(2009)认为,社会责任会计要素可借鉴传统会计要素形式进行分类,但又有所区别,提出了社会责任资产、社会责任负债、社会责任收入与社会责任成本四大要素。张亚梅(2001)则提出了社会责任会计核算的五个要素包括社会成本、社会效益、社会产权、社会资产和社会资产净额。陈东升和阳秋林(2008)初步讨论了建立社会责任会计准则的可行性,并提出了社会资产、社会负债、社会成本、社会收益、社会净资产等社会责任会计概念。姚正海和孙自愿(2003)认为,社会成本效益法下会计制度的设计可以确定六个社会经济要素:社会收入、社会成本、社会收益、社会资产、社会求偿权、社会资产净额。王爱国(2009)从传统会计恒等式出发,提出了社会责任会计的六大要素:社会责任资产、社会责任负债、社会责任权益、社会责任收入、社会责任费用及社会责任利润。在核算内容方面,众多学者(吴俊,1994;刘长翠,1997;田昆儒,1998;张亚梅,2001;罗金明,2006;等)首先是从企业利益相关理论出发,探讨企业社会责任所应当包含的具体内容,并在此基础上结合我国实际国情,提出了我国社会责任会计所反映、核算的内容应当包括以下六个方面:企业对员工履行的责任;企业对生态环境维护的责任;企业对社会及本地区的责任;企业对消费者应履行的社会责任;企业应履行的其他社会责任;企业收益方面的责任以及企业对政府履行的义务。此外,宋献中(1997)、刘秀琴(2003)认为,社会责任会计核算的内容包括社会效益和社会成本的组成项目。前者包括质量效益、环境效益、充分就业效益、社会保险及教育效益、外援效益和其他效益;后者则包括社会物耗成本、社会人工成本、土地使用成本、资源耗损成本、资金使用成本、环境污染成本、社会管理费用、工伤及职业病成本和其他社会成本。岳彦芳和袁晋芳(2005)则认为,社会责任成本包括环境成本、资源成本、消费者责任成本、社区公益成本和其他责任成本。

国内外学者的大量研究不仅推动了社会责任会计理论的进步,更推动了企业社会责任实践的运行,研究成果对本研究具有重大的启示和借鉴作用。但是,在以下三个方面需要作进一步的研究:一是关于企业社会责任会计体系的理论研究不足,对企业履行社会责任的范围界定模糊,也尚未明确相应的社会责任会计核算内容,缺乏独立系统的核算体系。二是对社会成本和效益予以确认和计量的方法需要企业去做大量的数据调查与核实,导致企业提供社会责任会计信息的成本偏高,这在一定程度上使得社会责任会计的应用难以推广。三是基于公司治理的企业社会责任会计研究不足,企业社会责任会计在企业的推行缺乏公司治理方面的保障。本研究在国内外学者研究的基础上,将企业履行的社会责任融入公司治理机制的构建中,创新会计方法,用尽可能低的成本确认、计量、核算和报告,披露企业社会责任的履行情况,研究企业履行社会责任促进长期可持续发展的社会责任会计体系。

1.4　理论基础

1.4.1　福利经济学理论①基础

福利经济学以社会福利为研究对象,研究福利的评价标准,进而强调企业所应履行的社会责任。福利经济学认为,人类只有通过彼此之间的协作才能共同生存和发展下去,社会福利成为解决社会问题的良方,承担和履行社会责任是每个企业和个人应尽的义务。庇古指出,外部效应问题是市场本身无法克服的内在缺陷,如果政府始终恪守传统的"守夜人"职责,它将始终构成市场有效运行的一种威胁。庇古建议,为了实现帕累托最优结果,国家必须越出传统上规定的边界,利用国家拥有的征税权力,对那些制造外部影响的企业和个人征收一个相当于私人与社会边际成本差额的税收或给予同等数量的补贴,具体视外部效应的性质(有利还是有害)而定,使企业和个人自动地按照效率标准提供最优产量。借助国家的干预,市场秩序又得以重建。福利经济学外部理论认为,企业的外部不经济性将导致资源最优利用的偏差,造成环境污染、资源过度使用等问题。这些外部效应就是企业应履行的社会责任。

---

①　福利经济学(welfare economics)是研究社会经济福利的一种经济学理论体系。它是由英国经济学家霍布斯和庇古于20世纪20年代创立的。庇古在其代表作《福利经济学》、《产业变动论》、《财政学研究》中提出了"经济福利"的概念,主张国民收入均等化,建立了效用基数论等。

1.4.2   制度经济学理论^①基础

制度经济学是企业社会责任会计的另一个重要的理论基础。制度学派的经济学家们,基本上都重视对非市场因素的分析,诸如制度因素、法律因素、历史因素、社会和伦理因素等,其中尤以制度因素为甚,强调这些非市场因素是影响社会经济生活的主要因素。因此,他们以制度作为视角,研究"制度"和分析"制度因素"在社会经济发展中的作用。科斯(Coase)在制度分析中引入边际分析方法,建立起边际交易成本概念,为制度经济学的研究发展开辟了新领域。诺斯(North)曾经说,有了"交易成本"这个发现,我们才找到了解释制度存在和制度变迁的方式,才使我们可以解释整个经济在体制上的变化。比如,我们运用"交易成本"概念可以理解制度为什么会存在,制度是怎样发生变化的,人们为什么以及怎样采用更经济的方式来组织生产和交换活动等。现实情况中,部分国际组织也制定了社会责任守则。如《世界人权宣言》及《联合国儿童权益公约》制定了 SA8000 社会责任体系,这个体系主要是对工作环境和工人所关心的问题提出要求,内容涉及童工、强迫劳动、健康与安全、歧视、惩戒性措施、工作时间、工资报酬、管理体系等方面。这个体系强调企业和组织的社会责任,倡导的是劳工权益监督标准化。

1.4.3   环境经济学理论^②基础

环境经济学是研究经济发展和环境保护之间相互关系的学科,是经济学和环境科学交叉的学科。环境经济学作为经济学的一个分支学科,最早兴起于 20 世纪五六十年代。当时在西方发达国家,严重的环境污染激起强烈的社会抗议,引起许多经济学家和生态学者重新考虑传统经济定义的局限性,从而把环境和生态科学的内容引入经济学研究中。环境经济学的形成和发展,同时在两个方面为人类知识的发展作出了贡献:一是扩展了环境科学的内容,使人们

---

①   制度经济学是把制度作为研究对象的一门经济学分支。它研究制度对于经济行为和经济发展的影响,以及经济发展如何影响制度的演变。新制度经济学的研究始于科斯(Coase)的《企业之性质》,他的贡献在于将交易成本这一概念引入经济学分析中,并指出企业和市场在经济交往中的不同作用。

②   环境经济学是以经济学为理论基础的一门经济学科,是研究经济发展和环境保护之间的相互关系,探索合理调节人类经济活动和环境之间的物质交换的基本规律,其目的是使经济活动能取得最佳的经济效益和环境效益。环境经济学的基本理论是:环境是资源,是劳动对象,是生产力的要素之一。

对于环境问题的认识增添了经济分析这个极为重要的视角;二是实现经济科学在更为现实和客观的基础上得到发展,增强了经济学对于社会现象和人类行为的解释力,为人类克服环境危机的现实行动提供了极大的帮助。

造成环境的污染和破坏,除了人们未能认识的自然生态规律外,从经济原因上分析,主要是由于环境资源的产权制度缺损以及对于环境资源使用上的社会贴现率与私人贴现率不一致。由于产权制度缺损导致如河流、林地和草场等环境资源使用上产生"公用地的悲剧",而私人贴现率与社会贴现率的不一致,又会导致在资源利用过程中,没有全面权衡经济发展和环境保护之间的关系,只考虑近期的、直接的经济效果,忽视经济发展给自然和社会带来长远的影响。

人类和社会系统与其所处的环境之间的依存关系,只有符合经济社会发展规律和自然生态规律的发展才能持续下去。环境经济学对资源和环境的计量方法,以及某些理论观点对企业社会责任会计的确认、计量等产生重要影响。

1.4.4 企业社会责任观基础

企业主要承担的社会责任包括对股东、职工、债权人、消费者、社区和公益性几个方面。第一,对广大股东利益的维护不容忽视。第二,对职工的社会责任。为员工提供安全和健康的工作环境是首要责任,同时为员工提供平等的就业机会、升迁机会、接受教育机会,以及参与企业管理的民主性,调动员工的积极性。第三,对债权人的社会责任。由于债权人通常无权介入企业内部经营管理,甚至对其一无所知,于是债权人的利益也无从得到保障。因此,企业应该依据合同约定和法律法规对其负有相应的义务,这种义务也是企业所承担的社会责任之一。第四,对消费者的责任。消费者有三方面的权利:安全的权利、知情的权利、自由选择的权利。第五,对所在社区的社会责任。企业与社区建立和谐的关系对企业的生存发展和社区的繁荣具有重要意义。企业与社区相互促进、共同发展,良好的社区环境和高素质的人群是企业发展的有利条件。总之,企业积极承担社区责任,为企业提高良好信誉,为社会和谐、进步和发展尽一份力量。第六,公益性社会责任。主要包括向社会公益性单位诸如医院、福利院、贫困地区提供捐赠等。

1.4.5   可持续发展理论①基础

科学发展观要求在实现经济和社会更好更快发展的同时,必须掌握运用现代化建设的基本规律,企业应该协调发展,更要求和谐发展。在近年来的市场经济体制建立过程中,我国众多企业可以说获得了相当的超额利润,创造了辉煌的工业文明。但是,在这些"辉煌"的背后,不少企业将自身的经济利益放在了首位,忽略了在环境保护、劳工福利等方面应承担的社会责任,用国家的资源创造着自己的利润。社会责任会计是社会学和会计学的统一,通过采用会计所特有的计量方法来衡量企业的经营活动,促使企业在实现自身利益的同时也保证社会整体利益的实现。因此,中国企业只有积极地承担社会责任,构建起基本的社会责任评价体系,才能更好地落实和贯彻科学发展观,顺利实现企业的可持续发展。这个理论的提出,是人类的进步,也是企业社会责任会计赖以生存和成立的理论支柱。

科学发展观以整个社会经济生活为背景,是指在城乡、区域、社会、人类与自然以及国内外等宏观领域中,坚持以人为本的思想,对经济社会生活中的各类现象进行科学分析,在宏观指导思想上明确怎样实现经济社会与人的全面协调发展。而社会责任会计则是指在以企业为主体的微观领域中,明确企业在自身的经济活动中应承担的社会道德责任,指导企业在其盈利行为中应怎样具体地对待个体的人和自己所处的社会,实现企业与社会环境的共同发展。社会责任会计的建立,可以说是科学发展观的具体化。

1.4.6   利益相关者理论②基础

1984年,弗里曼(Freeman)出版了《战略管理:利益相关者管理的分析方法》一书,明确提出了利益相关者管理理论。利益相关者管理理论是指企业的

---

①   可持续发展理论的形成经历了相当长的历史过程。20世纪50~60年代,人们在经济增长、城市化、人口、资源等所形成的环境压力下,对"增长＝发展"的模式产生怀疑并开展讲座。1962年,美国女生物学家莱切尔·卡逊(Rachel Carson)发表了一部轰动世界的环境科普著作《寂静的春天》,引起了人类关于发展观念上的争论。可持续发展的概念,最早于1972年在斯德哥尔摩举行的联合国人类环境研讨会上正式展开讨论。

②   利益相关者理论可以在契约理论和产权理论中找到理论根基。弗里曼等提出,"企业是所有相关利益方之间的一系列多边契约",契约的主体可以是管理者、雇员、顾客、供应商等,他们都向企业提供了特殊资源,当然应有相应平等谈判的权利。

经营管理者为综合平衡各个利益相关者的利益要求而进行的管理活动。与传统的股东至上主义相比较,该理论认为任何一个公司的发展都离不开各利益相关者的投入或参与,企业追求的是利益相关者的整体利益,而不仅仅是某些主体的利益。

利益相关者包括企业的股东、债权人、雇员、消费者、供应商等交易伙伴,也包括政府部门、本地居民、本地社区、媒体、环保主义等的压力集团,甚至包括自然环境、人类后代等受到企业经营活动直接或间接影响的客体。这些利益相关者与企业的生存和发展密切相关,他们有的分担了企业的经营风险,有的为企业的经营活动付出了代价,有的对企业进行监督和制约,企业的经营决策必须要考虑他们的利益或接受他们的约束。从这个意义上讲,企业是一种智力和管理专业化投资的制度安排,企业的生存和发展依赖于企业对各利益相关者利益要求的回应的质量,而不仅仅取决于股东。这些正是企业必须履行的社会责任。

1.4.7　社会学理论[①]基础

社会学认为,企业不仅仅是一个经济个体,而且是一个社会关系集合体。企业和社会有着千丝万缕的利益关系。企业只有以这些社会关系为基础,才能生存和发展,才能实现其经济目标。必须谋求与社会利益相协调一致,承担起必要的社会责任。因此,社会学是企业社会责任会计的理论基础之一。

1.4.8　会计学原理基础

企业社会责任会计是会计学的分支之一,企业社会责任会计的核算原理和方法沿用了会计学的核算原理和方法,包括会计确认、计量、报告、披露等会计基本程序,以及编制会计凭证、登记会计账簿、编制会计报告等会计方法,还有由会计主体假设、会计分期假设、持续经营假设、货币计量假设等组成的会计基本假设和由真实性原则、重要性原则、相关性原则等会计原则构成的会计规则体系。因此,会计学原理是企业社会责任会计的理论基础。

---

① 社会学理论是社会学家思想的结晶。从孔德的实证主义到吉登斯的结构化理论,从严复的《群学肄言》到孙立平的《断裂》三部曲,社会学理论的发展走过了近 200 年的历史。在这 200 年中,众多社会学家为我们留下了各种各样思想,其中有些还形成了独特的门派。这些思想被后人编撰,形成了社会学理论。

2

企业社会责任范围的界定

对企业社会责任的研究基础包括社会责任内涵和企业社会责任内容的研究。企业社会责任内涵的研究包括国内和国外所有学者对企业社会责任的定义的研究,即为该问题的内涵研究;企业社会责任内容的研究则是针对国内外所有学者对企业社会责任的范围和内容进行研究,即为该问题的外延的研究。

2.1 企业社会责任的内涵界定

企业社会责任的内涵解决的是企业社会责任是如何定义的问题,也就是企业社会责任是什么的问题。下面将从国外的主要研究中寻找企业社会责任的内涵。

2.1.1 国外的主要观点

企业社会责任的概念在过去的 50 年中经历了多样化的历史过程。世界各地的企业社会责任研究主要集中在发达国家,许多正式的著作出版相继为企业社会责任研究添砖加瓦。不同时期在各个国家相关的理论和实践都有所发展。在这里,我们只能简单叙述、把演变的主要贡献者及其理论在此做一个展现。

2.1.1.1 社会责任的起源:20 世纪 50 年代

在企业社会责任的早期著作中,企业社会责任更多地被称为社会责任,这很可能是因为现代公司的声望和业务的主导地位还未被注意。鲍恩(Bowen)

1953 年发表的《商人的社会责任》一书具有里程碑意义，因为它开启了现代著作对企业社会责任这一问题的争端。鲍恩写这本书始于一个信念——强大的企业是权力和决策的重要中心，而且这些公司的行为感动了许多公民的生活。

鲍恩(1953)所载的商人的社会责任初始的定义为："它涉及商人推行政策、做决定或按照这些行动的义务。"鲍恩认为社会责任不是万能药，但它包含了一个重要的事实，那就是以后的商业活动必须被引导①。在鲍恩(1953)企业社会责任概念中包含了三个重要的内容：(1)现代大公司是承担社会责任的主体。(2)实施企业社会责任的是公司管理者。(3)企业社会责任是自愿的。鲍恩也因为他早期对企业社会责任的开创性的工作，而被卡罗尔称为"企业社会责任之父"。

20 世纪 50 年代还有一些其他的关于企业社会责任的重要著作，如斯拉克曼(Selekaman)1959 年的《管理道德哲学》和霍尔德(Heald)1957 年的《对社会的管理责任》。

2.1.1.2 社会责任发展：20 世纪 60 年代

如果说 20 世纪 50 年代的相关文献还十分缺少的话，那么 60 年代在尝试更规范、更精确地陈述什么是企业社会责任的研究上取得了显著进步。在这期间，最知名和较早研究企业社会责任的学者就是基思·戴维斯(Davis)。戴维斯(1960)认为企业社会责任是指"商人的决策和行为至少有一部分不是出于公司直接的经济和技术利益"②。在后来与他人合著的文章中，戴维斯(1966)企业社会责任的定义扩大为：一个人要考虑他的决策和行为对整个社会的影响。当商人考虑那些受企业行为影响的人的需要和利益时，他们承担了企业社会责任③。在戴维斯看来，企业在承担社会经济责任的同时，还要承担社会人类的责任。这本身就是一种权力与责任的平衡。所以说戴维斯的企业社会责任不但包括经济方面，还涵盖了非经济方面。在 60 年代对社会责任定义的另一个主要贡献者是约瑟夫·麦基尔(Joseph Mc Guire)。在他的《商业和社会》(1963)一书中，说到社会责任理念下假设公司不仅有经济和法律责任，还有某些超越

① Bowen. Social Responsibility of The Businessman. New York：Harper and Row,1953：44.

② Davis.Can Business Afford to Ignore Social Responsibilities? California Management Review,1960：70.

③ Davis and Bromstrom. Business and Its Environment. New York：McGraw-Hill,1966：12.

这些责任的东西。麦基尔(1963)的定义比以前更精确,即使他没有澄清这些超越经济和法律责任的东西是什么。在他后来的文章中,阐述了公司必须对政策、社区福利、教育、雇员工作满意度等方面感兴趣。因此,企业应当被视为特有公民,而且它的行为必须是"公正的"。可以看出,麦基尔后来的看法暗示了商业道德和企业公民的概念。

2.1.1.3　企业社会责任研究的扩展:20世纪70年代

20世纪70年代有大量研究企业与各类社会问题方面的文章。但至70年代中期,企业社会责任更多地被称为"企业社会回应",这有它产生的一定背景。60年代社会的不稳定,导致企业所处的外部环境发生巨变,而企业在面对诸如外国竞争、消费者运动和环境保护等问题不得不作出正面回应,以满足社会需求和社会期望,应对社会压力和管理社会问题。

阿克曼(Ackerman,1973)被认为是最早提出企业社会回应概念的学者。后来他和鲍尔(Bauer)于1976年合发的著作中还把企业社会责任与社会回应作了区分。他们认为企业社会责任只强调承担的义务,而社会需求的回应不应该只考虑"该做什么",而是"做什么"的问题,因此企业社会回应能更确切地反映社会问题与经济行为之间的紧密关系。他们所给出的企业社会回应是一种结合社会需求的企业战略,也是一个制度化的管理过程和决策方式。波斯特和梅利斯(Post and Mellis,1978)认为许多企业对社会问题进行回应时都经过一个回应过程,即认识阶段、政策制定阶段、实施阶段[①]。但是企业社会回应与企业社会责任的关系在学术研究领域充满了争论。以弗雷德里克(Frederick,1978)和塞西(Sethi,1979)为代表认为企业社会回应是企业与社会领域研究的"第二个阶段",而且它可以替代企业社会责任的概念。弗雷德里克1978年的一篇经典的研究生院工作稿(直到1994年才正式发表)中明确定义企业社会回应为"企业回应社会压力的能力,"[②]并指出企业社会回应更注重的是方法与效应,它避开了企业社会责任的理念,而着重强调公司管理者与社会之间的关系,敦促公司对环境作出社会回应,以实践角度来替代企业社会责任中那些抽象难懂的准则。正因为如此,他认为比起企业社会责任作为一种完美的理论构造,

---

① Post and Mellis. Corporate Responsiveness and Organizational Learning. California Management Review,1978,Vol.20(3):57.

② Frederick.From CSR1 to CSR2. Business and Society,1994,Vol.33(2):153.

公司社会回应更为切实可行,理论上更能站得住脚,理念上更为充分,所以他把企业社会回应称为 CSR2。卡罗尔(Archie. B. Carroll)也认为企业社会回应不过是与社会责任并行的另外一个方面。沃蒂克和科克伦认为企业社会回应是为企业履行其社会责任提供了一个方法,但两者的概念是同等重要的。70 年代末期,卡罗尔(1979)提出了他的经典企业社会表现模型,他认为企业社会责任、社会问题管理和社会回应三个问题都很重要,所以可以把这三个部分看成是截然不同的、共同构成企业社会表现的三维空间。在第一个维度的企业社会责任被分成四大部分:经济责任、法律责任、伦理责任和自愿责任。这一部分在前面的国外学者对企业社会责任界定一节中已经介绍了,而且还提到了卡罗尔对这些责任的权数划分。第二个维度是对社会问题的管理。卡罗尔指出,我们不仅要明确社会责任的性质,更要通过这些责任联系与其相关的社会问题。但是他并没有对这些问题作出定义,而是说由于社会问题日新月异,所以对其进行详尽说明有难度。第三个维度是企业社会回应,它解答着企业管理者回应社会问题背后的理念、方法和战略。他的这个模型被公认为在研究企业社会责任领域前进了一大步,而且具有持久不衰的生命力,在他本人后续的成果中还有一定的修正。

2.1.1.4 较少的定义,更多的研究:20 世纪 80 年代

1980 年,托马斯·琼斯(Thomas. Jones)也加入了企业社会责任的争论之中。企业的社会责任是公司不只对股东有义务,而且还对在股东以外的超越法律和合约的成员有义务。这些成员包括消费者、雇员、供应商和社区等。琼斯文章中的主要贡献是他强调企业社会责任的过程。当争论以什么构成社会责任很难达成共识时,他提出企业社会责任不应该被看作是一组结果,而应该看作一个过程,而这也被琼斯称为修订或重新定义的概念。在实施企业社会责任的讨论中,琼斯认为公司制定企业社会责任行为是一个企业社会责任决策的过程。琼斯的贡献是重要的,虽然他没有结束与企业社会责任内容有关的辩论。

1982 年,多尔顿(Dalton)和科思尔(Cosier)描绘了一个"2×2 矩阵",模型以"非法"和"合法"作为一个轴,"不负责"和"负责"作为另外一个轴。然后,他们通过四个可能组合描述四个单元格的社会责任。毫无疑问的是,他们得出,对公司来说它们遵守企业社会责任战略是"合法负责"这一组合。从他们来看,

如果一个公司以"合法"和"负责"的态度经营,就是履行了社会责任,虽然这是难以界定的。

1983 年,卡罗尔进一步阐述了他于 1979 年关于企业社会责任的定义,而且把他的自愿责任进一步表述为自愿捐赠和慈善行为,他认为这是自愿活动目前最好的例子。但是 1985 年沃蒂克和科克伦重铸了卡罗尔的三维模型。他们把企业社会责任、企业社会回应和社会问题变为原则、过程和制度。他们认为卡罗尔的定义中社会责任的伦理部分应改为原则,社会回应是一个过程,社会问题管理则是制度。有趣的是,伍德(Wood,1991)修正了卡罗尔的三维模型与沃蒂克和科克伦的定义,而且在他们的基础上提出了他自己的理解。伍德把卡罗尔原来的社会责任中的四个责任改为三个原则:制度原则——合法性;组织原则——公共责任;个人原则——自愿管理。第二维度的修正,伍德把社会问题管理重放到第二维度,与环境评估和利益相关者管理并行为公司社会回应的三个支柱。第三维度的修正中,伍德把公司社会表现归结为企业行为的结果,而这些结果分为三类:公司行为的社会影响、社会方案和社会政策等。

2.1.1.5 利益相关者理论为企业社会责任奠定理论基础:20 世纪 90 年代

20 世纪 90 年代的企业社会责任研究,深深受到利益相关者理论的影响,所以在此我们有必要介绍一下利益相关者理论。利益相关者理论的鼻祖弗里曼给利益相关者作出了一个经典的广义定义:"一个组织里的利益相关者是可以影响组织目标实现或受其实现影响的群体或个人。"[①]弗里曼解释说利益相关者指那些在公司中存在利益或有索取权的群体。进一步而言,供应商、客户、雇员、股东、社区及管理者都包括在此群体中,但是不可否认的是,广义利益相关者概念虽然广泛,但存在一个通病,那就是不能精确定量。后来弗里曼和克拉克森(Clarkson)等人也意识到这一广义概念的缺陷,于是他们试图从定量上来界定利益相关者。他们把利益相关者分为两个层级:第一层级利益相关者和第二层级利益相关者。前者指企业生存和持续经营不可或缺的人,包括股东、投资者、员工、客户、供应商、社区及政府等;后者指左右或影响企业,或受企业影

---

① Freeman. *Strategic Management*:*A Stakeholder Approach*[M]. Pitman Publishing Inc.,1984:46.

响的人或群体。可以看出这个层级是根据利益相关者在公司的地位来划分的，第一层级的利益相关者对公司生存十分重要，是公司正常盈利不可缺少的部分。米切尔(Mitchell,1997)提出了著名的狭义利益相关者理论，他强调了利益相关者的三个关键特征：权力、合法性、紧迫性。权力指具有得到希望结果的能力，合法性指社会所受和预期的行为，紧迫性指利益相关者关注其利益的紧急度。利益相关者理论对企业社会责任的研究作出了诸多贡献。第一，它明确了企业社会责任的定义。利益相关者回答了"企业应该为谁承担责任"的问题，所以企业社会责任应该放到利益相关者理论视角中。第二，它为企业社会责任的衡量找到了正确的方法。早期衡量企业社会责任的方法是混乱的，而这种混乱状态却一直找不到一个有理论基础的衡量方法。像早期的"声誉指数法"、"企业慈善法"都属于上述状态。而从利益相关者理论的视角，企业社会业绩是用其是否满足多重利益相关者的需要来加以衡量的。具体来说，在探讨企业社会责任与公司财务绩效关系的思路上，把企业社会责任的概念转换成利益相关者的概念，即研究利益相关者与企业财务业绩的关系。第三，利益相关者理论为企业社会责任提供了一种理论依据，反过来企业社会责任研究也为其提供了实证检验。

2.1.1.6　21世纪的企业社会责任

世纪之交，国外学者提出了"企业公民"这一概念。洛格斯登和伍德(Logsdon & Wood,2002)认为企业在社会中既有权利也有义务，所以可以把个人公民的概念等同为企业公民，即公司是公民。但穆恩(Moon,2005)认为，从法律地位来讲，企业并不等同于公民。不过，企业和公民一样参与社会，与政府和社会组织合作并管理个人公民权利，所以企业更"像"是公民，是一种比喻的公民。马特恩(Matten,2005)认为企业公民并不是说企业是公民，也不是说企业像公民，而是说企业在公民权管理中起到了积极的社会作用。他把企业公民定义为企业管理个人公民权利的作用，在一定程度上代替政府管理公民权是由于政府无法担当公民权的担保者，而在全球化变化过程中，公民权作用日益明显①。

---

① Matten and Crane. Corporate Citizenship: Toward a Extended Theoretical Conceptualization[J]. *Academy of Management Review*, 2005, Vol.30(1):173.

20世纪90年代和21世纪初企业成为时代的全球公民(Frederick,2008)，21世纪初大家都在关注"安然"时代的丑闻和与它类似情况的消息。直到2008年，当华尔街金融风暴开始席卷全球各地，并将很有可能与我们一起度过一段漫长的时间(Carroll,2009)。尽管如此，企业社会责任继续寻求商业合理性和道德预警取得重要发展，尤其是在英国和欧洲大陆，但继续增长和发展的社会责任主题使其变得不太明显。为企业社会责任寻找商业案例成为其间占主导地位的主题，特别是企业试图合理化、合法化的企业社会活动已经开始，并且仍在继续。在21世纪初，工商界就对可持续性这一概念或可持续发展十分感兴趣，而且这一主题开始成为所有社会责任讨论的一个主要部分。

如今，企业社会责任的概念经过上述六个阶段的发展，定义者和定义的范围都越来越广泛，尽管近年来有关CSR的维度和相关概念依然层出不穷，但它们的基础和核心是一致的，即企业履行CSR是一个核心的商业原则，企业不仅具有经济和法律的义务，而且还有承担超出这些义务之外对社会的责任(Bowen,1953;Mc-Guire,1963;Sethi,1975)。综观国外CSR的定义，总体上可以分为三大类：第一，层次责任观(Levels of Responsibility Theory)。Carroll(1979)认为，CSR是整个社会希望企业履行义务的总和。第二，社会契约观(Integrative Social Contracts)。这种观点认为企业自成立起便与社会之间形成了契约，既包括法律契约，也包括那些隐性契约，以此来规范双方的权利和义务。这些契约包含着一个社会固有的假定和期望，规定了企业有义务遵守其与社会达成的契约，为社会和经济的改善尽自己的义务(李淑英,2007)。第三，利益相关者观(Stakeholder Theory)。Clarkson(1995)认为CSP就是企业管理和满足各个利益相关者(股东、客户、供应商等)的能力。

2.1.2　国内的主要观点

企业社会责任的内涵在中国的发展过程中，经历了从最开始不了解而视其为单纯的贸易壁垒到现在认为它的理念是符合和谐社会主流价值观的巨大转变。

(1)20世纪90年代中期，跨国公司的"工厂准则"在中国兴起。耐克、锐步等跨国公司开始对其中国供应商进行社会责任审查。在此阶段，企业社会责任的概念，更多的是等同为《国际劳工标准》。但这时关于企业社会责任的定义是模糊的,加之我们当时的经济状况还没有谓之现代意义的企业出现,所以对企业社会责任的研究也只是依照国外的研究成果做出的模仿理解。

(2)21 世纪初,中国的理论界对企业社会责任开始进行了比较系统的研究,如刘俊海、卢代富等。卢代富在其 2002 年《企业社会责任的经济学与法学分析》一书中把企业社会责任定义为企业在谋求股东利润最大化之外所负有的维护和增进社会利益的义务。①

(3)2009 年 10 月,中国社会科学院发布《中国企业社会责任研究报告》以"三重底线"和"利益相关者"理论为基础,提出"四位一体"的企业社会责任理论模型。

卢代富和中国社会科学院对企业社会责任所给出的界定是国内学者的代表。前者采用的是狭义的企业社会责任观,即企业社会责任是股东利益最大化之外的产物;而后者沿用的是广义的社会责任观,即把包含股东责任的市场责任纳为企业社会责任的一个支撑点。另外,两者都采用了外延式的方法把定义内的责任都一一列举了出来。所以无论从定义的被认可程度来看,还是界定的全面性来讲,两者给出的界定都是目前国内最富代表性的。

2.1.3 本书的界定

在阅读以上文献的基础上,本研究对企业社会责任的内涵也遵循狭义的社会责任内涵界定,即:企业社会责任是股东追求利益最大化之外的产物,应以企业的经济责任为基础;企业社会责任的内涵界定应采用外延式的定义,将企业主要责任列举出来。因此,本研究认为,企业的社会责任主要包括企业的经济责任、利益相关者责任、环境责任和社会责任。但随着社会发展,新旧事物更替,企业社会责任中还可能会出现其他新型责任。另外,值得一提的是,在企业社会责任的内涵界定中,一般认为企业必须遵守国家的各种法律规范,即企业应在遵守法律责任的前提下来履行各种其他社会责任和经济责任。因此,在本书对企业社会责任的内涵界定中也认为企业的社会责任应该是在遵守和履行企业法律责任的基础上来定义的,企业的法律责任虽然不包含在企业社会责任的范围中,但它是企业履行社会责任的基础。

---

① 卢代富.企业社会责任的经济学与法学分析[M].北京:法律出版社,2002:96.

2.2 企业社会责任范围的界定

2.2.1 国外的主要观点

2.2.1.1 层次责任观(Levels of Responsibility Theory)的责任范围

Carroll(1979)提出了一个被学术界广泛采用的CSR四维模型。CSR包括经济责任、法律责任、伦理责任和慈善责任四个抽象的范畴,并可以看成是一个"金字塔"结构,其中经济责任是企业生存和发展的根本。1997年,英国学者约翰·埃尔金斯顿(John Elkington)提出了三重底线的概念,他认为企业社会责任可以分为经济责任、环境责任和社会责任。经济责任也就是传统的企业责任,主要体现为提高利润、纳税责任和对股东投资者的分红;环境责任就是环境保护;社会责任就是对于社会其他利益相关方的责任。企业在进行企业社会责任实践时必须履行上述三个领域的责任。

2.2.1.2 社会契约观(Integrative Social Contracts)的责任范围

Wartick和Cochran(1985)认为CSP是指在企业社会责任原则、社会反应过程和社会政策相互联系下解决社会问题的结果。Wood(1991)认为CSP包括商业组织在社会责任原则、社会反应过程、政策、方案以及可观察到的产出各自的特征所关系到的公司的社会关系。

2.2.1.3 利益相关者观(Stakeholder Theory)的责任范围

Clarkson(1995)认为CSP就是企业管理和满足各个利益相关者(股东、客户、供应商等)的能力。欧盟把社会责任定义为"公司在自愿的基础上把对社会和环境的关切整合到它们的经营运作以及它们与其利益相关者的互动中"。世界银行提出,企业社会责任是企业与关键利益相关者的关系、价值观、遵纪守法以及尊重人、社区和环境有关的政策和实践的集合。与此同时,研究者们提出并检验了一些与CSR相关的维度。Ernst和Ernst(1978)对《财富》500强披露出的社会责任进行跟踪研究,归纳出CSR的六大范围:环境(污染控制、产品改进、环境治理、废旧物回收),机会平等(种族、妇女、弱势群体、地区平等),员工(安全与健康、培训、个人咨询),社会(公益活动、健康、教育与文化),产品(安全、质量)以及其他(股东、信息公开等)。Isabelle等人(2002)通过对美国和欧洲国家 CSR 调研,得到了 CSR 的 11 个维度:社会:艺术与文化建设、赞助教育、提高全民生活质量、安全和环境保护;顾客:产品/服务质量和安全;员工:平等的机会、健康和安全;股东:创造利润承诺、信息公开、公司治理;供应商:机会公平。Subroto(2003) 列出的企业应该承担相应责任的利益相关者包括员工、顾客、商业伙伴(供应商和竞争者)、社区、环境、股东等。James(2003)指出了企业对各个利益相关者应该承担怎样的责任,认为企业应该对顾客、股东、员工、社区、供应商以及竞争者承担相应的社会责任。

2.2.2　国内的主要观点

(1)在企业社会责任尚不明确的 20 世纪 90 年代中期,学术界袁家方用"三个同心的责任圈"来界定企业社会责任的范围。内圈代表企业的基本责任——向社会提供满足人民需求的商品和劳务与促进经济增长;中圈代表企业的社会责任——企业对变化着的社会价值观念及突出的社会问题给予敏感关注的情况下,发挥其经济作用,诸如环境保护及消费者信息获得方面;外圈代表新涌现的尚未定型的企业社会责任[①]。虽然说这个界定存在许多不完善的地方,但他是我国最早对企业社会责任作出界定的学者之一。

朱慈蕴(1998)认为,公司社会责任指公司对股东这一利益群体以外的,与公司发生各种联系的其他利益群体和政府代表的公共利益负有的一定责任。主要是指对公司债权人、雇员、供应商、用户、消费者、当地住民以及政府代表的税收利益等。他的定义与后来卢代富、李立清等给出的定义都属于狭义的企业社会责任观。

(2)进入 21 世纪后,以卢代富为首的学者对企业社会责任的内容概括为:雇员的责任、对消费者的责任、对债权人的责任、对环境资源的保护与合理利用的责任、对所在社区经济社会发展与社会福利公益事业的责任。他们对企业社会责任的定义有一定的矛盾性,即对雇员的责任和对消费者的责任是否在股东利益最大化之外? 实际上,对雇员和消费者的责任作为企业第一层级的利益相关者,公司对他们的义务与股东利益是直接相关的。

李立清和李燕凌(2005)认为,企业社会责任是企业除经济责任、法律责任

---

① 袁家方.企业社会责任[M].北京:海洋出版社,1990:11.

之外的"第三种责任",是企业在社会领域内对自身行为后果的"回应义务"。企业责任反映出企业以两种不同主体形式出现所必须承担的企业责任。第一是企业经济责任,第二是企业法律责任,第三是企业社会责任。笔者认为企业社会责任不能超出法律的界限,它应该是在法律限定下所做出的行为,难道在尽社会责任的时候我们就可以不用遵守法律了吗? 答案肯定是否定的。

刘俊海(1999)认为,公司社会责任是指公司不能仅仅以最大限度地为股东们盈利或赚钱作为自己的唯一的存在目的,而应当最大限度地增进股东利益之外的其他所有社会利益。刘连煜在其2001年出版的《公司治理与公司社会责任》一书中认为企业社会责任是"营利性公司,于其决策机关确认某一事项为社会上大多数人所希望后,该盈利公司便应放弃盈利之意图,以符合多数人对公司的希望。他对企业社会责任的认识与其说是一种责任,不如说是一种公众的期望,并没有反映企业社会责任是一种积极的责任,是在压力反弹后的一种回应,更多的一种事后性的。而在事前没有压力的情况下,是不是企业社会责任就不存在了呢? 他并没有给出答案。

沈洪涛(2005)把我国的企业社会责任总结为应该是指市场经济环境下的现代公司在创造企业自身经济效益的同时,处理好与公司相关的各种利益群体的利益关系,实现公司与社会的和谐与可持续发展。周祖诚(2005)认为,企业社会责任是指企业应该承担的,以企业的利益相关者为对象,包括经济责任、法律责任和道德责任在内的一种综合责任。

(3)2009年10月,中国社会科学院发布的《中国企业社会责任研究报告》,以"三重底线"和"利益相关者"理论为基础,提出了"四位一体"的企业社会责任理论模型,统计了中国100强企业社会责任发展指数。

责任管理是企业社会责任实践的原点,企业责任管理包括责任治理机制、责任推进工作、责任沟通机制和守法合规体系。市场责任居于模型的底部,仍是企业作为经济性组织的支撑,以提供有价值的产品或服务来取得财务绩效以维持企业长期可持续发展。社会责任居于模型的左上方,涵盖政府责任、员工责任和社区参与。环境责任居于模型的右上方,包括环境管理、节约资源能源、降污减排等内容。整个模型以责任管理为核心,以市场责任为基石,社会责任和环境责任为两翼,形成一个闭环三角形,见图2—1。

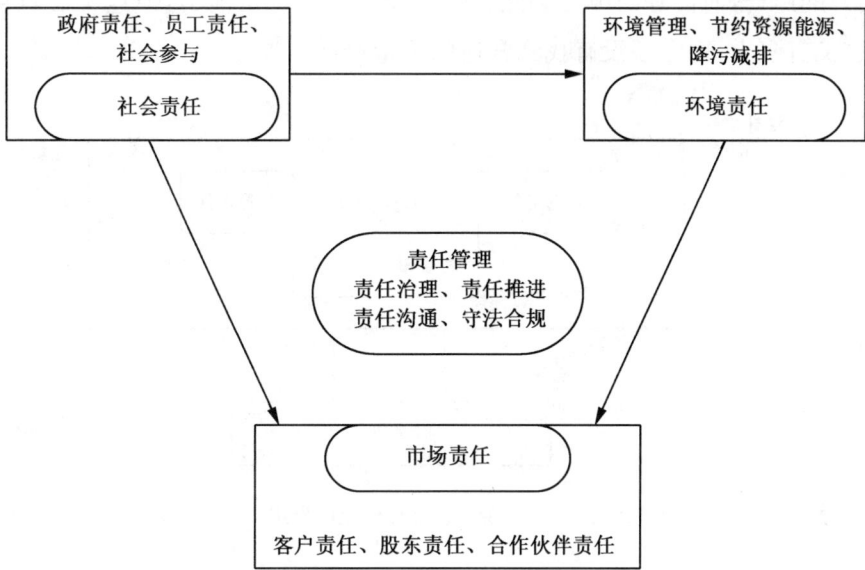

图 2—1　"四位一体"模型

2.2.3　本书的界定

笔者认为,法律责任作为企业经济责任与企业社会责任的外部环境,如果行为不在法律规范的约束下,就无法谈及其他责任。经济责任又是企业履行社会责任的基础,所以它处于企业社会责任的正下方,它对社会责任起到决定性作用,在图 2—2 中笔者用实线表示它对企业社会责任的支撑作用。在企业的社会责任中,利益相关者的责任又是首要的,如果一个企业对其员工、供应商等都不履行其应有的社会责任,更不用说广大群众的环境责任和慈善责任。在此的利益相关者是指第一层次的利益相关者,主要包括股东、员工、消费者、商业合作伙伴等。社会责任也是一种由小及大的责任,所以笔者认为利益相关者责任是企业社会责任中最基本的责任,然后才是环境责任与慈善责任。

企业社会责任是否会对经济责任产生积极的影响,沈洪涛(2005)认为对企业社会责任的衡量指标在实证中需要作进一步讨论。而就目前的实证研究的文献来看,由于指标选取差异性较大和时间选取跨度不一,因此暂时还没有代表性的结果,所以在图 2—2 中笔者用虚线向下连接,表示还未有明确的结果。但可以肯定的是,如果企业在履行社会责任的表现中非常优秀,必将给企业带来良好的声誉,而良好的声誉必然会促进企业提升经济能力,但这个影响会是多久,又有多大,迄今还没有找到合适的衡量指标。

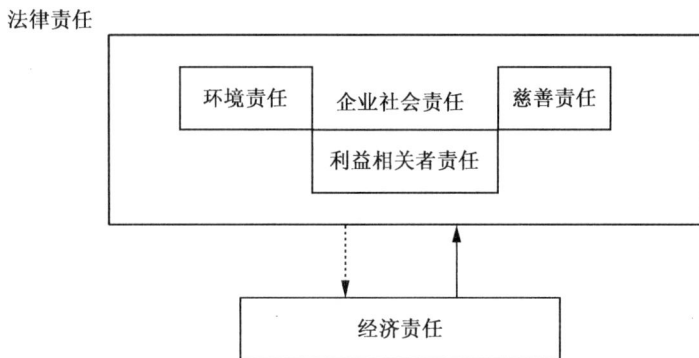

图 2—2　企业社会责任范围界定

2.2.3.1　企业的经济责任

追求合理利润是企业承担社会责任的必要条件,企业若不追求合理利润,它所应承担的一切社会责任将难以持续。企业承担经济责任的途径和方法主要表现在以下几个方面:

(1)提供多元化的产品和服务

企业的作用是满足社会需要,提供多元化的产品和服务。企业履行社会责任的过程中应充分根据社会的需求,提供丰富的产品和服务,以满足广大消费者各种不同的需求。企业承担这方面社会责任的具体途径和方法是:扩大生产或服务能力,最大限度地满足广大人民群众的物质和精神需要;提供多层次的产品和服务,满足不同社会阶层的需求;开发新产品或提高服务水平,推动人民生活水平的提高和促进社会进步。

(2)提供更多的就业机会

企业提供充分的就业机会,有利于维护社会秩序的稳定,对提高全体人民的生活水平和促进社会的和谐发展都有相当重要的作用。企业承担这方面社会责任的具体途径和方法是:努力提高经营效率和创新能力,把企业做强、做大,最大限度地扩大就业规模;积极为人们提供就业的知识技能,鼓励和帮助失业人员独立自主地从事经济活动;对企业职工进行培训,帮助和提高企业职工的工作技能,创造条件为企业职工提供晋升机会;帮助和支持其他企业发展壮大,增加就业岗位;积极参与社会和政府的就业规划和政策制定工作,及时提出有利于扩大就业的建议和思路。

(3)提高社会资源的利用效率

企业的经营活动占用了社会的大部分资源,企业生产方式和经营理念决定了社会资源的利用效率。因此,企业必须努力提高各种资源的经济效率。企业承担这方面社会责任的具体途径和方法是:在企业内部方面,制定节约资源的规章和准则,严格按照有关法规、条例进行生产控制和管理,提高资源的使用效率;制订具体的节约资源计划或规划,建立严格的资源使用奖惩制度和资源使用效率的责任追究制度;做好宣传和培训工作,提高全体工作人员的高效利用资源意识;加强资源节约型技术的研发和推广应用,加大对资源技术开发资金的投入;积极开展循环经济生产。在企业外部方面,遵守相关的法律、法规、制度和规范;积极参政议政,促进和维护所有提高资源利用效率的法律、法规、制度和标准规范的完善,使提高社会资源的利用效率逐步成为企业经营管理的常规化和制度化工作;推动和促使社会建立能够反映资源稀缺程度和环境治理成本的价格形成机制,在产品价格中体现污染治理的成本,使污染治理成本内部化;推动社会积极发展循环经济,推行清洁生产,治理环境污染;推动社会实行环境质量公告制度,定期公布企业的有关环境保护指标;积极检举和揭发各种环境违法行为。

(4)促进企业利润和社会财富的共同增长

企业经营活动只有获得一定的利润,才有能力扩大规模进行再生产,才能向社会提供更多的商品和服务。也只有利润的增加才能有可持续发展的实力,为社会多做贡献。企业利润积累的同时就是社会财富的积累。企业承担这方面社会责任的具体途径和方法是:通过创新管理制度,提高企业的盈利率;通过扩大经营,提高产品或服务的总量;通过提高生产效率或提高服务水平,降低运营成本。

2.2.3.2　企业对利益相关者的责任

企业对利益相关者的责任主要包括以下几个方面:

(1)企业对股东的社会责任

在企业的众多利益相关者中股东是最重要的一类,维护股东利益是企业的首要社会责任。股东也是众多利益相关者中能够对企业产生最直接和最大影响的群体,其利益也是企业履行社会责任的基础。企业对股东承担的社会责任主要表现在:首先,企业必须为股东资产负责,确保股东在企业中的利益,积极履行起其对股东应尽的义务,保护资产的安全和完整,努力实现保值和增值;其次,定期或不定期地举行股东大会,及时向股东传达涉及股东切身利益的各种信息,维护股东的合法权益;最后,在进行分红的时候,应做到一视同仁,公平对待不同类型的股东群体。

虽然企业寻求股东利益最大化不一定会给企业其他利益相关者带来利益最大化,但如果企业不积极去实现盈利,那么股东的利益也会因此受损,企业也就失去了长久地去维护其他利益相关者利益的根基,假如企业不能获得盈利,就失去了企业再生产的物质基础,甚至会面临破产的威胁,而一旦破产,则会严重浪费生产资源,导致大量职工失业等损害其他利益相关者的局面。因此,笔者认为,企业寻求股东利益最大化是企业对其他利益相关者承担社会责任的根本。因此,企业应首先承担对股东的责任。

企业与股东的关系是企业与投资者的关系,股东是企业最基本、最重要的利益相关者,维护股东的投资权益是企业最首要的伦理社会责任,企业承担股东的责任首先应为股东提供较高的利润,确保股东在企业中的利益,以及企业资产的保值与增值。对于企业来说,建立良好的股东关系,努力承担好对股东的经济、社会、法律等方面的责任,对于企业的生存和发展具有决定性的意义。企业承担这方面社会责任的具体途径和方法包括:维护法律所规定的股东合法权益,如定期召开股东大会,尊重股东的权益,保障股东的利益等;承担对股东的资金安全和收益的社会责任,如保证股东的资金不被挪用、保证以股东利益为企业第一要务等;及时向股东提供真实的投资、经营和管理的全面信息,如为股东提供真实的财务报告,让股东及时了解企业的经营状况等;维护股东参与企业管理或监督的有效机制,如让股东通过股东大会来决定企业的重要决议;等等。

(2)企业对债权人的社会责任

通常来讲,企业旳债权人主要有银行、担保等金融机构和社会及民间的金融公司。企业对债权人的社会责任有以下几点:首先,在日常经营活动中,要依据与债权人之间的借款等合同,及时、积极地偿还相应的利息或者本金;其次,当企业出现经营困难或者面临产权等方面的重大转变,在作出重大决策的时候,应该及时向债权人进行通报,或者将债权人纳入战略投资者的范畴,一起参与企业的各项决策。如果企业没有积极承担起对债权人的责任,长久以往,会导致企业的借贷成本增加,一旦企业资金链出现问题,企业要想再进行融资就会困难重重。企业若不及时偿还利息和相应的本金,债权人就可以提出破产申请,这将严重影响企业的生存和发展,使得企业价值急剧下降。

债务资本是企业赖以生存的资金来源之一,因此债权人的利益在企业经营过程中是否得以保障对企业的生存发展是尤为重要的。企业主要通过以下途径和方式承担对债权人的责任:保证债权人的合法利益的责任,根据国家的相关法律法规,保护债权人的利益,如按时偿还债权人的本金和利息,在公司破产时应优先偿还债权人债务,保障债权人的合法权益;保证债权人的经济利益的责任,使债权人的投资能有固定、可靠的收益,如妥善经营企业,不出现亏损和破产的危险,使债权人的投资有平稳收益,免遭亏损;定时与债权人沟通企业的经营状况的责任,使债权人能随时了解企业的经营状况和财务状况,对债权风险进行合理评估,如向债权人提供真实可靠的财务数据,按时与债权人对账等。

(3)企业对消费者的社会责任

客户是企业赖以生存的基础和宝贵的资源。企业承担对客户的社会责任,能有效地改善客户资源,提升企业价值。企业对顾客的社会责任主要为:首先,生产和销售品质过硬的产品,积极满足不同顾客的需求。产品安全是首要的,这也是底线,在此基础上还应针对不同的客户群体,制定有差异化的产品和服务,以此来满足他们多种多样的需求;其次,建立良好的客户关系,主动承担起售后服务的责任;最后,保护消费者的各项权益,特别是涉及顾客的隐私,要做到严格保密,尊重客户。企业战略管理指出,客户不只是实现企业商品与服务价值的最终力量,更是企业创新的源泉。Freeman 的研究表明,市场对企业不负责甚至违法的行为的反应相当敏感,会显著降低企业的市场价值。反之,增加顾客满意度能提升企业价值。比如,研发出能更好地满足客户需求的产品,提供更加优质的服务,短期来看,财务成本会上升,但企业的长期收入会随着客户逐渐意识到企业的产品或服务的改进而增加,也降低了对客户的关系投资成本。因此,企业对顾客承担社会责任能为企业创造价值,企业应积极履行其对顾客的社会责任。

消费者是企业产品与服务的最终接受者和使用者,企业作为一个社会成员应尊重消费者主权,维护消费者利益。尤其在买方市场状态下,由于市场竞争的日益加剧,尽量消除用户在商品交换中的损失和不满,使买卖双方权利均等,对向消费者提供的产品质量或服务水平应承担其保证的责任,作出并履行对消费者在产品质量、产品安全或服务质量方面的承诺,不欺诈消费者和牟取暴利。同时在产品质量或服务质量方面接受政府职能部门的管理和公众监督。企业承担这方面社会责任的具体途径和方法是:为消费者提供有安全保证的产品和服务,保证消费者在消费时的人身健康安全;为消费者提供质量可靠的产品和高水平的服务;尊重消费者的知情权和自由选择权,及时为消费者提供信息真实、性能详细的产品广告、宣传材料和产品说明书;保障消费者的消费权益;不牟取暴利,不欺诈消费者,建立产品回收制度和赔偿责任制度;等等。

(4)企业对商业合作伙伴的社会责任

商业合作伙伴包括供应商、代理商、战略合作伙伴等。商业伙伴与企业之间存在着密切的利益关系,且这种关系受供应链的影响很大,随着经济全球化发展,链中企业之间已经形成一个网络。通过供应链的审查,商业伙伴可以向上下游企业施加压力,在一定程度上会迫使企业履行社会责任。目前在中国,企业社会责任实践影响最大的是跨国公司"客户验厂"和产业链的认证活动。"客户验厂"是跨国公司根据其制定的生产守则的要求,每年观察其供应商工厂进行劳工标准检查。2000年以后,为了避免经营过程中的社会责任风险,差不多所有的欧美企业都对其全球供应商和承包商实施社会责任评估和审核。通过审核以后,才能建立合作关系。据估计,1997年以来,我国沿海地区有3万多家工厂接受过跨国公司的社会责任审核。在此期间,也有部分工厂因为表现不好,而被取消了供应资格,所以说跨国公司的验厂是我国出口企业履行企业社会责任的推动力。随着我国国内消费者和企业社会责任意识的进一步提高,国内也有些企业开始推出自己的采购准则,对供应商实施审查。商业合作伙伴是国外企业推动国内企业履行社会责任的一个重要压力源,只要不过度,对国内企业正确履行社会责任有非常大的推动作用。

商业合作伙伴依传统观点来看是依赖于企业而生存的,两者只有纯粹的利益关系,而现代企业管理思想则倡导企业应与其商业合作者之间建立起一种良好的信任机制。企业应对商业合作伙伴承担起相应的社会责任:首先,恪守信誉,公平交易。企业应同商业合作伙伴就每次交易进行沟通,签订相应的合同,努力使每个细节都能明晰,明确彼此的责任,做到公平、公正;其次,对于拖欠供应商的购货款应及时偿还,不能以丧失商业信誉为成本而恶意拖欠对供应商的购货款;最后,与商业合作伙伴之间建立起良好的沟通平台,使双方的需求都能得到及时的交流。企业积极承担起对商业合作伙伴的社会责任,能够为企业带来许多好处,在企业出现资金周转困难的时候,那些与企业有着密切合作关系的合作伙伴可以帮助周转资金,使企业暂时脱困。假如企业未能对商业合作伙伴承担起相应的社会责任,使得商业合作伙伴在与企业交易的时候屡屡受损,那么企业也会因此而失去这些合作伙伴,从而使其利益受到损害、自身的发展受到限制。从长期来看,对企业是很不利的。因此,企业应积极承担起对商业合作伙伴的社会责任,这样能使其价值提升。

(5)企业对员工的社会责任

员工与企业的经济关系是劳动与雇佣关系,企业对员工的社会责任包括就业选择权、劳动保持权、休息休假权、保险福利权等其他权利。在企业中,员工主要通过组建工会、集体谈判和平等协商来约束企业履行其社会责任,保护员工自身利益。目前我国在集体合同和工资协商方面,已经有 20 多个省份相继颁布了相关的法律规范,明确企业与员工双方的权利义务,避免劳动关系的无序行为。

在西方发达国家员工与企业的关系中,员工普遍享有更多的主动权。以他们的劳动力的性价比来看,高于我国数倍,社会对劳动者的认可不仅仅限于职业,这点不像我国,虽然说"三百六十行,行行出状元",但在实际的职业等级中,很多劳动者不但劳动力价格过低,而且还存在着歧视现象。SAI 在 1997 年 10月就发布了企业社会责任国际标准认证(SA8000)。作为一个实质的劳工标准,SA8000 试图通过在企业采购活动中附加道德标准来改善企业员工的工作条件,主要就童工、强迫劳动、健康与安全、结社自由和集体谈判权利、平等就业、工作时间、工资报酬、惩戒性措施、管理系统等方面规定了基本要求,也是最低要求。在国际上,这已经是公认的国际劳工标准了。

然而在我国,还存在着与这些标准相差甚远的企业。不仅小作坊如此,连一些很大的且在业内颇有名气的外资企业也存在与员工关系十分紧张的情况,如富士康连环自杀事件就引起全国人民严重关注。这充分说明我国的一些企业在处理与员工的关系中,并没有履行其应尽的社会责任。不但如此,有时候其至不惜违反法律来压榨员工。对此,我国需要加强立法监督。不过,对于劳动力供给过剩的我国来讲,尤其是国内经济发展程度相对较低的地区,要促使企业履行对员工的社会责任还需要一个过程;但对经济发展程度较高的地区,大部分企业有能力履行企业社会责任,所以政府部门要加大监督力度和加强引导措施的实施。

企业的可持续发展有赖于企业职工的艰辛劳动,职工是企业重要的利益相关者之一。李维安说:"在公司企业中,雇主对雇员拥有权威,并有权索取剩余收入;而雇员在一定的限度内有服从雇主权威的义务,并挣得固定的薪水,但雇员作为公司人力资本的所有者,在现代公司中的地位和作用越来越重要。"[1]另外,企业利益与职工的个人利益是一致的。列宁曾经说过:"不同个人利益相结合,什么也办不成。要善于同利益结合起来。"[2]因此,企业对职工如果仅以精神激励,不给予物质鼓励就不能保证企业的良好效益。邓小平也说:"为国家创造财富多,个人的收入就应该多一些,集体福利就应该搞得好一些。不讲多劳多得,不重视物质利益,对少数先进分子可以,对广大群众不行,一般时间可以,长期不行。革命精神是非常宝贵的,没有革命精神就没有革命行动。但是,革命是在物质利益的基础上产生的,如果只讲牺牲精神,不讲物质利益,那就是唯心论。"[3]企业职工的生活中,很长一段时间是在企业中度过的,企业是人们群居和与他人交往的主要活动空间,企业的工作氛围和文化氛围影响着从业人员的身心健康和社会大众的精神面貌。企业员工的生活状况基本上反映了一个社会和一个国家人民总体生活水平。企业承担这方面社会责任的具体途径和方法是:不雇用或不支持雇用强迫性劳工的行为,不要求员工被雇用时缴纳押金或押物;为职工提供安全、健康的工作环境,并采取适当的措施,最大限度地降低工作环境中的危险隐患,消除可能危害员工健康与安全的潜在威胁,保障职工的身体健康和生命安全;遵守适用法律和行业标准的有关工作时间的规定,保证所有的加班是自愿的,保证所有的加班都有合理的补贴;保证工资和福利至少能达到法律和行业规定的最低标准,而且能满足员工最基本的生存需要。杜绝为了惩戒的目的而扣减工资;提供平等的就业机会、升迁机遇和接受教育的

① 李维安等.公司治理教程[M].上海:上海人民出版社,2002.
② 列宁全集[M].北京:人民出版社,1998:449.
③ 邓小平文选[M].北京:人民出版社,1994:146.

机会;提供职工民主参与企业管理的权利,培育职工工作的热情和积极性;杜绝任何基于种族、社会阶级、国籍、宗教、残疾、性别、工会会员资格或政治关系的歧视行为,尊重所有员工尊奉信仰和风俗习惯的自由;不进行或支持肉体上的惩罚、精神或肉体胁迫以及语言凌辱;尊重所有员工自由参加工会,以及集体谈判的权利。

(6)企业对政府的社会责任

由于不同性质的企业对政府所负有的责任存在道德境界的区别,因而对政府的责任是不一样的。依据企业履行责任的境界高低将企业对政府的责任分为三类:一是一般性责任。它是指任何企业,不论何种性质、处于企业生命周期的何种阶段,都必须履行的责任。企业对政府一般性的责任主要有依法经营、按章纳税和配合宏观调控等主要内容。二是特殊性责任。企业的性质决定企业所承担的责任的内容,企业的经济属性要求其实现国有资产的保值增值,企业特殊的政治属性和社会属性要求其承担扩大就业、维护稳定等方面的责任。三是高层次责任。包括:其一,发展先进文化。一个国家的大型国有企业,是这个国家和民族的文明和智慧的最宝贵载体,承载着先进文化和优良传统。在经济与文化的全球化时代,国有企业不但成为国家经济实力的象征,更是因其先进的企业文化、享誉世界的品牌效应、可靠的产品质量而成为文化实力的象征,在很大程度上代表着一个国家的先进文化。其二肩负国家使命。国家使命,是指企业肩负国家产业发展、提高国家竞争力的责任。国有企业对政府的这一责任,主要是由其企业国有性质、产业地位和国家赋予其历史使命所决定的。这一责任包括产业报国、创建品牌、国际化发展。

企业承担的对政府的责任可通过如下两个方面来实现:首先,积极参与社区建设。社区是企业赖以生存和发展的外部环境。企业的经营活动都在社区中进行,企业和社区是息息相关的,建立和谐的企业社区关系对企业的生存发展和社区的繁荣以致整个社会的和谐发展都有着重大的意义。企业承担这方面社会责任的具体途径和方法是:合理宣传企业相关先进文化和专业知识,为社区人员提供实习、培训和就业的机会;协调好企业的发展与社区资源的合理利用之间的关系;利用自身的产品优势、信息优势、人才优势、技术优势、资金优势和社会关系网络扶持社区的文化教育事业,帮助失学和有困难的青少年接受教育;积极参与并资助社区公益事业,救助无家可归和需要帮助的人员。其次,承担公共设施使用成本。企业的壮大发展离不开公共设施的高效运行,保证公共设施的高效运行的前提条件就是对其进行大量投资,而公共设施普遍都具有投入回报率低以及企业和公众在公共设施使用方面的不均等特点,这就客观上要求对公共设施使用程度高的企业承担高于公众的费用。企业承担这方面社会责任的具体途径和方法是:支付高于公众的水、电、天然气等公共设施使用价格,保护或维护公共设施的正常运转;拥护和配合公共设施规划和实施等。

2.2.3.3　企业对环境的责任

企业环境责任是企业社会责任的另一部分,在考虑利益相关者的利益后,企业还应考虑其在经营过程中对环境产生的影响,并采取适当的措施来避免对自然环境或者社会公众产生不良影响。这些不良影响包括环境污染、资源浪费、社会公害等问题。世界主要发达国家对环境问题都十分重视。在 20 世纪60 年代,美国经济学家波尔丁就提出了"循环经济"的概念,指的是在人、自然和科学技术整个大系统内,把资源投入、企业生产、产品消费、产品废弃的过程变为依靠生态型资源循环来发展经济,它是一种可持续发展理念。伴随着人口持续增长和资源消耗水平不断提高,人类面对可持续发展经济的要求是大势所趋,也是人类自身发展所必须遵守的发展定律。由于欧美各国先后步入工业化进程的中后期,一些重化工企业的恶性污染事件频频发生,20 世纪 70 年代之后,国际社会开始订立诸多公约来规范各国及企业的经营活动,迫使企业逐渐重视环境保护。在立法方面,美国于 1969 年颁布了《国家环境政策法案》,而且同时在总统行政办公室内设立负责环境质量的三人委员及办公室,并成立了环境保护署。由于环境问题是一个国际性的问题,各国也因日益增长的工业带来环境的污染严重性问题达成共识。1972 年,在斯德哥尔摩召开的联合国人类环境会议中,约有 114 个国家的代表出席此次会议,通过了《人类环境宣言》。美国和日本在接下来的十几年中,一直有关于环境的法律颁布。1984 年,联合国环境特别委员会正式成立。1997 年在日本京都召开的《联合国气候变化框架公约》缔约方第三次会议,通过了旨在限制发达国家温室气体排放量的《京都议定书》。为达到限排目标,各参与国都被分配到了一定数量的配额。如欧盟的配额大约是 8%。2005 年 2 月,《京都议定书》正式生效。进入 21 世纪,世界主要发达国家都发布了适应本国的节能减排法规,如美国的《能源政策法》、德国的《能源节约法》、日本的《合理用能法》。日本还通过专门的金融机构来解决企业在污染防治投资上的困难。日本中央政府所属金融机构给企业所提供的低息贷款占到企业污染防治投资资金的30％～40％。仅一个日本环境事业团,在对中小企业资金援助的比例就曾经高达50％以上。

在我国,进入"十五"时期后工业持续快速增长,对我国现有的资源与环境构成了前所未有的严峻挑战。新的形势下,我国政府开始从更高的层面上对节能减排、保护环境等问题作出战略性、全局性的安排。2002年,九届全国人大会议通过《清洁生产促进法》。党的十六届五中全会提出"要加快建设资源节约型、环境友好型社会"。2005年12月,国务院发布《国务院关于落实科学发展观加强环境保护的决定》。2006年3月,《国民经济和社会发展第十一个五年规划纲要》正式发布,开宗明义地提出"落实节约资源保护环境基本国策"。2007年下半年,我国通过了《节约能源法》,其第4条明确规定:"节约能源是我国的基本国策。国家实施节约与开发并举、把节约放在首位的能源发展战略。"2008年,标志着我国企业履行社会责任进入一个新阶段的"绿色"法律出台——《循环经济促进法》,它的主要特点是坚持量化优先的原则,即在技术可行、保护环境的前提下,减少生产、流通、消费过程中的资源消耗和废物产生,体现了促进经济增长与提高资源利用效率的有机结合。尽管中国以保护环境为主的节能减排实践近年来非常活跃,但与欧美发达国家相比,我们的事业起步晚,相关的政策和法律法规建设也相对滞后,缺少专门的支持环境保护活动的融资政策及渠道,又难以寻找到专业化人才,使得很多企业对环境责任望而却步,尤其在缺乏规模经济的中小企业中,落实环境责任的难度非常大;加之我国环境保护的工业技术还落后于西方发达国家,所以对我国企业来说,环境责任是一个任重而道远的目标。不过相信在我国产业政策、税费政策及财政补贴政策的激励下,我国企业社会责任中的环境责任会有一个崭新的推进过程。

资源开发过度、资源浪费和环境污染是社会可持续发展所面临的重要问题,而企业活动是造成这些问题的重要因素。解决企业发展与社会发展在资源、环境方面矛盾的合理选择在于企业履行保护资源和环境的社会责任。企业承担这方面社会责任的具体途径和方法是:严格按照有关法规的要求尽可能合理地利用资源,杜绝对自然资源的掠夺式开发利用,保持自然界的自我平衡发展;减少经营活动对环境的污染程度,倡导绿色经营和消费理念,阻止全球范围内自然环境的进一步恶化;承担治理由企业所造成的资源浪费和环境污染的相关费用;积极支持全球范围内环境保护的各项工作。

2.2.3.4　企业对社会的责任

改革开放以来,我国经济实现了长期快速发展,社会财富的"蛋糕"越做越大,但是由于分配中投资收益过大,挤压了劳动者应得的份额,使得劳动报酬在国民总收入中的比例越来越小。虽然现在比例有所调整,但还需继续深化改革予以逐渐改善这一民生问题。在这种情况下,受经济发展水平等诸多因素的限制,我国社会保障体系虽然已经初步建立,但处于比较初级的阶段。尽管政府对于发展社会事业十分重视,而公共服务领域的改革越来越多地把负担转向公民个人,许多应该由公共财政提供的服务由个人承担,加大了公民个人的生活负担,上学难、看病难、养老难的现象比较普遍。党的十七大报告提出要让全体人民共享改革发展的成果,就是要从制度上解决分配不公的问题。作为社会的一分子,企业可以通过捐资助教助学,支持抗灾救险等多种方式支持和赞助社会公益事业,减轻社会负担,缓解社会矛盾,维护社会稳定。在塑造良好的企业形象的同时,助推社会公益事业的良性发展,协助社会在学有所教、劳有所得、病有所医、老有所养、住有所居上持续取得新进展,努力让人民过上更好的生活,最终促进社会的和谐发展。

在上述企业对社会的责任中,慈善捐赠是其重要组成部分,而企业捐赠是我国慈善事业的重要力量,在近几年突发的大灾难中,尤其体现出它的重要性。慈善活动对重新分配社会资源、调节贫富差距、促进社会公平和培养良好的社会道德风尚都具有重要意义。但是由于受中国传统文化、社会制度等各种因素的影响,目前中国企业的慈善捐赠现状与现实社会需求还有相当大的差距。而在西方发达国家,企业慈善社会责任随着其发达的经济基础衍生,从而有着较为悠久的发展历史,已经形成一套颇为完整的慈善事业体系。在我国慈善更多地被作为一种伦理道德的观念被传承下来,与国外企业的慈善有着截然不同的情况。

第一,国内外企业慈善责任的理念不同。在国外,企业更多地以"企业公民"理念被广大民众所接受,包括企业家等。正是由于这种公民性质的理念深入人心,才使得国外的企业并不把这种慈善的责任作为一种道德的约束,而是把它作为一种实实在在的责任。这种责任并不是在企业有了很多利润之后可捐可不捐的行为,而是企业和企业家在获取利润之后觉得把它回馈于民是一种应该的责任。所以从根本上来说我们的慈善理念还落后于国外一大截,还仅仅停留在道德层面上。

第二,相对于国外企业的慈善基金的规模,我们的企业远远落后。可能正是因为存在观念的差距,从而导致在数量上及比例上我国企业的慈善责任未尽到位。相对于比尔·盖茨与巴菲特将其资产的80％以上都捐给慈善机构的行为,我们的企业家或企业尽到如此之善者简直是凤毛麟角。

第三,从慈善效果评估来看,国外企业重视管理和评估、捐赠项目管理;而我国企业则存在管理不足。国外企业80％捐赠额的项目在执行中受到企业的监控,86％捐赠额的项目必须进行事后评估。我国企业实行项目管理的捐赠额不足20％,执行评估的项目额只有11％。

第四,我国企业慈善活动的形式较单一,大多数企业的慈善责任是捐款或捐赠自己的产品,很少通过一些长期的激励措施来引导帮助慈善活动的接受人。而且在慈善活动中,几乎没有什么反馈信息,以致对后来陆续的评估也不了了之。这样不良循环的结果是导致我国企业的继续捐赠意愿大大低于国外企业。总体而言,国外企业的捐赠决策更多是由内部驱动,属于互利型捐赠模式;而我国企业的捐赠决策主要由外部因素驱动,捐赠指向策略性不强,也不重视项目管理和项目评估。所以,当前我国政府亟须构建一个良好的慈善制度环境,转变民众的慈善观念,出台相应激励慈善行为的法规,创造一个良好的慈善氛围。

以扶贫帮困、救死扶伤、安置残疾人、赡养孤寡等为主要工作内容的慈善机构和社会福利机构的活动费用是由政府和社会共同承担,有能力的企业给予这些机构的资助是政府和社会对企业的迫切期待。企业善举是企业充当社会好公民角色的一个重要组成部分。社会确实期望企业多行善,慈善从而成了企业与社会之间契约关系中的一个不可忽视的组成部分。企业为树立社会公民形象,提高企业在社会中的知名度和公众心目中的地位,把承担自愿性慈善社会责任与提高企业竞争力的管理战略结合起来。很多学者在研究企业社会责任问题时都注意到了企业的这种策略意图。伍德(1990)就将策略性企业慈善行为定义为一种蓄意将企业捐赠与企业经济目标联系起来的努力。罗格斯顿等人也认为,策略性企业慈善行为是企业捐赠行为的导向,是既有利于企业商业利益又服务于受益组织或个人的慈善行为。大卫·洛克菲勒(David Roekefeller,1972)说:"关键是社会责任要变成企业行为的有机部分,而不是附加的慈善行为。只有在这种情况下,企业的经济发展才会为公众的利益所接受。只有在这种情况下,企业才能保证健康的社会环境有利于自己未来的兴旺发达[①]。

企业承担自愿性慈善社会责任的具体途径和方法包括:通过直接设立慈善基金或以向社会慈善机构和福利机构捐款、捐物方式来资助社会慈善事业,以示对社会的责任心;以企业名义直接出资承担其他公益事业的义务,如城市绿化、修路建桥、保护动植物、资助知识竞赛和群众性娱乐活动及体育运动等,向突发性灾难直接资助或提供相关的帮助。

2.2.3.5 企业的法律责任

企业承担法律责任是企业本来就必须承担的社会义务,也是企业基本的社会责任。这种社会责任要求企业依法经营、按章纳税和承担政府规定的其他义务,并接受政府的管理和监督。企业承担法规责任也是履行其他社会责任的前提条件。具体途径和方法包括如下几个方面:

(1)遵守国际公约

为了约束企业国际化的经营行为,规范国际贸易秩序,国际公约对成员方的企业来说都有约束力,比如,《国际劳工组织宪章》、《联合国儿童权利公约》、《世界人权宣言》等。企业承担这方面社会责任的具体途径和方法是:一切经营管理行为必须严格遵守这些公约,把与自己企业有关联的所有国际公约作为企业管理制度制定的基础和前提条件,积极向企业的所有员工和社会各界宣传和推广国际公约。

(2)遵守国家的法律

企业对法律的遵守和执行将有利于规范企业的经营活动,保护企业及其利益相关者以及社会其他各界的合法权益。国家法律从根本上规定企业所要承担的最基本的社会义务,例如我国颁布的《公司法》、《安全生产法》、《产品质量法》等,以法律的形式规定了企业对社会所要承担的基本的社会义务。除了国家法律,政府还公布了一系列规范企业各种经济行为的行政法律规范,如:《建设工程安全生产管理条例》、《工伤保险条例》、《集体合同规定》等。进一步规范

---

① David Roekefeller. The Corporation in Transition:Redefining Its Social Chan or washington. D. C: Chamber of Commerce of the United States,1993:23.

企业的经营活动,对法律规定的社会义务作了进一步的补充和完善。现实生活中的国家法律、行政法律规范也构成了企业社会责任最基本的法律约束,企业严格执行这些法律规范是企业履行社会责任的基本要求。企业承担这方面社会责任的具体途径和方法是:把国家法律和行政规范作为企业一切经营行为的最基本准则,贯穿日常的经营管理工作中;把普法工作日常化,积极向全体员工和社会各界普及相关的法律知识,经常开展遵纪守法、自查自纠活动;积极配合行政司法部门的执法行为。

(3)执行国际通用标准

随着全球化的进一步发展和国际贸易的不断扩大,为了规范某个领域或某种行业的行为,由具有一定有代表性和广泛性的国家和地区共同参与制定的向全世界颁布的国际标准,如 ISO9000、ISO14000 等,这些国际标准浓缩了工业发达国家许多年来的管理经验,融合了当今诸多优秀的管理方法,并用最简洁的方式将企业运行过程加以概括,规范了企业管理的基本流程,同时本身还具有弹性,允许每个企业根据自身特点加以灵活运用。这些国际标准对成员国的企业经营行为同样有约束力。由于考虑到各国的经济社会环境存在很大的差异,经众多成员国协商后才颁布的这些标准的要求往往不是很高,应该作为企业经营行为的基本规范。况且,通过对国际标准的贯彻实施,企业既可以消化和吸收国外先进的管理手段与方法,又可以规范、夯实管理基础,并结合企业管理的实践,进行管理创新,使企业具有先进的管理水平,使企业生产的产品和提供的服务具有国际竞争力,有利于企业开展对外贸易。企业承担这方面社会责任的具体途径和方法是:把国际通用标准作为经营管理的基本准则融入日常的管理工作中;及时跟踪和把握国际通用标准的变化;向企业职工普及国际通用标准知识;向相关的合作伙伴推介国际通用标准的要求。

(4)执行行业规范、行业标准和行业的道德准则

企业是在特定的行业中生存的,每个行业都具有自身的特殊性,因而每个行业具体的社会责任也各有不同:每个行业的行业规范、行业标准和行业的道德准则是针对特定行业在提供产品或服务过程中可能出现的问题而制定的。这些规范、标准和道德准则进一步规定了企业在所属行业内具体的经济行为,为企业履行行业内特定的社会责任提供了依据。企业认真执行行业规范、行业标准和行业的道德准则有助于企业承担本行业应承担的责任。从企业的长期

可持续发展来看,企业与同业竞争者之间应本着和平共处、坚决避免无休止价格战等恶性竞争行为,保持友好,相互学习,走共同发展之路。企业承担这方面社会责任的具体途径和方法是:严格执行行业规范、行业标准、行业道德准则的具体要求;严格执行各类经济合同的约定,恪守合同的要求,保持企业良好的信用与商誉;积极配合行业学会、商会、同业公会等行业组织的行业性统一行动;积极参与行业规范、行业标准和行业道德准则的制定、修改和推广工作;积极按行业规范、行业标准和行业道德准则的具体要求,监督、检举或谴责其他企业的非合理行为等。

(5)执行企业内部的规章制度

企业的内部规章制度是企业根据本单位的具体情况而制定的行为准则,企业内部的规章制度必须在企业伦理道德的高度上对企业的管理者、员工行为进行约束。国际公约、国家法律规范、行业规范、行业标准和行业的道德准则是从外部对企业行为进行约束,而企业的规章制度则是从内部自身的角度规范企业的经济行为。建立良好的企业内部规章制度有助于加强企业的内部控制,防范和化解企业的经营风险,完善企业的监督机制。同时企业内部的规章制度也是在国际公约、国家法规、行业规范、行业标准和行业的道德准则的基础上对企业经营行为规范的具体化。企业承担这方面社会责任的具体途径和方法是:在严格遵守国际公约、国家法规、行业规范、行业标准和行业道德准则的前提条件下,制定和不断完善企业的各种规章制度;加强各种规章制度的实施和监督力度;严格要求全体员工执行有关规章制度。

2.3　企业社会责任实现的原则和基础

由于我国企业社会责任发展的阶段所决定,企业社会责任的实体内容在各个不同的领域有不同的表现,其涵盖内容的丰富性无法简单地从义务对象划分角度充分体现出来。从义务对象观察,我国企业社会责任涵盖的主要内容仅仅从一个侧面反映我国企业社会责任履行的范围,较以清晰地反映我国企业社会责任现代性、中国现实的特定内容,具有一定的不周延性;而且,这种分类因为源自西方,其划分过于平面化和静态化,不能很好地反映我国不同企业类型在社会责任承担能力上的差异,也不能反映我国与西方社会责任承担领域和关注范围的差异。这种分类除了不能很好地体现我国企业社会责任实体内容外,还对我国企业社会责任承担的范围缺乏一定的科学阐释力和适应性。再深入研究就会发现,这一分类及其在此基础上建立起来的企业社会责任主要内容体系有其自身不可避免的缺陷。首先,按义务对象的标准对企业社会责任内容分类虽然有助于在实践中了解企业社会责任所涉及的具体领域和针对的不同主体,但是,各个不同主体之间缺乏强有力的逻辑联系,而"一个体系内容及结构若违背逻辑,则其基石就会动摇"。在此基础上组合而成的企业社会责任内容体系必将成为一盘散沙,无法回应社会实践对于企业社会责任承担提出的要求。其次,这一做法仅仅是对不同的企业社会责任的承担对象进行了简单列举,没有揭示企业社会责任更为广阔的开放性内涵,容易造成对企业社会责任实体内容理解的片面性。同时,这种列举也会因为新的企业社会责任承担主体和承担内容的出现而变得失去逻辑上的立足点。

因此,只有立足于企业生存的具体的社会现实,满足其永续发展需求的企业社会责任内容体系才具有真正的适应性和生命力,在此基础上建构出来的企业社会责任体系才具有科学性和实践参考价值,才能被企业真正认同和接受,才能充分推动整个社会的企业社会责任的履行。对于我国而言,要想较为客观和全面地反映企业社会责任实体内容的全貌,必须立足于当代中国的现实国情,关注当代中国企业社会责任的具体实践,把企业作为社会大系统的重要成员,真正融入社会发展的大循环系统中,在我国社会发展的具体环境中充分发掘企业社会责任的内在特性,才能真正了解我国企业社会责任承担的实体内容,才能建构出新的具有中国特色的企业社会责任内容体系。基于此,如何以动态的视角看待我国企业社会责任的履行,如何对当代中国企业社会责任的实体内容作出分类,如何建构出适合我国现实情况的企业社会责任内容体系,才能把我国企业真正融入到社会主义现代化建设的大系统中去。

基于此,我们认为,企业的社会责任要较好地实现应满足如下的原则和基础。

2.3.1 有利于企业生存和发展的原则

任何一个企业的首要责任就是生存与发展。为生存和发展,企业履行市场经营主体的职责,在提供产品和服务的同时获取利润,实现其各项营运目标,为进一步发展积累资本和财富。工商业的主要目标和动力就是利润,企业尽其所能谋求利润,由此维持其效率,并利用机会进行技术革新,加速发展。市场竞争使企业自始至终追求其自身的利益,而又使利润保持在一个合理或适当的水平,并在不知不觉中增加了公共福利。如果是因为承担了社会责任,而使企业不能获得利润,就是企业对社会不负责任的表现。企业的最根本目的是实现自身的利润和为社会提供保证质量的物质产品和高层次的服务。假如企业连这个最根本的目的都没有达到,那么企业就会失去其存在的意义。因此,企业承担社会责任的首要原则就是生存与发展原则。

2.3.2　基于企业自身能力的原则

任何一个企业要承担社会责任都要以自身能力的局限为前提。由于企业的经营行为产生的社会问题,企业应该是积极地承担解决这些社会问题的责任。但对那些不是由企业经营行为产生的社会问题,其责任的承担要受企业自身能力的限制。另外,企业承担社会责任将不可避免地增加经营管理成本,这种成本的增加要在其有效的控制范围之内,如果因为承担社会责任引起的成本增加而导致企业竞争力下降以致丧失,这表明企业承担社会责任过多。因此,企业承担社会责任应该是有限制的,企业只能承担某些自己力所能及的社会责任。因此,企业承担社会责任的途径和方法要根据自身的现实情况,不能超越自身所能承受能力的限度。

2.3.3　不超越企业职权限度的原则

权力和责任密不可分,任何人要求职权就意味着承担责任,而任何人承担责任就要有相应的职权。因此,承担社会责任就必须有一定的职权做保证,企业也不例外。如果企业没有某项职权,它就无法承担与此相适应的社会责任,自然地企业就该拒绝承担这样的责任;否则,就是不负责任的表现。权力与责任的关系是企业社会责任应有的基础。权利到位则是这种责任铁律的逻辑前提,权利缺位或不到位也就必然构成企业保持道德缄默的逻辑理由。在政府领导企业的体制内,市场经济容易变成"仕场经济"。在"仕场经济"条件下,企业的发展总是受到官员权力的干预,失去了自主权利的企业及企业家们也就因此容易丧失承担责任、讲究道德的自律精神和自主意识。另外,如果为了解决某些社会问题,而要求企业超越法律或道德伦理的范围进行不法或不道德的经营,违反了企业社会责任的要求,也是不允许的。

2.3.4　企业不同发展时期应承担不同社会责任的原则

企业在刚成立时期与成熟发展时期承担社会责任的途径和方法有所不同。斯蒂芬卫・罗宾斯(Stephen. R. Robbins)和玛丽・库尔特(Mary. Coulter,1997)在其《管理学》中提出的企业社会责任的四阶段模型认为:作为一个管理者,在追求社会目标方面,你所做的一切取决于你认为对其负责任的人,即利益相关者。处于第一阶段的管理者,将努力通过成本最小化和利润最大化来提高股东的利益;在第二阶段,管理者将承认他们对雇员的责任,并集中注意力于人力资源管理;在第三阶段,管理者将社会责任扩展到具体环境中的其他利益相关者,即顾客和供应商;在第四阶段,管理者感到他们对社会整体都负有责任。笔者虽然不敢苟同罗宾斯的这种阶段论,但他提出的企业承担社会责任的多少和范围必须与企业不同发展阶段相适应的观点值得我们借鉴。根据企业不同发展时期的情况来确定企业怎么承担社会责任,也是确保企业所设定的社会责任目标能否实现的重要条件[①]。

---

　　① 黎友焕.中国企业社会责任研究[M].北京:北京工业大学出版社,2007:23-24.

3

企业履行社会责任与
企业经营绩效的相关关系

欧盟 2001 年发布的《推动欧洲的公司社会责任框架》绿皮书将公司社会责任定义为:"公司在自愿的基础上,将社会和环境问题与公司经营活动结合在一起,与公司和相关利益者的合作结合在一起。"欧盟的观点在理论上将公司社会责任与可持续发展联系在一起,并建立了一个三角模型,经济、社会和环境构成三角形的三个边,有社会责任感的公司通过在其经营活动中将这三个方面相结合,支撑起社会的可持续发展,同时经济、社会和环境之间互相依存。

3.1　企业履行社会责任对经营绩效的影响分析

按照成本效益原则,如果企业为承担社会责任所带来的收益大于由此所付出的成本,企业就会主动地承担社会责任;否则,企业就会消极甚至抵触履行社会责任。现实中,确实存在某些企业的短视行为,以及对"效益"的狭隘理解,从而致使企业走进一个误区,认为承担社会责任会得不偿失,做出许多有违可持续发展的行为。

从表面来看,企业承担社会责任与企业的经济利益是相矛盾的,事实上,企业的经济利益与其社会利益是一致的。企业在依法经营、依法纳税的前提下,为自身赚取利润的同时也为社会创造了财富。社会责任的承担固然会给企业增加一定的经营成本,然而,社会责任的履行也会为企业带来直接或间接、短期或长期的收益。企业为社会尽到应尽的社会责任后,将有利于企业获取稳定、长期的利润。以下主要分析企业承担对股东、员工、消费者、环境以及其他社会责任对企业经营绩效的影响。

3.1.1 企业履行对股东的责任对经营绩效的影响

按照企业契约论观点,在企业所有的契约关系中,最为核心的是经营者与股东之间的关系。股东是企业的所有者,他们与企业共担风险、共享收益,是企业的直接利益相关者。企业首要的社会责任是维护股东的利益,承担起代理人的角色,保证股东的利益最大化。股东作为对企业影响最大的利益相关者,其利益是企业或企业家承担社会责任的基础。

虽然追求股东利益最大化并不一定能保证企业其他利益相关者的利益最大化,但是如果企业不追求股东利益最大化,股东利益受到侵害时,股东很有可能撤资,从而影响企业的经营和发展,企业再生产就失去了物质基础,甚至面临破产,而企业的破产会带来生产资源的浪费和大量的失业工人等,企业就根本无法长久地维护其他利益相关者的利益。因此,企业首先应当对股东承担责任。

企业对股东应当履行的社会责任体现在以下两个方面:

首先,要对股东的收益负责,尽可能增加股东的收益,要实现资本的保值增值,并给股东分配红利或利润。只想从投资者手中获得资金而不愿或无能力分配合理报酬的做法,是对投资者不负责任的,注定要被投资者所抛弃。

其次,企业应及时、准确地向股东披露财务状况等信息。现代公司制的主要特征是所有权与经营权的分离,这使得经营者对企业的生产经营有了更大的自主权,并且内部人比外部人更有信息优势。由于所有者对经营者的激励和监督机制不健全,经营者在自利行为原则的驱动下,常常因为追求自身的利益而与所有者的目标发生偏离,主要表现有:过分的在职消费、公费吃喝和公费旅游;财务信息披露不规范,既不及时,又不真实,只报喜不报忧;不考虑企业的长期发展和企业资产的保值增值,而是仅仅考虑眼前的成绩、地位和利益,把短期收益建立在牺牲企业长期利益的基础上。企业经营者这种对股东不负责任的行为将导致企业委托代理成本的上升及经营效益的下降,影响股东的利益。股东很可能因此通过代理权竞争来罢免不称职的代理者,甚至会将资金撤出公司,这些都将影响公司内部经营环境,从而影响公司的经营效益甚至影响公司的生存发展。经营者只要真正履行应当对股东承担的责任,股东就会愿意投入更多的资金,这样才有利于企业提高经营绩效,获得长远的发展。

2001年的"银广夏"事件就给我们铭心刻骨的教训:公司上市后从证券市场"圈"5亿多元资金,但是由于内部管理混乱,圈的钱被糟蹋殆尽。1999年、2000年、2001年上半年公司实际亏损5 003.2万元、14 940.1万元、2 557.1万元,但是公司经营者没有及时、准确地对股东汇报情况,反而通过增加虚假收入、多计资本化利息费用、少计经营费用以及多提折旧等手段分别虚增利润17 781.86万元、56 704.74万元、894万元来欺骗股东,2001年公司的造假事实被证监会发现后公司被处以60万元的罚款并责令改正,公司股票被停止交易。"银广夏"事件正是由于公司经营者对股东不负责任所引起的恶果。

"三一重工"股权分置改革过程中就真正实践了社会责任,保护了中小投资者的利益。本着"真诚、共赢、面临未来"的理念,在股改的一个月时间里,"三一重工"以登门拜访、媒体传播、电话、邮件等方式全方位、多渠道、多层次地与广大流通股东进行沟通,体现了公司高管层对中小投资者负责任的诚意,也为公司树立了良好的社会形象,无疑有利于企业经营业绩的提高。

3.1.2　企业履行对员工的责任对经营绩效的影响

企业与员工之间最基本的关系是建立在契约基础上的经济关系,此外,还有法律关系和道德关系。经济关系是企业与员工之间的劳动雇佣关系,法律关系是经济关系在法律上的权利义务关系,道德关系是指企业与员工之间相互尊重、相互信任的关系。在智力资本日益重要的知识经济时代,企业之间的竞争归根结底是人才的竞争,员工的重要性日益凸显。

著名的古典政治经济学家亚当·斯密(Adam Smith)在《国富论》中指出:"工人增进的熟练程度,可和便利劳动、节省劳动的机器、工具同样被看作是社会上的资本。"人力资本的投资报酬率一直比物质资本的投资报酬率高出许多。西奥多·舒尔茨(Theodore Schultz)在美国经济学会主办的第73届年会上以《人力资本投资》为题系统地阐述了人力资本理论,他认为人力资本即人的知识、能力、健康等质量的提高,对经济成长的贡献远比物质资本和劳动力数量的增加重要,如果一个国家或地区的人力资本投资大,这在一定程度上,表明人力资本存量与价值的一致性，即人的知识技能和体质的存量越高，其价值就越大①。

　　知识经济时代人力资源成为企业最重要的资源之一，企业离开了人，一切都不能正常运行。企业要让其外部利益相关者满意，首先要让其内部利益相关者——员工满意，所以企业在追求利润的同时要主动承担对员工的社会责任。首先，公司应该严格执行《劳动法》《劳动合同法》，保障劳动者享有劳动权利和履行劳动的义务。公司依法用工，实行劳动合同和集体合同制度。劳动合同的订立、履行和变更、解除和终止，应严格执行法律和制度规定。公司应该建立健全劳动安全卫生制度，严格执行国家劳动安全卫生规程和标准，预防和减少劳动过程中的事故和职业危害。另外，企业应该帮助和促进员工个人发展，提供教育培训的机会，以不断提高职工的文化水平和技术素质，使其能够适应企业和个人的发展需要。2008 年，英特尔在中国开展了 951 次课程，参加培训的员工超过 15 000 人次。同年，英特尔对员工的教育资助达到 83.7 万美元。在促进员工发展的同时还要保障员工权益，企业要关心职工的福利，在工资待遇、医疗保险、养老保险、失业保险等方面承担直接或间接的责任。2008 年，华为支出各种员工福利保障共计 14.4 亿元人民币。华为设立了首席员工健康与安全官，统一领导员工健康与保障工作，还专门成立了健康指导中心，规范员工餐饮、饮水、办公等健康标准和疾病预防工作，提供健康与心理咨询服务等。这些企业注重对员工的培训、福利保障，同时也取得了很好的社会效益和经济效益。

　　巴纳德的组织理论告诉我们，组织的有效性在于对目标的共同认同，在于建立在目标认同基础上的为组织做贡献的意愿及顺畅的信息沟通。如果企业将一味以追求经济利润为唯一目的，将员工仅仅视为赚钱的工具，忽视企业的社会效益，不能主动履行对员工的社会责任，那么，企业员工的物质需求和精神需求都不能得到满足，企业内部员工就没有使命感和成就感，只是被动地应付工作，更谈不上主动地开拓创新。员工对组织的忠诚度降低，企业就失去了获取利润的动力，这样，连根本的生存都很可能存在问题，更不用说企业持续稳定的发展。

　　当前，我国不少企业没有履行对员工的社会责任，如不与员工签订劳动合

---

　　① Adam Smith. An Inquiry into the Nature and Causes of the Wealth on Nations, 1776.

同,使员工在涉及职业病、欠薪等问题时缺乏法律凭据;随意加班或超工时劳动,少给或甚至不给加班工资;回避或不承担为员工购买社会保险的义务,不考虑为员工改善福利待遇,不注重对员工知识与技能的培训,致使员工的基本利益得不到保障;不考虑为员工改善工作环境,致使安全问题屡屡发生。2010年3月28日发生在山西省某煤矿的透水事故,153人被困井下,政府部门立即组织救援工作,克服重重困难,经过7天7夜的搜寻终于救出了115人,另外37人死亡,1人失踪。此次透水事故耗费了大量的人力、物力和财力,抢险搜寻耗资超过1亿元,给国家、企业、人民生命财产造成巨大损失,严重影响该煤矿的建设及未来经营发展,极大地影响企业的经营绩效。如果企业重视员工的生命和财产安全,改善员工的工作环境,采取必要的防范措施,这样的悲剧就会少些,甚至可以杜绝。

根据《国际劳工组织公约》、《联合国儿童权利公约》以及《世界人权宣言》制定而成的社会责任管理体系SA8000在当前的国际经济关系中运用广泛,它是企业继ISO9000和ISO14000之后的最新管理体系标准,反映了企业管理的新趋势。它把人本管理、商业道德和精神文明等指标化,使关心人、理解人、尊重人、保护人有了可操作衡量的具体量化标准,使人本管理、人文关怀和人性化告别了抽象与模糊,变成在实践中可操作的制度。这与我国提出的以人为本的发展观是相吻合的,有助于我国早已颁布的《劳动法》的实施与完善,尤其对企业及全社会的可持续发展是个有力的促进。据统计,我国企业的劳工问题普遍存在于各类企业中,如果中国企业不从根本上改善劳工状况,就很难保持长久的竞争力,也不可能获得与其他国家企业平等的权利,可持续发展更无从谈起。我国企业应参照社会责任管理体系的先进性严格进行生产,按照《劳动法》的要求主动承担起对员工的社会责任,而不是以违反《劳动法》获得成本优势。企业本身应该努力去创造条件改善劳工条件,争取SA8000认证,突破国外壁垒,提高企业的竞争力,有利于企业的持续发展。

3.1.3　企业履行对消费者的责任对经营绩效的影响

随着社会经济的发展,人们的消费意识越来越强,消费者的需求也越来越个性化,不仅关注产品质量与价格,还要求企业提供良好的售后服务。他们注重产品生产厂商的信誉,越来越多地从对社会负责的生产者处购买产品。因此,保护消费者的利益,向消费者提供高质量的产品,满足消费者的需求,是企业一项重要的社会责任。

企业对消费者的社会责任集中体现在对消费者权益的维护上。按照我国《消费者权益保护法》,消费者有以下几个方面的权益:包括向消费者提供安全可靠的产品、尊重消费者的知情权和自由选择权、消费者的求偿权、使消费者尽可能多地了解企业的产品、在公平交易的前提下自由地选择产品。企业越重视消费者的利益,企业的经营绩效就会越多。例如,1985 年青岛海尔从德国引进了世界一流的冰箱生产线进行冰箱的生产,在一次检查中发现库存的 76 台冰箱虽然不影响冰箱的制冷功能,但外观有划痕、螺丝没拧紧等问题。时任厂长张瑞敏决定将这 76 台冰箱当众砸毁,并提出"有缺陷的产品就是不合格产品"的观点。海尔砸冰箱事件不仅唤醒了海尔员工的质量观念,同时也在社会上引起了极大的震动,为企业赢得了美誉,市场占有率不断提高,有利于提高企业的经营绩效。再如,格力电器在行业内率先向消费者作出"家用空调整机包修六年"的郑重承诺,此项服务政策远远超出目前国家"整机一年、主要部件三年"的"三包"法规要求,赢得了广大用户一致赞誉。在对消费者负责的同时,格力电器更积极承担社会与行业责任。针对因市场竞争部分空调厂家倒闭退市,所售空调无人问津,成为"孤儿空调",消费者失去"三包"权益的情况,格力电器在多个省市成立"退市空调救助中心",对退市空调品牌进行义务集中救助。这种做法使更多的消费者相信格力电器,更多的消费者选择格力电器,这就提升了格力品牌在消费者心中的地位,提高了格力电器的市场占有率,企业的经营绩效也随之提高。

我国一些企业一味地追求企业的经济利益,忽视企业的社会效益,抛弃了诚信原则。企业的产品质量是以次充好,偷工减料,对生产工人的培训和管理不严,对产品质量检测不严,由此产生的产品质量问题一旦显现于消费者面前,那么必然会造成严重的后果,影响的将不仅仅是企业的经营绩效,而是企业的生死存亡。如 2008 年的"三鹿奶粉"三聚氰胺严重超标事件,导致 6 名婴儿死亡,逾 30 万儿童患泌尿系统结石病,在国内外造成了恶劣的影响,致使消费者对中国的乳制业失去信心,结果三鹿公司只能关门倒闭。中国"三鹿奶粉"事件殃及整个乳制品业,消费者对国产乳制品失去了信心,国内乳制品生产商将丧失大量的市场占有率,使国外的奶制品趁机大量进驻国内市场,赚取巨额利润。

　　企业在市场竞争中自觉承担起对消费者的社会责任,企业生产的产品质量优良、安全可靠,提供的服务优质、价格合理,其产品或服务对消费者会具有更大的吸引力,提高了消费者的信任度及满意度,这样的企业既满足了各种消费者的需要,又提高了企业的信誉,促进了产品销路,拓展了服务领域,直接促进了企业经营,提高了经济效益。另外,企业通过为社会提供优质产品和优质服务,可以促进当地经济的发展,提高人民群众的生活水平和生活质量,增加对产品的需求量,提高居民的购买率,又为企业扩大了生存和发展的空间,也就有利于企业的发展壮大。因此,企业社会责任的承担是可以提高经营绩效的,企业应当积极主动地履行对消费者的责任。

3.1.4　企业履行环境保护责任对经营绩效的影响

　　环境是人类生存与发展的基础,企业作为社会的一部分,其与环境有着密不可分的联系,环境的好坏自然也影响着企业的经营与发展。整个社会对于环境保护有着不可推卸的义务,作为社会单位之一的企业自然也应该承担对环境的责任。

　　随着经济的不断发展,环境也承受着越来越大的压力,不少企业不顾长远的发展,一味追求短期利润,无休止地向环境索取资源,使得自然环境长期处于过度开发的状态中,造成了环境承载能力的不足。并且有不少企业,在生产过程中不断地向环境中排放废水、废气、废渣,也给环境造成了很大的破坏。由于自然环境的产权界定不明晰,导致很多成本无法精确地核算出来,企业在很大程度上造成的环境污染和破坏,短时期内很难用适当的方式要求其承担成本,从而更加剧了环境的负担。

　　企业应当尽可能减轻对生态环境的污染,重视对自然资源的开发利用,提高对原材料、燃料的利用率,加大污染防治的投入。例如,亚宝药业集团的前身是芮城国营制药厂,1990年已面临倒闭,新厂长走马上任后,把环境与发展综合决策,突出“人与自然和谐共处”的主题,把环境保护工作放在特别显著的位置,坚持生产、经营、可持续发展与新型工业化相结合,不断投入人力、物力、财力,加大环境保护的力度,实施清洁生产,环保与技改同步实施,确保产品的质量和环境的保护,从而提高了企业的社会形象,提高了企业的声誉,使企业获得了巨大的经济效益,亚宝集团应运而生,1997年跻身全国中成药国有重点企业

50强,1998年获"全国质量效益型先进企业"称号,1999年亚宝正式注册对外运营,2000年顺利通过国家GMP认证,2002年亚宝药业股票成功上市,成为当时山西医药行业唯一的一家上市公司,总资产达到60多亿元,较1990年增加60多倍。可见,企业应当主动承担保护环境的责任,企业履行环境责任既对社会负责,也有利于企业自身的长久获利。又如,早在20世纪20年代,杜邦公司就意识到自己的许多产品具有毒副作用,当时许多其他化学工业公司都认为这是理所当然的影响,不予理会。但杜邦公司却成立了工业毒物实验室,着手消除这些影响,以后它又决定把控制工业产品有毒物质的业务发展成为一个独立的企业,不仅为杜邦公司提供服务,也为各种各样的顾客提供服务,如为他们开发各种无毒的化合物,为他们的产品提供毒性检验报告等。就是这样,他们不但消除了企业对社会的影响,还把这种影响转化为企业的发展机会。

然而,仍然有不少企业不重视环境,不愿为改善环境做出投资。从短期来看,企业不去购买或更新环保设备确实能节约一笔较大的开支,但是从长远的角度看,企业作为社会组织的一分子,为社会生产某种产品的同时,难免会产生社会所不需要的噪音、高温、垃圾或有毒气体等。如果企业随意排放污染物,破坏了生态,缩小和毁坏了人类的生存空间,就会带来极其严重的社会后果,也会妨碍企业的生存和发展。2005年12月,广东某冶炼厂在机器检修期间,相关工作人员违反操作规程,导致超过1 000吨的高浓度含镉污水直接排入北江,造成广东北江镉污染事件,严重危害了当地的老百姓,造成极坏的影响。正因为如此,在国家环保总局和广东省政府的严厉要求下,该冶炼厂被勒令停止生产,给社会带来了严重影响。因此,全社会特别是企业界要关注环境的保护,注意节约,尽可能最大限度地利用我们有限的自然资源,确保企业可持续发展。

3.1.5 企业履行其他社会责任对经营绩效的影响

企业承担对政府、债权人以及公益事业的社会责任也有利于提高企业经营绩效。如企业遵守法律法规、依法纳税,为国家作出了应有的贡献,企业就能得到政府和有关部门的支持。有些问题企业自身可能无法解决,但是有政府的支持就可以迎刃而解。因此,政府的支持也可以产生经济效益。同时,企业依法纳税,自觉履行义务,可以免受处罚,避免不必要的损失。

企业履行对债权人的社会责任就会提高企业的信用程度,如信守合同、按时履行还款义务、降低债权人的债权风险等。这样,就有更多的银行等金融机构愿意为企业提供资金,这就为企业解决了资金紧缺和周转不灵问题,从而也降低了企业的财务风险。

另外,现在不少企业或企业家在经过一定的财富积累之后,都已经有了回报社会的想法。慈善事业已经成为许多企业承担社会责任、回报社会的途径。有社会学家表示,由最初的单纯追逐利益到今天的热心社会公益事业、主动承担社会责任,是社会发展和企业家成熟的必然历程,将对人的关爱和对弱势群体的帮扶与追求企业利润置于同等重要的位置,是中国的企业家日渐走向成熟和理性的标志。积极支持社会公益事业,尽力做些扶贫助困工作,可以增加公众对企业的信任感和美誉度,可以提高企业的社会形象。从事这些活动是一种行之有效的广告宣传形式,可以促进企业产品的销售,有利于提高企业的长期经营绩效。国外的企业和企业家大多注重社会捐赠与公益事业,比尔·盖茨(Bill Gates)在2000～2005年期间共捐出230亿美元,约占其净资产的45%。在2008年,比尔·盖茨退休时,他捐出了自己约580亿美元的财产给名下的慈善机构用于慈善事业。

总之,企业在积极承担一定的社会责任活动的同时,一定会得到比其付出更多的收益。企业履行社会责任是一种企业信誉和企业社会形象的投资,它可以改善企业的生存环境和公众形象、优化劳动关系以及提升财务业绩等,企业社会责任与企业经营绩效是正相关的。

3.2   企业经营绩效对企业社会责任的影响分析

3.2.1   企业经营目的分析

企业经营目的通常包括企业的经济目的、社会目的和其他目的。经济目的就是企业必须不断地发展、壮大,尽可能多地盈利,给股东带来最大限度的投资回报;社会目的就是企业通过积极参与社会活动、公共福利等事务来扩大自身的影响,提高自身的声誉,树立良好的社会形象;其他目的则范围很广,比如影响政府机构的立法和决策,进而给自身带来一定的经济利益;通过企业规模扩大、技术领先,使企业的高层管理人员得到心理上的满足等。但从企业的定义和特征分析中,我们可以看出,在企业所有这些目的中,经济目的是企业最根本的目的,社会目的和其他目的最终都是为经济目的服务的。否则企业就成了无源之水、无本之木。因为企业不是政府机关,不是慈善机构,不是环境保护组织等民间团体,它的最终目的是要能够在市场经济的海洋中不断创新,超越竞争对手,通过自己的产品或服务满足顾客的需要,得到顾客的认可,实现长期增长,达到生存、盈利、发展的目的。

　　围绕企业的经济目的,企业通常制定出许多经营目标,通过目标的完成以支持企业目的的实现,正确的目标是企业良性循环的前提条件。按目标的项目分类,通常包括财务目标、市场营销目标、生产能力目标、技术能力目标和职工素质目标等。在企业所有这些目标中,财务目标又是实现企业目的的中心目标,其他目标也是为了实现企业的经济目的,但终究都是为实现企业的财务目标服务的。在市场经济体制下,关于企业财务目标,也可以称为企业最终目标或企业目的,广泛应用的主要有利润最大化、股东利益最大化和企业价值最大化三种观点。利润最大化是指企业通过对人、财、物、供、产、销各方面活动的有效管理,不断增加企业利润,使利润达到最大。股东财富最大化是指通过企业的合理经营管理,为股东带来最大的财富。一般来说,股东财富由其所拥有的股票数量和股票市场价格两方面来决定,在股票数量一定时,当股票价格达到最高时,则股东财富也达到最大。所以,股东财富最大化,也就是股票价格最大化。企业价值最大化是指通过企业的合理经营和科学决策,充分考虑企业各相关利益群体的利益,在保证企业长期稳定发展的基础上,使企业总价值达到最大。企业价值最大化的基本思想是将企业的长期稳定发展放在首位,强调在企业价值增长中满足各方利益关系,既考虑企业所有者的利益,又照顾到各相关利益群体的利益,均衡各方关系,为企业长期稳定发展创造和谐稳定的环境。

　　随着社会经济的不断发展,目前,越来越多的企业所有者和企业的高级管理人员逐渐认识到,企业作为独立法人,不是存在于真空中,就像自然人是社会生活中的一分子一样,企业也是社会经济生活中的一分子,它要与许多相关利益群体发生联系,它的存在与发展,是这些相关利益群体相互作用和相互妥协的结果,因此,从企业长远发展来看,不能只强调某一利益群体的利益,而置其他利益相关群体的利益于不顾,也就是说,在确定企业目的、制定企业目标时,不能将企业的目标仅仅归结为某一利益群体的目标,而应均衡考虑各方利益群体的利益,才能确保企业长期稳定发展和企业总价值的不断增长。企业发展壮大了,企业的总价值实现了最大化,企业所有者的利益自然也就达到了最大化。因此说,以企业价值最大化作为企业的最终目的和总目标,是在权衡各方利益的基础上,对经济效益更深层次的认识,它比传统观点中的利润最大化和股东财富最大化更科学。因此,我们认为,企业是以盈利为目的,具有独立经济行为和经济利益,自主经营、自负盈亏的经济实体和法人实体,企业在满足企业所有者利益的同时,还要满足广泛的相关利益群体的要求,企业应以企业价值最大化作为企业的最终目的。

3.2.2　良好的经营绩效对企业承担社会责任的影响

现代社会,随着商品生产的社会化、专业化程度不断提高,企业之间的相互依赖程度日益加强,企业的任何行为都不再是个体行为,可能对社会产生影响。企业作为一个"社会人",不能脱离社会而孤立地存在,企业在保证其资产保值增值的前提下,就应回报于社会,放弃损人利己行为和短期行为,考虑企业长远的未来发展。随着 SA8000 社会责任认证标准走进我国,在构建社会主义和谐社会的大环境下,要把承担社会责任的问题提高到以人为本、建立可持续发展的和谐社会的高度来认识,培育企业承担社会责任的意识并实施承担社会责任的行为。

良好的经营绩效为企业承担社会责任提供了有力地支持。事实上,企业追求利润的同时已经自觉或不自觉地促进了社会的发展。企业为社会提供产品或服务,促进社会的就业,虽然这并不是企业应当承担的社会责任的全部,但却是企业应当承担的最基本的社会责任。不仅如此,良好的经营绩效也是企业履行社会责任的必要条件,如果企业不追求合理利润,社会资源就不能得到最优配置,也就是说,合理的利润是资源最优配置的前提条件。另外,企业承担社会责任时,企业要继续生存必须获得为了弥补风险和承担未来的责任需要的最低限度的利润率,做某些经济上不合理或难以支持的事,其后果很可能对社会造成更大的损害,这样的行为并不是对社会负责的。再者,权利与义务的对等原则是企业应当不应当承担社会责任的基本原则,如果一个企业承担了不应当承担或者不可能承担的社会责任,跨越了自身的权限和能力就会引起新的社会问题,这也是对社会不负责任的。不难理解,一个处于成熟稳定阶段的企业应当比一个刚刚处于创业发展期的企业要承担的社会责任更多。也就是说,一个企业必须获得承担它造成影响所需要的能力。但在那些不是由它自己造成的影响产生的社会责任领域,其责任的承担受其自身能力的限制,企业应承担那些自己力所能及的社会责任。所以说,企业良好的经营绩效为企业承担社会责任提供了强有力的支持。经营效益好的企业,承担的社会责任的状况较好。现实中,国内外著名的公司(如国内的宝钢、海尔、万科等,国外的微软、通用、IBM等)几乎都是经营实力较强的公司,这正好说明了这一点。

3.2.3 企业经营亏损对其承担社会责任的影响

良好的经营绩效为企业承担社会责任提供了有力的支持。相应地,当企业的经营绩效较差时,企业承担社会责任的能力也会下降,由此,企业承担社会责任的积极性和企业履行社会责任的状况也会受到影响。企业作为市场经济中承担财富创造责任人的特殊社会关系主体,缺乏保障企业正常经营的物质条件,就不可能完成社会责任。事实上,企业未能获取足够的利润时,企业所承担的社会责任将难以持续。例如,在企业经营出现严重亏损的情况下,企业不仅不会扩大生产经营规模,甚至很可能因此靠裁员降低支出来渡过难关,这样,企业在提供就业机会这一社会责任方面就会受到明显影响。典型的例子就是当企业的经营实力较差时,企业除承担实际基本责任以外,就难以承担捐赠这一责任。正如乔治·斯蒂纳和约翰·斯蒂纳所说的那样,"一个企业的盈利是企业承担自愿社会责任的前提条件,一个企业盈利越多,承担的社会责任就越多,利润是社会责任产生的前提。相反,一个正处于经营困难时期的企业有可能削减它的社会项目,这就使得社会责任是否在某些情况下会导致盈利增加变得更为模糊不清"。因此,社会各方,尤其是政府既不应该对企业应尽的社会责任漠不关心,也不能要求企业承担过多的社会责任。然而,必须指出的是,企业经营亏损并不能作为企业不去承担社会责任的借口,不论在何种情况下,企业都要遵纪守法、注重环保、节约资源、提高产品质量、保障员工基本权益等,在遵守基本道义的同时,根据企业的经营实力把握好社会责任的度,根据企业长远的发展利益,处理好小善与大善、一时之善与长远之善的关系。

总之,企业作为经济组织,追求合理的利润是承担企业社会责任的前提。企业的经营绩效好、出现盈利时,为企业承担社会责任提供了强有力的支持。

而企业亏损时,企业承担社会责任的能力下降从而影响企业社会责任的履行状况。市场经济体制下,企业社会责任与企业经营绩效是一种相互作用的辩证关系。

3.3 企业履行社会责任与经营绩效关系的实证分析

3.3.1 样本的选择

本次实证分析,选择了上海市地区的其中 150 家上市公司作为研究样本。具体选择原则是:

(1)从上海、深圳证券交易所主板以及中小企业板和创业板所有的上市公司中,选择所属地区为上海的上市公司。

(2)选择 2009 年 12 月 31 日之前上市的公司,剔除 2010 年之后上市的公司,保证上市公司的运营期超过 3 年,提高了样本数据的真实性,保证每个公司都可以采集到 2010～2012 年 3 年的完整数据。

(3)剔除了企业业绩过差的 ST、﹡ST 和股票停牌的公司。

按照以上选择原则,从上海市 216 家上市公司中选择了 150 家公司作为样本,基本覆盖了农林牧渔业、采矿业、制造业等各行业。

本次实证分析主要是从上海证券交易所网站(www.sse.com.cn)、深圳证券交易所网站(www.szse.cn)、巨潮资讯网(www.cninfo.com.cn)、和讯网(www.hexun.com)、锐思数据(www.resset.cn)等检索所选择 150 家上市公司 2010～2012 年度报告中的相关数据进行分析。

3.3.2 指标体系设计

3.3.2.1 企业社会责任指标

国际上衡量企业社会责任的最常见的方法有声誉指数法、内容分析法、TRI 法、公司慈善法、LKD 指数法等,而我国相对缺少相关数据资料库,所以有些方法根本不可行。因此,本文从财务的角度建立一套财务指标分析企业社会责任,通过财务指标衡量企业社会责任,虽然难度相对有点大,但是通过财务指标的显示和计算,基本可以反映出社会责任的履行情况。

　　企业社会责任涉及对股东、员工、消费者、供应商、环境、政府、债权人以及公益事业等各个方面承担社会责任,鉴于现行财务报告所披露的社会责任信息有限,其中消费者责任、供应商责任和环境责任等方面的信息披露不完整,有些公司甚至在其年度报告中根本就没有提及相关信息,为了便于在样本公司中作比较分析,因此本文所选用的社会责任指标中未能包含企业对消费者、供应商以及环境三个方面的责任信息,而主要从股东、员工、债权人、政府和公益事业五个方面对企业承担的社会责任进行量化,形成企业社会责任财务评价指标体系,具体见表3－1。

表3－1　　　　　　　　　　　　企业社会责任财务评价指标体系

指标名称	计算方法	备注
每股收益(X1)	X1＝净利润/发行在外普通股的加权平均数	对股东承担社会责任的衡量指标
员工所得与收入比(X2)	X2＝支付给职工以及为职工支付的现金/营业收入×100%	对员工承担社会责任的衡量指标
资产负债比(X3)	X3＝资产总计/负债总计	对债权人承担社会责任的衡量指标
总资产税费率(X4)	X4＝支付的各项税费/资产总计×100%	对政府承担社会责任的衡量指标
捐赠与收入比(X5)	X5＝捐赠支出/营业收入×100%	对公益事业承担社会责任的衡量指标

　　(1)对股东承担社会责任的衡量指标

　　利润表中每股收益(EPS)是一个非常关键的财务数据,用每股收益来反映对股东承担的社会责任,它反映企业某会计年度内平均每股普通股所获得的收益,是衡量普通股持有者获得报酬水平的重要依据。一般来说,该指标值越高,说明企业股东获得的利益越多,因而可以作为对股东承担社会责任的衡量指标。

　　(2)对员工承担社会责任的衡量指标

　　对员工承担社会责任,主要体现在对员工的支付水平上。本书选择了员工所得与收入比这个指标来衡量,选取该项指标是因为其值可以反映企业愿意为职工进行投资的程度,一般来说,该项指标值越大,说明企业对员工越重视,从而可以反映出对员工承担社会责任程度的高低。

　　(3)对债权人承担社会责任的衡量指标

从债权人的角度,认为企业的资产负债率越低越好,该比率越低,债权人越有保障,贷款风险越小。反映企业对债权人承担责任的程度,主要是衡量企业的偿债能力的大小。本书选取资产负债比这个指标来衡量,该项指标值越大,企业的偿债能力越强,债权人的贷款风险越小,越能体现企业对债权人的社会责任。

(4)对政府承担社会责任的衡量指标

企业对政府承担社会责任主要表现为守法经营、依法纳税。因此本书选取总资产税费率作为对政府承担社会责任的衡量指标,一般来说,该项指标体现企业在一定资产规模下上交税费的多少,该指标值越大,越能说明企业对政府承担的社会责任。

(5)对公益事业承担社会责任的衡量指标

本书选取了捐赠与收入比这个衡量指标,它反映企业为公益事业等作出贡献的多少,该指标值越大,反映企业对公益事业承担的社会责任越多。其中,捐赠支出来源于合并利润表附注中营业外支出项目中的"捐赠支出"。没有标明捐赠数据的,将其当年的捐赠额视为零。

3.3.2.2　企业经营绩效指标

企业经营绩效的衡量也以财务指标进行,主要财务指标一般有总资产收益率(ROA)和净资产收益率(ROE)等指标,计算公式为:

$$总资产收益率=净利润/平均资产总额×100\%$$

$$净资产收益率=净利润/平均净资产×100\%$$

总资产收益率指标集中体现了资产运用效率和资金利用效果之间的关系,在企业资产总额一定的情况下,利用总资产收益率指标可以分析企业盈利的稳定性和持久性。

净资产收益率是反映资本收益能力的通用指标,强调经营期间净资产赚取利润的结果,它是说明公司利用单位净资产创造利润能力大小的一个平均指标,有助于公司相关利益人对公司未来的盈利能力作出正确判断。净资产收益率是一个综合性最强的财务指标,是杜邦体系的核心。净资产收益率的高低取决于销售净利率、总资产周转率和权益乘数,而这三个因素分别代表了企业的盈利能力、营运能力以及偿债能力。

根据数据的公布情况,以及数据规律,本书选取了净资产收益率作为企业经营绩效的衡量指标。该指标值越大,反映经营绩效越好。

3.3.3 实证分析与结果

依据研究内容和指标体系,运用 Excel 和 SPSS17.0 分析软件对样本公司的相关数据进行分析,采用的分析方法主要有描述性统计分析、相关分析和回归分析。

3.3.3.1 描述性统计分析

本研究所选取的样本以中国证监会公布的《上市公司行业分类指引(2012年修订)》为依据,按照门类名称及代码进行分类,将 150 家样本上市公司分为制造业、房地产业、批发和零售业等 17 个行业。150 家样本公司所属行业的分类如表 3—2 所示。

表 3—2 样本公司所属行业分类表

门类名称	频率	百分比(%)	有效百分比(%)	累积百分比(%)
1. 采矿业	2	1.3	1.3	1.3
2. 电力、热力、燃气及水生产和供应业	3	2.0	2.0	3.3
3. 房地产业	23	15.3	15.3	18.7
4. 建筑业	4	2.7	2.7	21.3
5. 交通运输、仓储和邮政业	14	9.3	9.3	30.7
6. 教育	1	0.7	0.7	31.3
7. 金融业	7	4.7	4.7	36.0
8. 科学研究和技术服务业	3	2.0	2.0	38.0
9. 农、林、牧、渔业	1	0.7	0.7	38.7
10. 批发和零售业	16	10.7	10.7	49.3
11. 水利、环境和公共设施管理业	2	1.3	1.3	50.7
12. 文化、体育和娱乐业	2	1.3	1.3	52.0
13. 信息传输、软件和信息技术服务业	6	4.0	4.0	56.0
14. 制造业	61	40.7	40.7	96.7
15. 住宿和餐饮业	1	0.7	0.7	97.3
16. 综合	3	2.0	2.0	99.3
17. 租赁和商务服务业	1	0.7	0.7	100.0
合　计	150	100.0	100.0	100.0

本研究选取 150 家样本公司的 5 个企业社会责任指标和 1 个经营绩效指标进行描述统计,计算出了指标的最小值、最大值、均值和标准差,见表 3－3。样本公司相关指标基础数据见附表 1。

表 3－3   样本公司企业社会责任指标和经营绩效指标描述统计

指标	极小值	极大值	均值	标准差
X_1 每股收益(元/股)	−1.200 0	1.882 0	0.292 043	0.387 088 3
X_2 员工所得与收入比(%)	0.226 2	501.489 4	15.211243	41.254 270 2
X_3 资产负债比	1.060 6	21.702 2	2.878 844	2.706 618 7
X_4 总资产税费率(%)	0.058 3	18.132 2	3.970 165	3.346 083 7
X_5 捐赠与收入比(%)	0.000 0	0.234 5	0.012 343	0.030 021 3
Y 净资产收益率(%)	−60.827 1	31.864 0	6.623 045	10.724 182 3

3.3.3.2　相关分析

相关分析是研究变量间密切程度的一种常用统计方法。线性相关分析研究两个变量间的线性关系的强弱程度和方向。本书将 5 个企业社会责任指标数据与 1 个经营绩效指标数据进行相关性分析,结果见表 3－4。

表 3－4   企业社会责任履行与企业经营绩效相关性分析

企业社会责任指标	企业经营绩效指标 Y 净资产收益率
X_1 每股收益	0.668**
X_2 员工所得与收入比	0.197*
X_3 资产负债比	0.071*
X_4 总资产税费率	0.327**
X_5 捐赠与收入比	−0.087

注:** 表示在 $p < 0.01$ 情况下显著相关(双尾 t 检验),* 表示在 $p < 0.05$ 情况下显著相关(双尾 t 检验)。

从表 3－4 中可以看出,除了捐赠与收入比外,每股收益、员工所得与收入比、资产负债比和总资产税费率与净资产收益率均呈现正相关关系,其中,每股收益和总资产税费率与净资产收益率具有显著的正相关关系。说明企业对股东、员工、债权人、政府承担的社会责任都与经营绩效正相关,对股东和政府承担的社会责任与经营绩效显著正相关。

3.3.3.3 回归分析

在研究变量间的非确定关系时,构造变量间经验公式的数理统计方法称为回归分析。相关分析可以说明各因素之间的相关性如何,而回归分析则可以进一步指明关系的方向,可以说明因素之间是否存在因果关系。在实际问题中,人们总是希望从对因变量有影响的诸多变量中选择一些变量作为自变量,应用多元回归分析的方法建立"最优"回归方程以便对因变量进行预报或控制。所谓"最优"回归方程,主要是希望在回归方程中包含所有对因变量影响显著的自变量,而不包含对因变量影响不显著的自变量的回归方程。逐步回归分析正是根据这种原则提出来的一种回归分析方法。

逐步回归分析的主要思路是在考虑的全部自变量中按其对因变量的作用大小、显著程度大小,由大到小地逐个引入回归方程,而对那些对因变量作用不显著的变量可能始终不被引入回归方程。另外,已被引入回归方程的变量在引入新变量后也可能失去重要性,而需要从回归方程中剔除出去。引入一个变量或者从回归方程中剔除一个变量都称为逐步回归的一步,每一步都要进行 F 检验,以保证在引入新变量前回归方程中只含有对因变量影响显著的变量,而不显著的变量已被剔除。

本研究采用逐步回归分析法分析研究企业社会责任与企业经营绩效之间的关系,分析结果见表 3—5、表 3—6 所示。

表 3—5   逐步回归方差分析表

	模型	平方和	自由度	均方	F	Sig.
	回归	4 868.049	1	4 868.049	119.475	0.000[a]
1	残差	6 030.309	148	40.745		
	总计	10 898.357	149			
	回归	5 355.655	2	2 677.827	71.020	0.000[b]
2	残差	5 542.703	147	37.705		
	总计	10 898.357	149			
	回归	5 566.290	3	1 855.430	50.804	0.000[c]
3	残差	5 332.068	146	36.521		
	总计	10 898.357	149			

注:a. 预测变量:(常量),每股收益;

b. 预测变量:(常量),每股收益,员工所得与收入比;

c. 预测变量:(常量),每股收益,员工所得与收入比,总资产税费率;

d. 因变量:净资产收益率。

表3—5中,第三个模型F值达到50.804,且F值的显著性水平小于0.01,说明回归模型的线性关系是非常显著的,因变量和自变量之间存在线性关系,可以使用线性模型,且该模型的总体回归效果是显著的。

表3—6   逐步回归系数

模　　型	非标准化系数		标准系数		
	B	标准误差	Beta	t	Sig.
1. （常量）	4.284	0.691		6.198	0.000
每股收益	14.080	1.288	0.668	10.930	0.000
2. （常量）	2.743	0.791		3.468	0.001
每股收益	14.175	1.239	0.673	11.436	0.000
员工所得与收入比	0.128	0.036	0.212	3.596	0.000
3. （常量）	1.811	0.870		2.083	0.039
每股收益	13.405	1.261	0.636	10.628	0.000
员工所得与收入比	0.117	0.035	0.194	3.318	0.001
总资产税费率	0.314	0.131	0.145	2.402	0.018

从表3—6中可以发现,"最优"的第三个模型中,进入回归模型的有每股收益、员工所得与收入比、总资产税费率三个变量,非标准化回归系数分别为13.405、0.117、0.314,对应的显著性检验的t值分别为10.628、3.318、2.402,三个回归系数的显著性水平均小于0.05,所以每股收益、员工所得与收入比、总资产税费率三个变量对净资产收益率均有显著影响,得到回归方程:

净资产收益率=1.811+13.405×每股收益+0.117×员工所得与收入比

+0.314×总资产税费率

3.3.3.4　实证结论

本研究将样本公司企业社会责任指标每股收益、员工所得与收入比、资产负债比、总资产税费率和捐赠与收入比这五个变量和企业经营绩效指标净资产收益率进行相关分析得到的结果,说明企业对股东、员工、债权人、政府承担的社会责任都与经营绩效正相关。首先,经营者对股东负责任,职业经理人在经营管理的过程中不滥用其"内部人"的地位人为操纵利润,经营者应勤勤恳恳、兢兢业业,保证资本的保值增值,提高公司业绩,分配股利或利润给股东,企业对股东履行的责任越好,企业的经营绩效就可能越好。其次,企业给内部员工提供健康安全的工作环境、发放给员工应得的工资报酬、给员工提供培训机会等,实际上就是对企业内部员工的一种激励,这样企业就能更好地调动内部员工的积极性、主动性和创新性,提高员工的劳动生产率,并能减少因为流失优秀员工所导致的管理费用、招聘成本以及培训成本等,实际上企业也因此带来了更好的收益。再次,企业如果能够按照法律法规办事,依法纳税,那么企业从开业、形成生产和服务能力、购买和配置生产要素、组织生产和服务直到其产品和服务的市场实现的全过程中就能够更好地得到政府直接或间接的扶助与保障,实际上,企业也因此争取到了比较良好的经营环境,这无疑更有利于企业实现经营利润。也就是说,企业对政府履行的责任越好,企业的经营绩效就可能越好。另外,企业更好地履行对债权人的责任,越能按时支付利息和归还到期债务,企业的信誉就会越高,企业就越能更好地解决资金紧缺问题,无疑这有利于企业提高业绩。

企业对公益事业承担的社会责任与经营绩效呈现弱负相关关系,企业对社会公益事业所做的贡献实际上是一种长期投资,在当期会增加企业的成本,但从长期看,有利于提高企业的形象,有利于提高企业长期的经营绩效。

通过逐步回归分析得出,进入回归模型的有每股收益、员工所得与收入比、总资产税费率三个变量,并且通过了显著性检验,对净资产收益率均有显著影响,说明企业履行对股东、员工、政府的责任对企业经营绩效的影响更大,与相关分析的结果是一致的,企业积极履行对股东、员工和政府的责任,有利于企业经营绩效的提高。

3.4　企业履行社会责任对可持续发展的影响

可持续发展战略是从在一个地区、一个国家,甚至是全人类利益的高度来看待发展,是一种新的发展观,它的出现对企业提出了新的要求,其实质是在经济和社会发展过程中既要考虑当前发展的需要,又要考虑未来发展的需要,关注全社会及子孙后代的利益,不以牺牲后代人的利益为代价来换取当代人的利益。

3.4.1 企业履行社会责任能够为企业可持续发展战略提供物质基础

企业在获取盈利的同时,必须以保护和改善生态环境为前提,保护人类赖以生存和发展的环境,节约资源,进而达到企业长久稳定的发展。企业履行保护和改善生态环境的责任,则企业生产所需的各种燃料、原材料供给必须充足,物种必须多样而丰富。企业履行社会责任不仅为企业的持续生产提供了丰富的自然资源,而且对企业职工的身心健康产生了积极的影响。

3.4.2 企业履行社会责任能够为企业可持续发展战略提供良好的外部环境

企业是社会经济的基本组成,企业追求的是长期发展,而不是短期发展,企业履行环境责任,包括公司在盈利过程中与其他社会成员之间的利益冲突与摩擦的调整,是企业获取和保持持续的生存能力和发展能力,同时兼顾自然资源、生态环境的协调发展的有效途径。企业通过履行社会责任,职工工作生活条件得到改善,生态环境得以保护,社会弱势人群各安其所,企业和顾客之间诚信友善,企业的持续生产经营就会有良好的外部环境和安定团结的政治局面。因此,公司在致力于经济和社会发展的同时,还要致力于建设健康的环境、稳定的社会。

3.4.3 企业履行社会责任有利于树立良好的企业社会形象

随着企业环境保护意识、公众意识、社会责任意识的不断增强,公众对企业承担社会责任的呼声也越来越高。对积极参与支持社会公益事业和社会福利事业,在生态环境及资源保护方面有特殊贡献的企业,必定获得公众对它们的企业文化、产品、服务的好感,从而提高企业的公众形象。否则,公众必定会产生抵触情绪。企业通过履行社会责任树立良好形象,不但可以避免企业与顾客之间不必要的摩擦,还可以稳定顾客并充分利用群众舆论的作用招揽新的顾客,从而节省广告费,提高产品的市场占有率。此外,企业在生产经营过程中应坚持诚信原则,切实为顾客提供安全优质的产品或服务,对企业的长远发展而言,也是一种双赢的策略。

3.5　案例分析

3.5.1　案例一

董事会治理与企业社会责任关系研究——
基于我国民营上市公司 2009～2011 年面板数据的实证分析[*]

3.5.1.1　引言

随着改革开放的不断深入,我国在经济建设方面取得了突飞猛进的成就,我国民营上市公司的数量在不断增加,规模也在不断扩大,企业的行为方式及其对社会影响也随之不断变化,与企业行为相关的社会责任问题相继出现。企业社会责任的履行一般通过企业在保护企业利益相关者利益方面的投入来加以体现,然而这些是由掌控公司的管理者来实施的,因此强化企业的社会责任需要合理引导和规制企业的管理者的行为来实现。从整个社会来看,只有完善的公司治理机制运转有效的企业才能够形成履行社会责任的微观基础。在此基础上,政府才可能运用宏观调控手段,制定相应的规则和制度,以公司的利益为纽带引导公司承担相应的社会责任。从企业自身的内部营运来说,企业建立完善的公司治理制度,可以形成股东会、董事会、监事会和经理相互制衡的局面,企业的重大事项的决策才会考虑企业利益相关者的利益,使企业更好地履行其社会责任。

公司治理与企业社会责任关系的研究一直是国内外学者研究的重点领域,他们进行了大量的研究工作,并取得了许多研究成果。国外学者 Fama 和 Jensen(1983)[①]认为独立董事在董事会中占的比例越大,其自愿披露信息的程度越高。Wang 和 Dewhirst(1992)[②]实证研究发现外部董事会会更多地考虑员

　＊　本案例分析系孙红梅与郭梦荫合著,并发表于《金融管理研究》2013 年第 2 辑。

　①　Fama, E. F. and Jensen, M. C.. Separation of Ownership and Control[J]. *Journal of Law and Economics* 2,1983:301—325.

　②　Wang, J. Dewhirst, H. D.. Board of Directors and Stakeholder Orientation[J]. *Journal of Business Ethics*,1992(11):115—123.

工、社区、消费者等利益相关者的权益。Yermack(1996)[①]实证检验了董事会规模的绩效效应,发现公司市场价值和董事会规模之间存在明显的负相关,而且认为小规模董事会可以提高公司治理。Johnson 等人(1999)[②]研究得出外部董事持股比例与企业社会责任的履行为显著的正相关关系。国内学者王阳(2009)[③]认为,应基于社会责任对公司治理模式进行重塑,并从职工、债权人参与治理等角度对新公司治理模式进行论述。张兆国等(2008)[④]提出,要突破股东至上的公司治理模式,建立起一个能够让公司承担社会责任的公司治理机制。韵江和高良谋(2005)[⑤]提出了一个价值嵌入下的公司治理、组织能力和社会责任的 CGR 整合框架,指出只有将这三者整合起来研究,才能保证企业实现永续经营。刘新民(2008)[⑥]提出,要以社会责任理论为指导,建立一个包括股东、雇员与外部主体三类利益相关者的公司治理模式。

综上所述,目前国内外学者对公司治理和企业社会责任关系进行了大量研究,但还处于起步阶段,缺少针对董事会治理与企业社会责任的研究;此外,现有文献在实证方面的研究都是以上市公司为研究对象,缺少针对民营上市公司与公司社会责任的专门研究。基于此,本案例选择民营上市公司为研究样本,从经验数据来看董事会对民营上市公司的社会责任有无影响? 影响程度多大?本案例试图通过合理设计相关指标,采用因子分析法和回归分析法,来实证研究两者之间的关系以回答上述问题。

3.5.1.2　理论分析与实证假设

董事会执行股东大会的决议,并在股东大会休会期间代表股东决定公司的

① Yermack,D.. Higher Market Valuation Companies with Small Board of Directors[J]. *Journal of Financial Economics*,1996(2):185−211.

② Johnson,R.A. and Greening, D.W.. The effects of corporate governance and institutional ownership types on corporate social performance[J]. *The Academy of Management Journal*,1999,42(5):564−576.

③ 王阳.基于社会责任的公司治理模式重塑[J]. 西北师范大学学报(社会科学版),2009(1):119−124.

④ 张兆国,赵寿文,刘晓霞.公司治理研究的新发展:公司社会责任[J]. 武汉大学学报(哲学社会科学版),2008(9):631−635.

⑤ 韵江,高良谋.公司治理、组织能力和社会责任——基于整合与协同演化的视角[J].中国工业经济,2005(11):103−110.

⑥ 刘新民.建立系统性公司治理模式——以企业社会责任理论为指导[J]. 中国社会科学院研究生院学报,2008(2):85−89.

重大经营决策,其在公司治理中处于核心地位(李维安,2005)[①]。董事会特征的不同,将会对公司社会责任产生不同的影响。本案例将研究董事会规模、董事会持股比例、独立董事比例、董事会会议次数、董事的薪酬、两职设置状态等董事会特征对公司社会责任的影响。

Jensen(1993)[②]曾指出,董事会规模大的公司在协调、沟通和制定决策上的难度大于董事会规模小的公司,使得董事会对管理层的监督控制能力下降,所有权与经营权分离带来的代理成本增加。赵娜(2009)[③]从实证研究发现董事会规模对企业社会责任有显著正相关影响,董事会规模相对较大,代表不同利益相关者的董事们有利于更好地协调利益相关者之间的利益,更好地为企业的利益服务。此外,有学者实证研究发现社会责任型公司具有更加多样化的董事会结构,公司治理也更有效率。董事会的知识结构和管理经验对企业发展相当重要,有助于作出正确、合理的决策。董事会规模大,说明更有机会让不同利益相关者进入董事会,从而达到"共同治理"的目的。

因此,本案例提出假设 H1:董事会规模与企业社会责任呈正相关;假设 H2:董事会持股比例与企业社会责任呈正相关。

Fama 和 Jensen(1983)认为,独立董事关心其在劳动力市场的声誉。随着对公司承担社会责任的呼声越来越强烈,独立董事为了维护其声誉不得不鼓励公司承担更多的社会责任。Cadbury(1992)[④]认为,独立董事能促使董事会决策保持独立性和公正性,这将有助于阻止控股股东的"隧道"行为,以及内部人掠夺公司利益的行为,保护公司相关利益者的利益。Beasley(1996)[⑤]认为,外部董事比例越高的公司财务造假的概率就越小。由于独立董事具有独立性,因此能够客观公正地对待股东、董事和经理人员,达到权力制衡的目的,从而有助于维护各方的利益。

因此,本案例提出假设 H3:独立董事比例与公司社会责任正相关。

---

① 李维安.公司治理学[M].北京:高等教育出版社,2005.

② Jensen,M.C..The Modern Industrial Revolution,Exit and the Failure of Internal Control System[J].Journal of Finance. 1993(4):831—880.

③ 赵娜.公司治理与企业社会责任关系研究——基于中国上市公司[D].华东师范大学,2009.

④ Cadbury. A..Committee on the Financial Aspects of Corporate Governance.GEE,London,1992.

⑤ Conger,J.,Finegold, D. and Lawler,Ⅲ,E.. Appraising Boardroom Performance [J]. *Harvard Business Review*,1998(1):136—148.

董事会会议次数对公司社会责任的影响是复杂的。一方面,董事会会议次数越多,董事会活动越频繁,董事之间交换意见、对重要事项作出更有效的决策的可能性越大,对管理层的监督也越到位。Conger 等人(1998)[①]认为董事会会议时间能提高董事会的有效性,董事们会面越频繁越能按照股东利益履行职责。然而在我国,董事们通常没有足够的时间与精力参与公司治理,也很难与管理层交换有价值的意见,而常采取"搭便车"的策略,因此董事会会议次数的治理功能可能非常有限。

因此,本案例提出假设 H4:董事会会议次数与公司社会责任呈负相关。

Cochran,Wood(1984)通过实证研究发现高管持股比例对社区和雇佣关系方面有着积极影响。赵娜(2009)从实证研究方面发现了前三名高管薪酬之和的对数与企业社会责任显著相关。

因此,本案例提出假设 H5:董事的薪酬与企业社会责任呈正相关。

Forker(1992)[②]认为董事长与总经理是同一个人的公司信息披露质量比董事长与总经理不是同一个人的公司要低。Cadbury(1992)[③]认为 CEO 和董事会主席两职应该分离。Jensen(1993)指出,董事会本来是组织董事会会议,聘用、监督、解雇、评价总经理工作的一个组织,但是当董事会成员又是总经理时,董事会的职能的有效发挥将受到严重影响。Boyd(1994)[④]认为,当公司的 CEO 也是董事会主席时,他的权力将大大增加,对董事会的控制能力也会上升。

因此,本案例提出假设 H6:董事会主席兼任总经理的公司将承担更少的社会责任。

3.5.1.3　变量设计与样本选择

(1)被解释变量——企业社会责任指标设计

①企业社会责任财务评价指标。反映企业社会责任的指标很多,如何科

---

① Cochran,P.L.,Wood.R.Corporate Social Responsibility and Financial Performance[J].*Academy of Management Journal*,1984(27):42—56.

② Forker,John J..Corporate Governance and Disclosure Quality[J].*Accounting Business Research*.1992(22):111—124.

③ Cadbury,A..Committee on the Financial Aspects of Corporate Governance. GEE,London,1992.

④ Boyd,B.K.. Board Control and CEO Compensation[J]. *Strategic Management Journal*,1994(5):335—344.

学、正确地选择企业社会责任评价指标成为掌握企业社会责任实际履行的关键。本案例综合考虑以上原则及民营上市公司的特点,结合我国现有的企业社会责任评价体系,我们认为企业的社会责任评价应该从企业对政府、股东、债权人、消费者、员工、社区以及资源环境和可持续发展的责任方面来选择指标。在实证研究中,考虑到取得对社区、对资源环境和可持续发展的责任等企业社会责任资料数据的可靠性和准确性,本案例主要从对股东的责任、对债权人的责任、对政府的责任、对员工的责任以及对消费者的责任五个方面评价企业社会责任的计量指标来进行分析研究。企业社会责任评价指标体系如案表 1 所示。

案表 1　　　　　　　　　　　企业社会责任评价指标体系

	指标类型	指标名称	代码	指标说明
企业社会责任	企业对股东的责任	每股收益	X_1	归属于普通股的净利润÷发行在外的普通股股数
		净资产收益率	X_2	净利润÷平均净资产
	企业对债权人的责任	流动比率	X_3	流动资产÷流动负债
		速动比率	X_4	速动资产÷流动负债
		资产负债率	X_5	负债总额÷资产总额
	企业对政府的责任	上缴的税费净额	X_6	支付的各项税费－税费返还
		资产税费率	X_7	企业上缴税费净额÷平均资产总额
		就业人数	X_8	企业员工的数量
	企业对员工的责任	员工人均所得	X_9	为员工支付的现金÷企业员工人数
		全员劳动生产率	X_{10}	主营业务收入÷企业员工人数
	企业对消费者的责任	营业成本率	X_{11}	主营业务成本÷主营业务收入

②评价方法的选择。确定了评价体系后需要对民营上市公司的企业社会责任进行综合评价,从而得出反映企业社会责任的综合得分。目前,评价企业社会责任的方法有声誉指数法、内容分析法、问卷调查法、专业机构数据库的测量、污染指数法等。本案例在前人提出的评价方法的基础上,考虑到企业社会责任评价的综合性、可比性和可行性,采用多元统计评价方法之因子分析法来评价民营上市公司的企业社会责任,以得到一个反映企业社会责任的综合得分,为后述的研究做好数据准备。

通过对以上 11 个指标进行因子分析(为简化起见,计算过程省略),KMO

检验结果为 0.592,说明该组指标适合进行因子分析。从 11 个指标的主成分分析结果可看出,依据贡献率累计达到 85％以上,本案例选择 7 个主成分。依据 7 个主成分的因子得分以及各自的旋转后方差贡献率计算出综合得分,即为企业社会责任指标,记为 F。

(2)解释变量与控制变量

a.解释变量

①董事会规模。民营上市公司年报中披露的当年年末董事会的总人数,用 BDSE 表示。

②董事的持股比例。民营上市公司董事会成员中所持股数与公司总股数之比,用 BDSR 表示。

③独立董事的比例。民营上市公司年报中披露的董事会成员中独立董事的人数与公司全部董事会人数的比值,用 IDPN 表示。

④董事会会议次数。民营上市公司年报中披露的董事会在本年度内召开的董事会会议次数,用 BMTM 表示。

⑤董事的薪酬。民营上市公司金额最高的前三名董事薪酬总额的自然对数,用 DSTP 表示。

⑥两职设置状态。民营上市公司董事长与总经理的两职兼任状况用哑变量来表示,当两职分离时为"1",当两职兼任时为"0",用 CMGM 表示。

b.控制变量。公司规模、公司总资产的对数,用 SIZE 表示。

(3)模型的构建

根据本文的研究假设,本文以公司社会责任为被解释变量,以我国民营上市公司的董事会治理特征为解释变量,以公司规模为控制变量,构建多元回归模型来实证检验本文所提的研究假设,根据多元回归结果来分析董事会治理特征的各指标对公司社会责任的影响,并对研究的结果进行分析。本文构建如下多元回归模型:

$$F = \beta_0 + \beta_1 BDSE + \beta_2 BDSR + \beta_3 IDPN + \beta_4 BMTM + \beta_5 DSTP$$
$$+ \beta_6 CMGM + \gamma SIZE + \varepsilon$$

其中,β_0 为常数项,$\beta_i(i=1\sim6)$,γ 为待估计的参数,ε 为随机扰动项。

(4)样本选取与数据来源

本案例选取在深圳证券交易所和上海证券交易所上市的 A 股民营上市公

司为样本,选取 2009～2011 年连续 3 年持续经营的民营上市公司的数据对企业社会责任进行评价。为避免异常样本对企业社会责任评价的影响,保证数据的有效性、真实性,本案例选取样本的标准为:一是选取的样本在 2009～2011 年连续 3 年持续经营的民营上市公司;二是剔除数据资料缺失和异常的民营上市公司;三是剔除被 ST、＊ST 的民营上市公司。按照前面的标准,剔除一些样本后得到 273 家民营上市公司,共 819 个研究样本。本案例所有指标的数据来源于国泰安信息技术有限公司开发的 CSMAR 数据库以及民营上市公司在新浪财经网、巨潮咨询网、金融界、证券之星等网站公布的年报。

3.5.1.4 实证分析

(1)多重共线性检验

计量模型中,由于解释变量的多重共线性往往会导致部分变量无法通过显著性检验,我们利用相关系数矩阵对解释变量之间的相关性进行检验。检验结果见案表 2。

案表 2 　　　　　　　　　　　**变量相关系数**

	F	BDSE	BDSR	IDPN	BMTM	DSTP	CMGM	SIZE
F	1.000	−0.215	−0.136	−0.078	−0.275	0.025	−0.184	0.186
BDSE		1.000	0.261	0.026	0.121	0.182	0.018	0.074
BDSR			1.000	0.342	0.034	0.028	−0.127	−0.062
IDPN				1.000	−0.125	−0.253	−0.196	−0.064
BMTM					1.000	0.133	0.229	0.021
DSTP						1.000	−0.128	0.283
CMGM							1.000	−0.026
SIZE								1.000

结果显示,各个变量之间的相关程度较低,可以认为不存在较为明显的多重共线性。

(2)平稳性检验

为保证回归结果的准确性,我们对变量的平稳性进行检验,采用 LLC、IPS 检验法。检验结果如案表 3 所示。

案表 3　　　　　　　　　　　　　　　变量的单位根检验

变　量	检验方法				是否平稳
	LLC	P 值	IPS	P 值	
F	0.125 4	0.248 7	1.821 6	0.752 1	否
ΔF	−7.167 5	0.000 0	−7.013 5	0.000 0	是
BDSE	−1.235 2	0.051 2	−0.386 1	0.637 2	否
ΔBDSE	−8.618 2	0.000 0	−8.108 2	0.000 0	是
BDSR	−1.136 5	0.191 3	3.056 2	0.776 4	否
ΔBDSR	−9.335 6	0.000 0	−8.126 3	0.000 0	是
IDPN	−2.186 5	0.357 6	−2.287 0	0.325 1	否
ΔIDPN	−6.867 0	0.000 0	−5.667 1	0.000 0	是
BMTM	−0.276 1	0.663 7	1.356 9	0.316 8	否
ΔBMTM	−3.816 2	0.000 0	−3.235 1	0.000 0	是
DSTP	1.354 6	0.657 1	1.173 4	0.563 7	否
ΔDSTP	−3.378 2	0.000 0	−3.237 1	0.000 0	是
CMGM	2.025 1	0.064 2	1.342 1	0.032 1	否
ΔCMGM	−9.312 0	0.000 0	−8.057 6	0.0000	是
SIZE	−1.321 8	0.364 7	−1.231 7	0.134 7	否
ΔSIZE	−9.862 5	0.000 0	−9.345 7	0.000 0	是

　　由检验结果可知,各变量在 5% 的显著性水平下平稳,说明所有变量为一阶单整序列,变量之间存在长期稳定的均衡关系。

(3)模型回归结果及分析

采用 OLS 对模型进行了回归分析和假设检验,结果见案表 4。

案表 4　　　　　　　　　　　　　　　多元回归结果

	非标准化系数		标准系数	t	Sig.
	系数	标准误差			
常数	−3.097 6	0.821 5		−0.891 2	0.003 2
BDSE	−0.321 6	0.028 7	−0.208 6	−5.613 8	0.000 6
BDSR	−0.078	0.762 1	−0.058 7	−1.309 0	0.062 2
IDPN	−0.296 7	0.014 6	−0.192 1	−6.002 1	0.000 2
BMTM	−0.098 2	0.078 2	−0.081 7	−3.912 4	0.054 1

	非标准化系数		标准系数	t	Sig.
	系数	标准误差			
DSTP	0.032 5	0.090 2	0.006 1	2.631 0	0.089 7
CMGM	−0.250 9	0.005 1	−0.223 7	−5.003 2	0.002 1
SIZE	0.393 2	0.001 2	0.237 1	6.103 8	0.000 0
R^2=0.518 2		调整的 R^2=0.389 1		F 值=18.261 9	

从案表 4 可以看出，调整后的 R^2 为 0.389 1，F 检验为 18.261 9，显著性水平为 0.001，说明回归效果达到显著性水平，具有统计上的意义。模型结果表明，董事会规模、独立董事比例、两职设置状态、公司规模是民营企业社会责任的主要影响因素。

董事会规模对公司社会责任的影响显著，呈负相关关系，与研究假设 H1 不一致。这表明随着董事会规模的扩大，董事之间的沟通和合作成本增加，使得决策难度增大，导致董事会对管理层的监督减弱。"一股独大"反映在董事会上就形成了董事会的内部人控制，缺少反映小股东和其他利益相关者利益的董事，这些都为公司实际控制人独断决策甚至是控制董事会提供了便利，公司实际控制人自身的权力将会膨胀。因此，董事会规模与企业社会责任表现的符号为负。

董事会持股比例对公司社会责任的影响显著，呈负相关关系，与研究假设 H2 不一致。我国上市的民营企业中，董事会中实际控制人持股比例越大，其独断决策甚至控制董事会的可能性越大，因此，董事会持股比例与企业社会责任负相关。

独立董事比例与公司社会责任呈显著负相关关系，与研究假设 H3 不一致。这说明大部分民营企业设立的独立董事没有发挥作用，可能由以下原因造成：首先，独立董事"不独立"。在我国，独立董事往往是形式上独立而实质上并不独立。独立董事实质上由个人提名的情况比较普遍，中小股东缺乏提名的权利。独立董事的报酬由其任职的上市公司支付，独立董事为了保住其"工作"，往往会作出有利于公司某些大股东的决策。其次，我国独立董事往往身兼数职，而对上市公司的相关情况并不一定了解，也没有足够时间和精力作出科学的决策以发挥应有的作用。独立董事"搭便车"的现象较为普遍，同时，发言权没有彻底的执行,往往经过股东大会同意之后,董事会上只是形式,独立董事并不能起到促进公司承担社会责任的作用。

董事会会议次数与公司社会责任呈显著负相关关系,与研究假设 H4 一致。这证实了民营公司董事会会议对于监督公司对包括股东在内的相关利益者承担应有的社会责任的作用有限。董事会会议次数的多少与董事会是否有效履行职能没有太大关系,会议日程可能由管理层安排,外部董事也可能因为身兼数职而没有足够精力审查公司事务。

董事的薪酬与公司社会责任呈正相关关系,但不显著,与研究假设 H5 一致。这表明,对于民营企业而言,董事薪酬的高低和企业社会责任的履行没有明确的相关关系,董事作为公司的实际控制人,薪酬的高低对其是否履行企业社会责任影响不大。

领导权结构与公司社会责任呈显著负相关关系,与研究假设 H6 一致。这说明公司总经理由董事长兼任时会出现总经理权力的膨胀,使得他们将公司利益转化为自身利益的可能性加大,与此同时,相关利益者的利益也将受到损害。

公司规模与企业社会责任呈显著正相关关系。这表明较大规模的公司在履行社会责任方面表现得更好。较大规模的公司由于规模效应的原理可以付出更少的成本,同时享有更大的市场份额,从而更有实力去承担社会责任;另外,社会各方面对较大规模的公司也会给予更多的关注,这同时也增大了企业更多地承担社会责任、树立良好形象的压力。

3.5.1.5　研究结论及建议

(1)研究结论

通过实证研究,我们发现整体上民营公司董事会治理对企业社会责任的影响是显著的,而董事会各指标对企业社会责任影响的显著性程度不同:独立董事比例和董事会规模对企业履行社会责任影响的显著性程度比较高;董事会持股比例和董事会薪酬对企业履行社会责任影响的显著性程度不高。同时,实证结果表明,董事会规模、独立董事比例、两职设置状态是民营企业社会责任的主要影响因素。此外,公司规模对企业履行社会责任具有显著的影响,公司规模的扩大会得到较多的关注,这增大了企业承担社会责任的压力。

(2)建议

首先,应进一步增强董事会的独立性,完善董事会的职能。具体而言,增加独立董事人数,强化对公司行为的监督力度,削弱大股东对公司事务的控制力度,有利于保障其他相关利益者的利益;同时也可以在董事会中设立社会责任委员会,以协调公司与社区、政府、消费者等利益相关者的关系,确保公司履行社会责任。

其次,改革独立董事选聘机制和加强激励约束机制。改革独立董事选聘机制,采用公开选聘制,在符合条件的候选人中择优录取增加独立性和合理性;加强激励约束机制,使独立董事的薪酬与企业的业绩及其本身表现挂钩,以此调动独立董事的积极性,发挥独立董事制度的有效性。

再次,构建企业社会责任监督激励机制。实证结果表明,我国民营企业主动履行社会责任的意愿不强烈,甚至对社会造成很多负面影响。因此,政府及有关部门可以考虑出台相应的法律法规,以加强对民营企业承担社会责任的监督力度。另外,在监管的同时,政府及有关部门应当对企业履行社会责任的情况进行奖赏或者惩罚,比如对主动承担社会责任的企业给予公开表扬、税收优惠、奖金、政策扶持等,对社会责任表现差的企业处以罚金等。监督与奖惩双管齐下,更加充分地调动企业主动承担社会责任的积极性。

3.5.2　案例二

我国上市银行社会责任履行情况分析*

3.5.2.1　引言

随着企业社会责任实践的不断深入发展以及履行社会责任的理念不断加深,越来越多的企业主动发布以披露经济、环境、社会等非财务信息为基础的社会责任报告。商业银行作为特殊的企业,比一般企业负有更重要的社会责任,其社会责任履行情况对和谐社会的构建及国家的发展有着重要影响。同时,实践表明,发布社会责任报告对企业自身确立社会责任理念和实现企业战略目标具有极大的促进作用[1]。据统计,我国16家上市银行全部披露了比较全面的社会责任报告,说明我国上市银行和社会公众对社会责任重要性的认识在不断加深,并积极付诸行动。对我国上市银行企业社会责任信息披露和履行现状的研究不仅有助于社会各界了解、监督上市银行企业社会责任的履行情况,同时也

---

　*　本案例分析系孙红梅与王雪合著,并发表于《中国市场》2013年第7期。

　[1]　张晨,梁宏莉.关键利益相关者视角下的上市银行社会责任履行问题研究[J].财会通讯,2011(6).

有助于督促上市银行积极履行自身应承担的社会责任,并对我国经济健康发展有着深远的现实意义。

本案例根据 2012 年度各上市银行官方网站上发布的《企业社会责任报告》,对社会责任管理、经济责任、利益相关者责任以及环境责任的履行情况进行统计,最终深入研究各上市银行的履责状况。

3.5.2.2　商业银行社会责任报告内容

为了监督上市银行社会责任履行情况,全球报告倡议组织建议企业应该每年像披露年报一样,定期发布社会责任报告,以便接受社会公众的监督以及展示在社会责任方面的成绩和不足。浦发银行是我国首个发布社会责任报告的银行,从 2006 年开始持续到现在每年定期发布社会责任报告。建设银行是我国大型国有商业银行中首个发布社会责任报告的银行。北京银行是首个发布社会责任报告的城市商业银行。截至 2013 年 3 月 31 日,上市的 16 家商业银行中有 9 家银行已在其门户网站上公布其 2012 年度社会责任报告。这 9 家上市银行公布的 2012 年度社会责任报告的内容框架如案表 5 所示。

案表 5　　　　　　　　　　　　上市银行社会责任报告架构

商业银行	社会责任报告内容框架
工商银行	董事长及行长致辞,社会责任战略与管理,价值银行(经济),品牌银行(客户),绿色银行(环境),诚信银行(投资者),和谐银行(员工),爱心银行(社会),未来展望,鉴证报告与意见反馈
农业银行	董事长致辞,农行简介,理念与管理,行为与绩效(经济、民生、环境、社会),未来展望,社会评价及荣誉奖项,独立鉴证报告
中国银行	董事长及行长致辞,中行简介,社会责任管理,经济责任,利益相关方责任,生态环境责任,未来展望,鉴证报告,反馈
建设银行	董事长及行长致辞,社会责任战略与管理,社会责任业绩(政府、投资者、客户、供应商、员工、社会民生),环境,社会反馈,独立鉴证报告
交通银行	企业概况,董事长及行长致辞,经济与民生,绿色信贷,绿色服务,绿色运营,服务客户,关爱员工,热心公益,未来展望及鉴证报告
平安银行	公司概况,董事长致辞,战略与管理,股东,客户,员工,环境和社会,合作伙伴,指引、反馈及鉴证
浦发银行	董事长致辞,责任管理篇,经济责任篇,社会责任篇,环境责任篇,指引、评价和鉴证,索引和反馈
民生银行	公司概况,责任治理,流程改革,经济,民生,环境,社会,未来展望,鉴证报告,意见反馈
招商银行	董事长及行长致辞,招行简介,社会责任管理,经济,客户,绿色金融,员工,民生,展望,审验,反馈

从已披露的9家商业银行的社会责任报告可以看出,大部分上市银行已经认识到履行社会责任的重要性,已经把公布社会责任报告作为定期披露事项。从原来的只在年报中披露社会责任到近几年大部分国内商业银行都有独立的社会责任报告,体现了我国商业银行主动履行社会责任的意识越来越强。从报告框架中还可以看出,9家上市银行都聘请了第三方对社会责任报告做了独立鉴证和报告,保证了报告的真实性和可靠性。报告最后的社会评价与反馈也反映了我国商业银行社会责任报告的完成情况已日渐成熟。

从这9家上市商业银行社会责任报告的结构和内容来看,基本上都按照监管部门法律规范的要求披露了社会责任报告,主要是从社会责任管理、经济责任履行情况、利益相关方责任履行情况以及环境责任履行情况这四个方面进行报告,报告都能较好地、完整地反映上市银行履行社会责任的现状和问题。

3.5.2.3 上市银行社会责任履行现状分析

(1)社会责任管理情况

本案例针对9家上市银行社会责任管理情况的报告归纳了以下几项指标:网站上有关于社会责任的专栏、企业战略中社会责任的体现、公司治理结构的完善、有专门的监管机构、社会责任履行机制的建立、对利益相关者的责任定位以及有关负面信息的披露,见案图1。

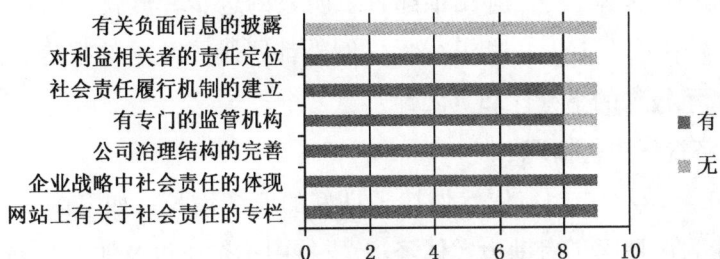

案图1 上市银行社会责任管理信息披露情况统计

从披露情况来看,9家银行全部在各自网站上设有社会责任的专栏,说明我国主要大型商业银行主动履行社会责任的意识在增强,对社会责任履行的认识越发深刻,报告越发规范。9家银行在其企业战略中都体现了社会责任观,将履行社会责任融入到长期发展战略中,从战略高度上认识社会责任。例如,浦发银行将企业社会责任与银行品牌战略以及银行整体发展战略相对接,将社会责任工作有机融入品牌建设以及银行整体发展战略,建立可持续发展的运营模式。

企业社会责任的理念还体现在良好的公司治理上。从案图1可看出,大部分商业银行积极完善了公司的治理结构,能够适时调整董事会的决策职责、监事会的监督作用以及加大对管理层的改革力度,不断加强全面风险、内审、内控和激励约束机制建设。根据本案例统计,9家银行中只有民生银行一家没有在报告中明确说明公司治理方面的作为。

建立企业社会责任管理体系首先要从制度上确立管理机制和监管机构。从披露情况看,大部分上市银行都已建立了良好的社会责任履行机制,并设有专门的委员会进行监督管理。只有中国银行在报告中没有明确指出监管机构,招商银行没有对社会责任履行机制的建立进行详细说明。

银行应该明确对利益相关者的责任定位并定期汇报责任的完成情况。有8家银行在社会责任报告中对各利益相关者的需求进行了较为详细的阐述,并披露了对利益相关者责任的完成情况。只有农业银行对这方面没有作详细说明。

综上所述,9家上市银行均已主动发布社会责任报告,把社会责任理念融入到企业长期战略规划中。在制度化管理、责任定位等方面绝大多数银行都能较好地完成信息披露,较之前几年都有了明显的进步。但就负面信息披露情况,从案图1中可以看出,9家银行无一例外都回避了此项的报告。这在一定程度上降低了报告的平衡性和真实性。

(2)经济责任履行情况

2012年度,各上市银行依然保持了良好的业绩增长。如案图2所示,9家银行都在报告中披露了对助力实体经济、支持中小企业以及加大"三农"服务方面做出的成绩。

服务实体经济是商业银行义不容辞的责任。上市银行更应该发挥自身在经济发展中的重要作用,加大对实体经济的信贷投入,努力推动实体经济持续发展。例如,工商银行上海分行支持内河航道整治工程项目,参与银团贷款7.3亿元;交通银行支持沿黄河防洪堤坝和蓄滞洪区建设;农业银行积极为农田水利、西气东输、铁路建设等国家基础设施和重点项目提供金融服务,有力支持了

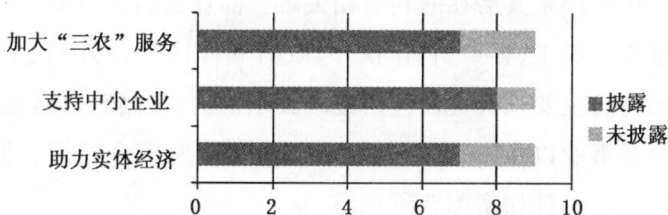

案图 2　上市银行经济责任信息披露情况统计

国民经济建设。据统计,大多数银行能够积极履行服务实体经济的责任,只有建设银行和平安银行在社会责任报告中没有对服务实体经济的贡献进行详细阐述,其中平安银行报告中没有经济责任的披露,因此对实体经济、中小企业、服务"三农"方面的成绩都有缺失。

中小企业是我国经济发展的重要组成部分和活力源泉,上市银行有责任为小微企业提供便利的金融服务,全力支持小微企业的发展。例如,农业银行全年免收小微企业中间业务收费 45 项,有效降低了小微企业的融资成本;浦发银行深挖银行服务中小企业的潜力,全面推出"吉祥三宝"中小企业金融服务模式①。从披露情况看,9 家银行中只有平安银行没有对扶持中小企业的贡献作出明确说明。

对于服务"三农"的责任,大部分上市银行都能坚持面向"三农"的战略定位,强化"三农"金融服务,为农业生产、农村繁荣、农民致富提供金融保障。例如,民生银行积极探索和完善村镇银行的商业模式,设置现代农业金融事业部,对"三农"产业链中的小微企业提供支持;中国银行黑龙江分行以存货质押、企业联保等方式,支持现代农业发展。但 9 家银行中除了平安银行,招商银行也还未对服务"三农"作出的成绩予以披露。

总体来看,各家银行都能较好地履行经济责任,能够贯彻落实国家宏观经济政策,发挥金融机构信贷支持作用,对国计民生领域予以重点金融服务的责任。

(3)利益相关者责任履行情况

商业银行作为特殊的企业,股东、员工和客户是其典型的利益相关者,政

---

①　俞震,姜子叶.我国上市银行社会责任履行情况现状分析——基于上市银行社会责任报告的研究[J].上海金融,2009(11).

府、社区以及合作伙伴是其潜在的利益相关者。商业银行不仅要为股东谋取丰厚利润,还应维护其员工、客户、合作伙伴、政府和社区等各方利益。本案例认为,银行应该履行的主要社会责任包括提升股东价值、提高客户满意度、关注员工成长、参与公益事业以及履行反洗钱职责,维护金融安全稳定。根据各家银行的社会责任报告,统计如案图3所示。

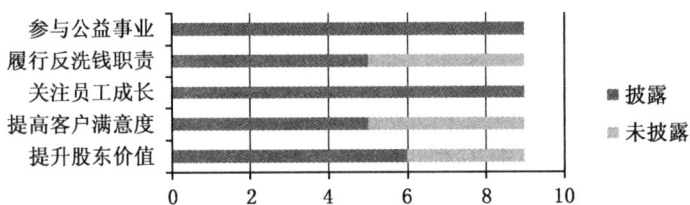

案图3　上市银行利益相关者责任信息披露统计

参与公益事业和关注员工成长成为银行最为积极履行的社会责任[①]。9家银行都在报告中详细披露了积极投身的各项公益活动及获得的荣誉成绩,各家银行基本都能做到:重视员工安全与健康,加强员工培训,提升员工的自身价值。

对于客户而言,银行应该提供优质的服务,维护客户的权益,定期进行客户满意度调查。从报告情况来看,9家银行中5家银行都披露了对客户满意度的调查,工商银行、农业银行、浦发银行和招商银行没有对客户满意度进行报告,其中农业银行、招商银行以及工商银行虽没有对满意度进行明确说明,但在报告中都有独立地披露对客户的责任。说明大部分银行已经从战略高度上重视对客户的责任,不仅为客户提供安全、便捷的金融服务,而且能以创新金融产品和改善服务流程为客户提供更佳体验。

股东是企业的重要利益相关者。9家银行中有6家上市银行对本年度经营业绩做了详细说明,大部分银行都有投资者关系网页专栏,以便及时向市场及股东定期汇报财务指标。只有农业银行、交通银行和浦发银行在报告中没有对经营业绩、股东价值作出解释。政府是另一个企业应该重点关注的利益相关者。政府要求企业严格执行国家宏观经济政策,合规经营,认真遵守反洗钱监

---

① 于洪洁.中西方商业银行社会责任披露的现状比较与分析[J].基层论坛,2012(2).

管规定,促进领导人员廉洁从业,提升员工合规意识。交通银行、平安银行、浦发银行以及招商银行都没有在报告中披露对反洗钱、反腐倡廉方面的成绩,四大国有商业银行对政府责任履行得较好。

总体来看,参与公益事业和关爱员工成长是各家银行认知度较高、履行度较好的社会责任。而对股东、政府以及客户等利益相关者的责任履行还有待进一步提高,银行应该兼顾关键利益相关者和潜在利益相关者的诉求,平衡各利益相关者关系,努力实现互利共赢。

(4)环境责任履行情况

随着全球对环境问题的日益重视,低碳经济可持续发展已成为社会前进的主流方向。虽然直观上银行与环境污染关系不大,但环境责任确实是银行需要承担的社会责任之一。本案例根据我国银行业承担环境责任的特殊性,主要从坚持绿色运营、参与环保活动、开发环保金融产品、推进绿色信贷等方面作出的成绩进行统计,见案图 4。

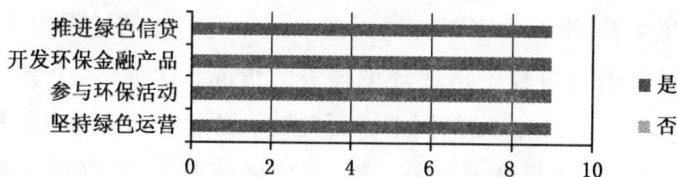

案图 4 上市银行环境责任信息披露统计

从银行自身对保护环境作出的贡献来说,最直接的就是坚持绿色运营、开发环保金融产品和参与环保活动[1]。9 家上市银行都提出了"绿色办公"、"无纸化办公"的理念,并都在报告中用数据披露了报告期内为节能减排作出的贡献。如交通银行推出的"远程智能柜员机 ITM"新型服务模式,该模式将银行传统的单一设备与单一柜面的服务,转变成以全行资源实时支撑的集约式在线服务,实现未来"无人银行,有人服务"的微型智能网点。

由于信贷资金的强力导向作用,银行的信贷政策对环境的影响非常显著。从各家银行的社会责任报告来看,上市银行无一例外地积极推行"绿色信贷"政

---

① 郝景熙.我国上市银行的社会责任信息披露及履责情况研究——基于 2006~2010 年的社会责任报告[D].北京:北京交通大学,2012.

策,主要从风险规范、授信审批和贷后管理方面严格控制"两高一剩"行业的融资需求。

总之,从统计结果来看,我国上市银行对于环境责任的承担力度已逐步加强,在这四个方面做得都十分完善和突出,都能坚持绿色理念,积极探索绿色金融创新与绿色运营,为绿色经济发展贡献力量。

3.5.2.4　结论

根据以上分析研究,我国上市银行社会责任履行现状大致有以下几个特点:

(1)上市银行社会责任履行情况与过去相比有明显好转,整体情况较好。根据对9家上市银行社会责任报告的统计分析,大部分银行在责任管理、经济责任、利益相关者责任、环境责任四个方面履行得都比较好,尤其是在企业战略中社会责任的体现、设置社会责任专栏、参与公益事业、关注员工成长以及环境责任的履行方面,9家银行全部进行了详细披露。

(2)上市银行社会责任报告回避环境、经济等负面信息的披露。从9家银行的统计结果来看,没有一家银行提到在承担环境责任的过程中存在的缺失,或者在追求经济增长过程中造成环境损失的情况。比如,各个银行一边喊着"低碳环保"的口号,一边滥发信用卡。而且对于满意度和投诉率的披露含糊其辞,满意度百分比通常都接近百分之百,与实际情况不符,降低了报告的可信度。这些负面信息并未体现在银行的社会责任报告中。

(3)上市银行社会责任报告形式大于实质。从9家上市银行发布的社会责任报告内容看,基本都是确定一些利益相关者并采取某些措施维护它们的利益。虽然每个项目的主题都比较清晰,但是在具体内容上,都是简单累积一些数据进行阐述或者只强调某一方面的践行活动。

3.5.2.5　建议

(1)完善负面信息的披露机制,提高上市银行经营管理过程中的透明度,增强报告的可信度。一个真正负责任的企业是能够正确面对自己责任缺失的一面的,并不断改进和完善。

(2)建立商业银行社会责任会计指标评价体系。虽然随着政策的引导及公众对社会责任的关注日益提高,金融机构已纷纷主动承担企业社会责任,但仍然缺乏一个权威的银行业社会责任评价指标体系①。因此,应该结合我国银行业的特点,构建出一套符合我国国情的商业银行社会责任评价指标体系,以达到客观地评价商业银行社会责任履行状况的目的。

3.5.3　案例三

商业银行社会责任与财务绩效关系的实证研究[*]

——基于中国上市银行利益相关者视角的面板数据分析

3.5.3.1　引言

随着我国经济、金融改革的不断深化,需要建立履行社会责任的商业银行治理结构,在完善国有商业银行治理结构的过程中,应当充分考虑各利益相关者的利益,实施相关利益者治理,实现股东、管理层、债权人、员工、政府、社会大众及银行自身利益的最大化。

对社会责任与财务绩效关系的研究可以分为理论层面和实证层面两大类。在理论层面,国内有李政(2005)从利益相关者理论出发,结合我国国有商业银行改革与发展的特殊性,提出构建和完善我国国有商业银行公司治理结构应充分考虑各利益相关群体的利益,实施利益相关者治理。国外的一些学者如Gary(2002)对企业的社会和财务绩效之间的关系进行了调查,主要贡献是他的"社区再投资法",支持了"社会责任和财务绩效之间的联系是积极的"这一假设。Isaiah(2006)提出了企业社会表现和企业财务绩效之间统一的理论关系,该理论提供了一个框架,理顺了各种矛盾的研究结果。②

在实证方面,国内学者温素彬和方苑(2008)按照资本形态的不同,将利益相关者划分为货币资本利益相关者、人力资本利益相关者、生态资本利益相关者、社会资本利益相关者,构建了企业社会责任的利益相关者模型,运用面板数据模型,研究了企业社会责任与财务绩效之间的关系。张强等人(2008)从政府、管理层、股东、股东权益保障、债权人、存款人利益保障 6 个方面选取相应指

---

　　① 崔宏.商业银行社会责任及其报告披露:问题与改进[J].金融论坛,2008(3).

　　* 本案例分析由孙红梅与王雪合著,并发表于《金融论坛》,2013 年第 7 期.

　　② Isaiah Yeshayahu Marom. Toward a Unified Theory of the CSP-CFP Link[J]. Journal of Business Ethics,2006,67(2):191－200.

标,采用我国 12 家商业银行的数据,分别进行变量分析和模型实证检验[①];纪建悦和李坤(2010)运用契约理论、期望理论对利益相关者关系影响商业银行经营绩效的机理进行了理论分析,并以中国 5 家股份制上市银行为样本,运用主成分分析法,对利益相关者关系进行综合评价,通过面板数据单位根检验、协整检验和误差修正模型对利益相关者关系与商业银行经营绩效的相关性进行了实证研究。[②]

目前国内外学者的研究主要存在两点不足:第一,缺乏理论基础。正如 Wood 和 Jones 所说的由于仍然没有理论可以澄清企业社会责任和企业财务绩效两者之间是如何产生联系的,关于企业社会责任也没有综合和有效的衡量方法,绝大部分实证研究要么研究方法单一,要么指标的选取片面,总之缺乏可靠有效的研究方法[③]。第二,大部分实证研究都是直接建立回归方程,用回归分析方法考察它们之间的影响关系,在建模型之前很少经过检验,这样做出来的回归方程很可能是伪回归,因此得到的结果也很难令人信服。

本案例以 2006～2012 年中国 16 家上市银行数据为样本,通过面板单位根检验、协整检验、误差修正模型,拟从利益相关者关系视角出发对商业银行的社会责任与商业银行财务绩效的关系进行实证分析。[④]

3.5.3.2　理论分析

(1)商业银行对股东的责任

股东是商业银行的投资者,商业银行的经营状况与股东利益息息相关,股东投资商业银行的目的就是获得高额利润回报。因此,追求股东利益最大化、实现股本的增值保值、不断创造利润和财富是商业银行的首要责任,也是商业

---

①　张强,刘彦,武次冰.利益相关者行为对商业银行业绩影响的实证分析[J].金融理论与实践,2008(2):26-29.

②　纪建悦,李坤.利益相关者关系与商业银行经营绩效的相关性[J].金融论坛,2010(10):18-35.
Xueying Tian. Research on Corporate Citizenship Engaging in Social Welfare Activities[J].JCIT: Journal of Convergence Information Technology,2010,Vol. 5,No. 4:66-74.

③　MIAO Li. Study on the Relationship between Corporate Social Responsibility and Organizational Commitment,AISS: Advances in Information Sciences and Service Sciences,Vol. 4,No. 21,2012:339-346.
Shouming Chen, Miao Bu, Jing Zhong. Corporate Social Responsibility, Ownership, and Financial Performance: Evidence from Chinese Listed Firms, AISS: Advances in Information Sciences and Service Sciences,2013,Vol. 5,No. 4:809-816.

④　高铁梅.计量经济分析方法与建模——Eviews 应用及实例(第二版)[M].北京:清华大学出版社,2009:15-28.

银行谋求发展的内在动力,是其维护股东和其他利益相关者利益、承担企业社会责任的基础和前提。

(2)商业银行对客户和债权人的责任

商业银行属于金融服务行业,商业银行的资金主要来源于广大储户的存款。在商业银行的客户中,存款者既是商业银行的客户,又是商业银行的债权人,他们最关心的是本金和利息的支付情况。由于我国商业银行的特殊地位,到期无法偿还本金的风险很小,因此商业银行的债权人主要关心到期时利息的收回以及收回的多少。如果商业银行经营不善,使公众失去信心,在银行业绩不佳时债权人往往会通过挤兑来减少自身的损失,其结果不容小视。

(3)商业银行对政府的责任

商业银行对政府的责任首先表现在遵守法律法规,合法合规经营,依法向政府纳税。政府可以提供商业银行所需的丰富的社会资源,税收收入通过政府的宏观政策也会回报给纳税人。因此,商业银行履行对政府的责任,与政府建立良好的关系,是商业银行获取资源、实现自身利益的重要保障。

(4)商业银行对员工的责任

主要体现在:通过不断提高银行盈利能力和可持续发展能力,增加员工的收益和福利;为员工提供安全的工作环境,保障员工的职业健康;为员工提供充分的职业培训机会,关注员工成长和职业发展;向员工提供平等的就业机会。

(5)商业银行对管理层的责任

与一般员工相比,管理层不仅仅对薪酬有利益需求,还对工作环境等方面有相应的利益需求。如果他们的利益需求没有得到满足,管理者很有可能为了自身的目标而背离企业的目标,出现道德风险和逆向选择。因此,采取监督或激励措施,使管理者利益得到满足,也是商业银行的重要责任。

(6)商业银行对监管层的责任

银监会负责对商业银行的运行进行监督,确保商业银行日常业务的开展在可控的风险范围内。商业银行的各项风险指标在银监会监管指标的范围内,银监会才能给予商业银行充分的发展空间,从而获得较好的财务绩效。由于监管层对商业银行的监管指标众多,无法找到一个有代表性的指标来衡量商业银行对监管层的责任,于是本案例在实证考察部分规避了这项指标的检验。

3.5.3.3 研究设计

（1）研究目标

上述理论分析说明了商业银行财务绩效与它的社会责任之间应该具有双向因果关系，但在商业银行的经营治理中，它们之间是否存在因果关系，这需要通过实证研究予以考察。本案例的研究目的就是通过中国上市商业银行样本，从利益相关者的角度对商业银行社会责任与财务绩效之间的均衡关系进行实证分析。

（2）研究思路

首先选取相应的指标来构建商业银行财务绩效与各利益相关者关系之间的计量经济模型；然后以中国上市商业银行为样本，通过面板单位根检验各截面序列的平稳性，确定各截面序列的单整阶数，并进行面板协整检验，以确定商业银行财务绩效与各利益相关者关系之间是否具有长期均衡关系；最后，建立误差修正模型，以确定商业银行财务绩效与各利益相关者关系之间的短期均衡关系，进而分析商业银行履行社会责任对财务绩效的长期和短期的影响。

（3）实证准备

a.变量选取。

①商业银行财务绩效衡量指标。资产净利率是企业一定时期内的净利润和资产平均总额的比率，资产净利率主要用来衡量企业利用资产获取利润的能力，反映了企业总资产的利用效率，表示企业每单位资产能获得利润的数量。这一比率越高，说明企业全部资产的盈利能力越强；越低，说明企业利用全部资产的获利能力越弱。资产净利润率是影响所有者权益利润率的最重要的指标，具有很强的综合性。因此，本案例选取该指标作为商业银行财务绩效的衡量指标。

②股东关系衡量指标。作为商业银行的所有者，股东是最主要的利益相关者。每股收益，是衡量上市公司盈利能力的最重要的财务指标，通常被用来反映企业的经营成果，衡量普通股的获利水平及投资风险，本案例选取每股收益作为衡量商业银行与股东关系的指标。该指标越高，说明股东投资所获得的回报越好，银行的发展能力越强，商业银行与股东之间的关系也就越好。

③政府关系衡量指标。对政府的责任主要是按时按量的缴纳税款。商业银行通过遵守法律法规、及时足额纳税等方式可以提高政府对其的关注程度，进而政府可能会为其发展提供良好的外部环境，从而有利于提高商业银行的财

务绩效。因此本案例选取各上市商业银行年报中披露的应交税费与资产总额的比值作为商业银行与政府关系的衡量指标。一般认为，这一比值越高，商业银行与政府的关系越好。

④员工关系衡量指标。员工最关心的就是自己得到的报酬多少。因此本案例选取应付职工薪酬占总资产的比重这一指标作为商业银行与员工关系的衡量指标。一般认为，该指标越高，商业银行与员工关系越好。

⑤债权人关系衡量指标。债权人主要关注的是他们到期实际得到的利息多少。因此本案例选取利息支出与资产总额的比率来衡量商业银行与债权人的关系。利息支出越高，说明商业银行与债权人关系越好。

⑥管理层关系衡量指标。商业银行的管理费用一方面包含了公司管理层的薪酬，另一方面也体现了商业银行为构建良好的工作环境的支出。因此本案例选取管理费用比率作为衡量商业银行与管理层关系的指标，一般认为，该指标越高，商业银行与管理层的关系越好。上述所选取的各指标汇总见案表6。

案表6 　　　　　　　　　　　　　　**变量情况汇总表**

变量类型	变量符号	变量名称	计算方法
商业银行财务绩效	R	资产净利率	净利润÷平均资产总额
股东关系	EPS	每股收益	归属于普通股的净利润÷发行在外的普通股股数
政府关系	G	纳税比率	应交税费÷资产总额
员工关系	P	应付职工薪酬比率	应付职工薪酬÷资产总额
债权人关系	I	利息支出率	应付利息÷资产总额
管理层关系	F	管理费用率	管理费用÷资产总额

b.样本选择及数据来源。

考虑到分析数据的完备性、准确性及可靠性，本案例在样本的选择上遵循期数最大性原则、个体全面性原则以及数据的可比性原则，选取了16家上市商业银行，分别是农业银行（ABC）、华夏银行（HXB）、民生银行（CMBC）、招商银行（CMB）、浦发银行（SPDB）、南京银行（NJCB）、兴业银行（CIB）、北京银行（BOB）、交通银行（BCM）、工商银行（ICBC）、建设银行（CCB）、中国银行（BOC）、中信银行（CITIC）、平安银行（PAD）、宁波银行（NBCB）以及光大银行（CEB），以2006～2012年第三季度的数据作为实证研究的对象。

本案例所用的数据均来源于万德数据库、锐思数据库及相关年报财务报表。

3.5.3.4　实证分析

(1)模型形式设定检验

在对面板模型进行估计时,使用的样本数据包含了截面、时期、变量 3 个方向上的信息。如果模型形式设定不正确,估计结果将与所要模拟的经济现实偏离甚远。因此,建立面板模型的第一步便是检验被解释变量的参数是否对所有截面都是一样的,即检验样本数据究竟符合哪种形式,从而避免模型设定的偏差,改进参数估计的有效性。经常使用的检验是协方差分析检验。主要检验 2 如下两个假设:

H1:$\beta_1 = \beta_2 = \cdots = \beta_N$

H2:$\alpha_1 = \alpha_2 = \cdots = \alpha_N$

$\beta_1 = \beta_2 = \cdots = \beta_N$

如果不拒绝 H2,则可以认为样本数据符合不变系数模型,无需进行进一步的检验。如果拒绝假设 H2,则需检验假设 H1。如果不拒绝假设 H1,则认为样本数据符合变截距模型,反之,则认为样本数据符合变系数模型。检验统计量使用 F 统计量。

利用 Eviews 操作软件计算不变系数模型的残差平方和 S3、变截距模型的残差平方和 S2、变系数模型的残差平方和 S1,得到结果为:

S1＝0.153 228,S2＝2.474 302,S3＝10.166 42

然后判断是否接受

H1:$\beta_1 = \beta_2 = \cdots = \beta_N$

H2:$\alpha_1 = \alpha_2 = \cdots = \alpha_N$

$\beta_1 = \beta_2 = \cdots = \beta_N$

计算 $F2 = \dfrac{(S3 - S1)/[(N-1)(K+1)]}{(S1/(NT - N(K+1))} = 11.617\ 5 > F(90, 16)$,所以拒绝 H2。

计算 $F1 = \dfrac{(S2 - S1)/[(N-1)K]}{(S1/(NT - N(K+1))} = 3.231\ 5 > F(75, 16)$,所以拒绝 H1。

由此,可以确定选择建立变系数模型,通过 Hausman 检验可以确定模型为固定效应变系数模型。

(2)面板单位根检验

在对利益相关者关系与商业银行财务绩效进行协整检验之前,必须要进行数据的平稳性检验,即面板单位根检验,以判断其平稳性及单整阶数。本案例选取 LLC 检验方法分别对各截面序列进行单位根检验,这种检验方法的原假设为截面序列存在单位根。在这种检验方法中,若检验序列在显著性水平上均拒绝了原假设,则说明该序列不存在单位根,为平稳序列;若检验序列在显著性水平上接受了原假设,则说明该序列存在单位根,为非平稳序列。检验结果如案表 7 所示。

案表 7　　　　　　　　　　　　　面板单位根检验结果

检验序列	检验方法	统计量	P 值	检验结果
R	LLC	$-9.980\ 15$	0.000 0	平稳
I	LLC	$-2.235\ 81$	0.012 7	平稳
EPS	LLC	$-5.216\ 80$	0.000 0	平稳
G	LLC	$-7.952\ 82$	0.000 0	平稳
P	LLC	$-2.569\ 14$	0.005 1	平稳
F	LLC	$-6.416\ 50$	0.000 0	平稳

由案表 7 可以看出,所有变量都能在 5% 的显著性水平上拒绝原假设,由此可以判定商业银行财务绩效与利益相关者关系指数序列都不存在单位根,都是平稳的,且单整阶数相同,均为 I(0)过程,即 0 阶单整过程。

(3)面板协整检验

经过上述单位根检验证明了所有截面序列都是同阶单整的,因此,可以进一步进行面板数据的协整检验。协整检验考察变量之间是否具有长期均衡关系,由于本案例所构建的是面板数据的固定效应模型,同时所考察的仅仅是自变量与因变量之间的协整关系,不涉及自变量之间的协整关系,因此,采用 Kao 检验方法对各自变量与因变量分别进行协整检验,该检验方法的原假设(H0)为不存在协整关系,检验结果如案表 8 所示。

案表 8   **面板协整检验结果**

检验内容	ADF 统计量	P 值	是否拒绝原假设
R 和 I 之间的协整检验	−3.773 319	0.000 1	拒绝
R 和 EPS 之间的协整检验	−3.976 594	0.000 0	拒绝
R 和 F 之间的协整检验	−5.587 353	0.000 0	拒绝
R 和 G 之间的协整检验	−4.216 560	0.000 0	拒绝
R 和 P 之间的协整检验	−4.161 083	0.000 0	拒绝

上述检验结果表明,在 1% 的显著性水平上,均能拒绝不存在协整关系的原假设,即可以认为商业银行财务绩效与股东关系、债权人关系、员工关系、管理层关系和政府关系之间均具有长期均衡关系。

(4)误差修正模型

通过面板协整检验,证明了利益相关者关系与商业银行财务绩效之间存在长期均衡关系,但由于样本的年限不长,得到的长期均衡关系不足以令人信服,需要进一步通过建立误差修正模型来考察变量间的短期关系。根据协整得到的长期均衡关系为:

$$R_{(i,t)} = \alpha_0 + \alpha_1 \, Eps_{(i,t)} + \varepsilon_{(i,t)}$$

$$R_{(i,t)} = \alpha_0 + \alpha_2 \, I_{(i,t)} + \varepsilon_{(i,t)}$$

$$R_{(i,t)} = \alpha_0 + \alpha_3 \, P_{(i,t)} + \varepsilon_{(i,t)}$$

$$R_{(i,t)} = \alpha_0 + \alpha_4 \, G_{(i,t)} + \varepsilon_{(i,t)}$$

$$R_{(i,t)} = \alpha_0 + \alpha_5 \, F_{(i,t)} + \varepsilon_{(i,t)}$$

将计算得到的残差序列作为误差修正项,建立如下面板误差修正模型:

$$\Delta R_{(i,t)} = \beta_0 + \beta_1 \Delta R_{(i,t-1)} + \gamma_1 \Delta Eps_{(i,t)} + \lambda ecm_{(i,t-1)} + u_{(i,t)}$$

$$\Delta R_{(i,t)} = \beta_0 + \beta_2 \Delta R_{(i,t-1)} + \gamma_2 \Delta I_{(i,t)} + \lambda ecm_{(i,t-1)} + u_{(i,t)}$$

$$\Delta R_{(i,t)} = \beta_0 + \beta_3 \Delta R_{(i,t-1)} + \gamma_3 \Delta P_{(i,t)} + \lambda ecm_{(i,t-1)} + u_{(i,t)}$$

$$\Delta R_{(i,t)} = \beta_0 + \beta_4 \Delta R_{(i,t-1)} + \gamma_4 \Delta G_{(i,t)} + \lambda ecm_{(i,t-1)} + u_{(i,t)}$$

$$\Delta R_{(i,t)} = \beta_0 + \beta_5 \Delta R_{(i,t-1)} + \gamma_5 \Delta F_{(i,t)} + \lambda ecm_{(i,t-1)} + u_{(i,t)}$$

其中,$i = 1, 2, \cdots, 16$,代表所选取的 16 家上市商业银行;$t = 1, 2, \cdots, 7$,代表 2006~2012 年;Δ 表示一阶差分;ecm 表示误差修正项,是上述长期均衡方程所估计出来的残差,反映变量在短期偏离长期均衡关系的调整。误差修正模型表明商业银行财务绩效的短期波动是由两部分组成的：一是短期财务绩效和利益相关者关系波动的影响；二是偏离均衡程度的影响。ecm 项的系数 λ 的大小反映了对偏离长期均衡的调整力度。如果拒绝 $H0：\gamma_1=\gamma_2=\gamma_3=\gamma_4=\gamma_5=0$，则说明模型所检验的特定利益相关者关系是商业银行财务绩效的短期影响因素；如果 $\gamma_i(i=2,3,4,5,6)$ 显著为 0，则说明模型所检验的利益相关者关系不是商业银行财务绩效的短期原因。

运用 Wald 检验对相关系数分别进行检验，以判断模型中的相关系数是否满足 H0 的约束条件，通过 Eviews 操作，Wald 检验结果如案表 9 所示。

案表 9   **Wald 检验结果**

原假设	P 值	结果
EPS 不是 R 的短期原因（$\gamma_1=0$）	0.776 1	不拒绝
I 不是 R 的短期原因（$\gamma_2=0$）	0.715 4	不拒绝
P 不是 R 的短期原因（$\gamma_3=0$）	0.005 0	拒绝
G 不是 R 的短期原因（$\gamma_4=0$）	0.622 9	不拒绝
F 不是 R 的短期原因（$\gamma_5=0$）	0.969 3	不拒绝

（5）对结果的分析

根据上面的实证研究，从中国 16 家上市商业银行的面板数据分析中，可以得出如下结论：

一是通过面板单位根、协整检验和误差修正模型，得到利益相关者关系与商业银行财务绩效之间存在相关性，除了员工关系之外，其他利益相关者关系都是影响商业银行财务绩效的长期因素。因为短期内债权人、股东、管理层、政府及社会大众与商业银行的关系不是十分紧密，不能对商业银行的绩效立马作出反应，需要一个过程才能引起利益相关者对商业银行的资源投入。而员工关系与商业银行的日常管理十分密切，激励措施在短期内就会奏效。所以，商业银行的管理者在治理过程中要同时重视长期和短期各利益相关者的利益需求，增大财务绩效。

二是利益相关者关系与商业银行财务绩效之间是正相关关系，即进一步满足利益相关者的利益需求，与各方利益相关者维持良好的关系，可以大大提升商业银行的绩效，实证检验为商业银行治理提供了理论依据和指导。例如，管理者对商业银行的治理应该时刻关注股东的实际利益,增加分红派息的次数;建立对管理层的激励机制,防止道德风险;对员工进行薪酬激励,激发他们的积极性;对银行客户要尽可能地提供优质的服务,以满足顾客的需求,这些都有助于提升商业银行的财务绩效。

3.5.3.5 研究结论与建议

(1)结论

通过基于利益相关者视角实证研究商业银行社会责任与财务绩效之间的关系,我们发现各个利益相关者即股东关系、债权人关系、员工关系、政府关系、管理层关系及社会大众关系与商业银行的财务绩效之间存在呈正相关关系,其中员工关系是短期相关关系,其他关系是长期相关关系。

(2)建议

商业银行必须切实履行社会责任,重视利益相关者的利益,无论是具有长期相关关系的债权人、股东、管理层、政府及社会大众,还是具有短期相关关系的企业员工,都是商业银行财务绩效提升的根本保证。

3.5.4 案例四

我国食品行业社会责任质量报告评价研究[*]

3.5.4.1 引言

1924 年,企业社会责任(Corporate Social Responsibility,CSR)最早出现在《管理的哲学》一书中。起初,由资本的扩张引起的贫富分化、社会贫困等一系列社会问题,社会责任被提出,许多学者当时对企业是否应该承担社会责任发生过激烈的争论,无论是否支持社会责任的承担,都对企业社会责任进步起着推动作用。随着经济发展和维护自身权益意识的增强,Idowu 和 Brian(2004)分析了英国不同行业内的企业社会责任报告,社会责任报告被一些企业作为处理公共关系的一种手段;有的企业则是用于表示自身"遵守"了所承担的社会责任,以这种方式来取得信任,从而取得一定的收益。为此不少学者开始研究企业社会责任的影响因素,如 R.Scott Marshall 等人(2010)通过对影响酒类企业的因素进行研究,并结合利益相关者理论,分析得出:对企业环境方面的社会责

---

[*] 本案例由孙红梅与王成春合著。

任披露的影响主要是企业主观行为和来自内部员工及股东的压力；而管理者对企业社会责任的认识和外部的压力则对信息的发布没有太大的影响。Seonghee Oak 和 Michael C. Dalbor(2011)提出企业社会责任通过管理来自经济、环境和社会发展的风险创造长期股东价值，当企业有更多短期投资时，会忽略企业社会责任方面的管理。

引入企业社会责任报告以来，我国研究学者对于企业社会责任进行了大量研究，涉及的内容包括社会责任的定义、内容、理论基础和研究框架等，前辈们的研究结果为社会责任的推动和完善作出了很大的贡献。① 当然社会责任的不断完善和履行，带来了其内涵的不断扩充，再加上各行业有着自身的特殊性，统一的指标体系难以更好地反映企业承担社会责任的情况，于是针对不同行业的社会责任报告体系逐渐形成，例如中国纺织工业协会发布《中国纺织服装企业社会责任报告纲要(2008 年版)》，这个纲要的出台对服装纺织行业起到了一定的规范作用。顾小春(2010)以上海地区期货公司履行社会责任的情况为研究对象，从促进社会经济发展、利益相关者、公共利益维护和环保四个方面，研究了期货行业社会责任报告体系；陈晶晶(2011)选取了 2004～2008 年上交所和深交所上市的钢铁企业作为研究样本，研究钢铁行业的社会责任报告情况，阐述了评价我国企业社会责任模型的建立与应用。然而目前对于我国食品行业的社会责任报告研究甚少，几乎空白。

食品行业是一个敏感的行业，因为它直接关乎人们的身体健康。近几年来，食品安全事故不断曝光，由三鹿的毒奶粉到制药厂的胶囊事件，每一次都给人们带来心理上的恐慌和打击，对企业的信任不断降低，食品安全成为了人们关注的热点。2011 年中国社科院发布了《中国企业社会责任基准调查(2010)》及未来三年内中国企业社会责任的十大议题，其中一个议题就是食品安全问题。作为承担了社会责任的企业来说，它们的责任在哪里？ 外在监督的措施有哪些？ 有了社会责任报告如何才能更好地发挥它的监督职能？ 基于以上疑问，使得对于食品行业社会责任报告相关问题的研究具有了实际意义。

本案例研究我国食品行业社会责任报告质量的高低及存在的问题，为改善

---

① 黎友焕,刘延平. 中国企业社会责任建设蓝皮书[M].北京:人民出版社,2010:32－36.
罗水伟. 企业社会责任会计报告体系研究[D].北京:对外经济贸易大学,2009.
陈佳贵,黄群慧,彭华岗. 中国企业社会责任研究报告[M].北京:社会科学文献出版社,2009:65－68.

食品行业的社会责任报告体系内容和促成专有社会责任报告体系提供理论依据,为加快我国理论界在学科前沿问题上与国际接轨起到了一定促进作用,为建立食品类行业的社会责任报告体系提供实务指导。

3.5.4.2   样本选择与指标设计

(1)样本选择

本案例选取 2009~2011 年上市公司中,独立发布企业社会责任报告的食品企业为样本企业。3 年中持续发布社会责任报告的仅有 2 家,2011 年发布企业业社会责任报告的食品企业为 7 家。因此选取 2011 年的 7 家企业(三全食品、双汇发展、中粮屯河、保龄宝、安琪酵母、国投中鲁、洽洽食品)作为研究样本。选取的标准:一是 2009~2011 年发布了独立企业社会责任的食品企业;二是数据可以可靠取得,样本从上市公司中选取;三是界定食品行业所涉及的范围,以财富网行业分类中食品类行业为筛选基础,见案表 10;四是尽量选取多的样本以保证数据分析的可靠性。

案表 10   食品类上市公司

序号	代码	名称	序号	代码	名称	序号	代码	名称
1	002481	双塔食品	17	600695	大江股份	33	600186	莲花味精
2	002286	保龄宝	18	000639	西王食品	34	000529	广弘控股
3	300146	汤臣倍健	19	600191	华资实业	35	600300	维维股份
4	002650	加加食品	20	002387	黑牛食品	36	002604	龙力生物
5	002701	奥瑞金	21	600191	华资实业	37	600429	三元股份
6	600737	中粮屯河	22	600962	国投中鲁	38	002695	煌上煌
7	002661	克明面业	23	002495	佳隆股份	39	002329	皇氏乳业
8	002626	金达威	24	002557	恰恰食品	40	300138	晨光生物
9	600305	恒顺醋业	25	000796	易食股份	41	002216	三全食品
10	600873	梅花集团	26	600866	星湖科技	42	00895	双汇发展
11	000911	南宁糖业	27	300149	量子高科	43	600298	安琪酵母
12	002143	高金食品	28	600073	上海梅林	44	002568	百润股份
13	000716	南方食品	29	000893	东陵粮油	45	000019	深深宝 A
14	600095	哈高科	30	002702	腾新食品	46	600887	伊利股份
15	000848	承德露露	31	002507	涪陵榨菜	47	002220	天宝股份
16	002330	得利斯	32	002570	贝因美	48	000972	*ST 中基

（2）指标设计

结合食品行业特有的性质和指标选取的基本原则确定食品行业社会责任报告质量的评价指标。食品行业是一个特殊的行业，它所承担的社会责任包括一般和特殊两类，指标的选取遵循可持续性、可比性、可靠性、全面性等原则，以保证指标选取的有效性。选取的指标见案表 11。

案表 11 食品行业社会责任报告质量评价指标

项　目	相关权益	相关指标
股东和投资者	利润最大化、每股净收益、企业持续经营能力、投资项目、资金投资方向、对经营的决策权等	每股收益、每股净资产、股利支付率
雇员	食品安全生产、平等就业机会、培训机会、公平的报酬、合理的休息时间、获得尊重等	员工获利水平、工资支付率、社保提取率
消费者	食品质量安全、售后服务、使用指南等	是否通过 ISO22000、营业成本率
供应商及客户	产品质量、及时供应、合作关系、公平竞争等	应付账款周转率、流动比率
政府部门	合法合规性、纳税情况等	实际税率、营业税金及附加率
社会公众	环境保护（包括绿色营销、废水废气的处理等）、社会捐赠率、产品知情权（对产品出现问题的处理及应急预案等）	社会捐赠支出率、环保投入水平

案表 11 中各个评价项目的指标多样，本案例相关项目具体选取指标如下：

①股东和投资者项目选取每股收益和每股净资产作为分析指标。每股收益反映股东投资价值的重要指标，它是税后利润与股本总数的比率。该指标能较完整地体现企业为股东带来的收益，每股收益越高，反映的是企业获利能力强，这样股东权益就越有保障。每股净资产是股东权益总额除以发行在外的股票数，该指标可以了解企业的发展趋势和获利能力。

②雇员项目选取员工获利水平作为分析指标。在企业中，企业员工通过工作首先要求得到满足的是对工资的需求，因为这是任何人生存所必需的，也是企业承担的对员工的最基本的责任，因此选取员工获利水平作为分析指标。员工获利水平是指企业实际给职工支付的薪酬。该指数越高，企业对员工的重视程度越高。其计算公式为：

员工获利水平＝支付给员工的现金÷营业收入总额。

③消费者项目选取是否通过 ISO22000 和营业成本率作为分析指标。食品行业产品对消费者的责任表现为安全问题和价格问题，衡量指标的选取就依据这两个方面。营业成本率是用于衡量公司与消费者之间关系的指标。该指标

的值越高,企业对消费者的让利就越多。ISO22000 是一个可审核的标准,它是由世界 100 多个国家组成的国际标准化组织建立的,这一体系扩展了危害分析和关键控制点对于食品安全的作用,该标准试图为需要符合并超过世界范围内食品安全规则的公司定义出食品安全管理要求。ISO22000 标准包括了所有消费者的市场需求。

④供应商及客户项目选取应付账款周转率、流动比率作为分析指标。应付账款周转率是指企业一定时期赊销收入净额与应收账款平均余额的比率。该指标越高,表明公司支付货款的周期就越短,更能保障供应商的资金需求,这样对供货商的利益照顾就越多。流动比率是企业流动资产与流动负债的比率。该指标一定程度上反映了企业短期偿债能力,有利于分析企业对供应商和客户是否能支付赊销货款的能力。

⑤政府部门项目选取实际税率和营业税附加税率作为分析指标。政府部门的职责是为社会提供服务,作为接受服务的主体应付出相应的代价,这样的代价主要是以税收的形式反映。实际税率指企业实际纳税额与应纳税占征税对象税额的比率。该指标越高,企业实际纳税率就越高,对政府贡献就越大。营业税附加税率是指企业所缴纳营业税金及附加占营业收入的比重。

⑥社会公众方面选取社会捐赠支出率作为分析指标。企业是社会组织,它的成长壮大离不开社会的支持,当企业有了一定收益的时候需要通过一定的方式反哺于社会,而对社会的关注和帮助就是一种体现。社会捐赠支出率是指企业对社会公众的捐款与企业营业收入的比值。该指标值越大,企业承担的社会责任越多。

3.5.4.3　研究设计

(1)方法选择

运用主成分分析(Principal Component Analysis),它是利用影响指标确定结果的方法。主要利用简化的思路,将纷杂众多的指标通过一定的方法挑选出具有代表性的少数几个指标,以简化的指标进行相应的评价。基本原理是:将所有的影响因素按照与主体的关联度分组,把分成的组依据线性变换转化为几组不相关因素,得到的新因素以各自方差进行递减排列,其中方差最大的认定为第一主成分,方差次之的为第二主成分,依照这种规律,系统会根据方差的大小给出 n 个主成分,排在最后的是方差最小的主成分,量化分析时只选取所占比重达到 90% 以上的因子作为主要分析因子。在分析得出几个主成分之后，为确保所有主成分因子能够反映初始的指标，需要对指标和主因子之间进行验证，确保后续分析的有效性。[①] 该方法能有效地降低工作量，将原本很复杂的评价过程简单化。

（2）数据分析

①统计分析。通过对上述企业的信息检索，得出：2009～2011 年持续发布企业社会责任报告的食品企业仅有 2 家（三全食品、双汇发展），2011 年发布的仅有 7 家（不包含前述 2 家，还有中粮屯河、保龄宝、安琪酵母、国投中鲁、洽洽食品）。

从案图 5 可明显看出，食品行业发布企业社会责任报告整体的情况并不乐观。3 年内均发布独立企业社会责任报告的企业所占比例很小，仅 1 年发布独立企业社会责任报告的企业不超过 20%，而 3 年均未发布独立企业社会责任的却占了 80% 以上的比例。

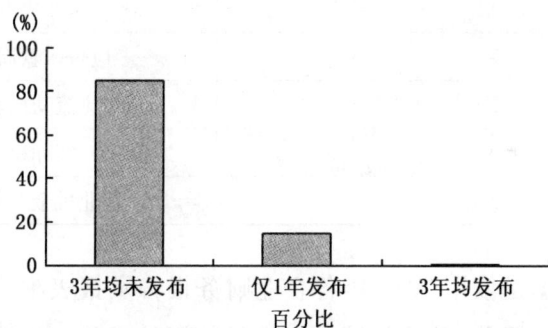

案图 5　食品行业社会责任报告发布情况

---

①　Jess Frooman. Socially Irresponsible and Illegal Behavior and Shareholder Wealth[J].Business and Society Review,1997:36.

Phutut H.Subroto. A Co relational Study of Corporate Social Responsibility and Financial Performance an Empirical Survey toward Ethical Business Practices in Indondia[M]. Capelin University,2007:6—11.

Goss, Allen. Essays on corporate social responsibility and financial performance[D]. York University (Canada),2007:112—187.

Beandoin, Cathy A. Earnings management: The role of the agency promble and corporate social responsibility[D].Drexel University,2008:87—115.

Archie B.Carroll,Annk Buchholtz.企业与社会:伦理与利益相关方管理》[M].北京:机械工业出版社,2004:47.

②指标分析。利用 SPSS 软件可以对相关数据和变量进行主成分分析,能够将单位不统一的统一,然后将影响评价主体的多个因素通过它们内在的相关分析,确定各因素为某一变量,将这些变量整合成新的一个或多个相对独立的综合因子,来代表原来散乱的因子。依据每一因素可以分别评价出各个目标主体的质量,最后再综合得出各个目标主体的排名及得分。

依据各项指标的确定,设置相关数据变量,变量对于研究目标是其影响因子,见案表 12。

案表 12　　　　　　　　　　　　　　相关因子变量设置

变　量	项目指标
X1	每股收益(元)
X2	每股净资产(元)
X3	员工获利水平(%)
X4	是否通过 ISO22000 验证
X5	营业成本率(%)
X6	应付账款周转率(天)
X7	流动比率(%)
X8	实际税率(%)
X9	营业税金及附加率(%)

样本企业数据是依据 2011 年各企业财务报告及报表附注中的数据得出。由于涉及的 9 个因子单位不同,所以在进行数据处理前,有必要对其进行标准化处理。处理结果见案表 13。

案表 13　　　　　　　　　　　　　　描述统计

	数量	最小值	最大值	均值	方差
每股收益(元)	7	0.03	0.95	0.609 6	0.362 60
每股净资产(元)	7	0.95	9.56	5.651 5	3.014 97
员工获利水平(%)	7	3.32	10.25	6.731 4	2.661 07
是否通过 ISO22000 验证	7	0	1	0.29	0.488
营业成本率(%)	7	68	93	76.42	8.414
应付账款周转率(天)	7	1.55	68.07	33.402 9	23.162 95

续表

	数量	最小值	最大值	均值	方差
流动比率(%)	7	0.78	4.75	1.831 4	1.322 16
实际税率(%)	7	6.08	50.14	19.861 4	14.400 76
营业税金及附加率(%)	7	0.25	0.85	0.564 3	0.213 37
Valid N(list wise)	7				

根据主成分分析方法的原理,在实际问题的分析中,常挑选前几个最大的主成分,这样既减少了变量的数目,又抓住了主要矛盾,简化了变量之间的关系。2011 年样本企业主成分分析见案表 14。

案表 14 **2011 年样本企业主成分分析表**

	总方差解释								
主成分	初始特征			提取的平方载荷			旋转的平方载荷		
	总计 (%)	方差	累计 (%)	总计 (%)	方差	累计 (%)	总计 (%)	方差	累计 (%)
1	2.935	32.612	32.612	2.935	32.612	32.612	2.660	29.559	29.559
2	2.829	31.431	64.043	2.829	31.431	64.043	2.312	25.684	55.243
3	1.332	14.805	78.848	1.332	14.805	78.848	1.737	19.303	74.546
4	1.018	11.309	90.157	1.018	11.309	90.157	1.405	15.611	90.157
5	0.754	8.381	98.538						
6	0.132	1.462	100.000						
7	3.535E-17	3.928E-16	100.000						
8	−4.701E-17	−5.223E-16	100.000						
9	−2.308E-16	−2.564E-15	100.000						

从案表 14 中可以看出,第一主成分特征根为 2.66,解释了总变异的 32.612%;第二成分特征根是 2.829,解释了总变异的 31.431%;第三主成分特征根是 1.332,解释了总变异的 14.805%;第四主成分特征根是 1.018,解释了总变异的 11.309%。上述 4 个主成分特征根合计解释了总变异的 90.157%,能够解释绝大部分变量。因此,对原始的 9 个变量指标提出 4 个主成分,即在对 SPSS 软件进行操作时,确定因子个数为 4。

在确定选择 4 个主成分后,为了能够给出合理的解释,需要进行一定的旋转,即体现出四个因子影响了评价目标的哪些方面,选出来的主成分是否能够充分地解释主体目标。案表 15 为旋转后的因子负荷矩阵。

案表 15　　　　　　　　　　　　　　　旋转后的因子负荷矩阵

	主成分矩阵			
	主成分			
	1	2	3	4
Zscore：X1 每股收益(元)	0.572	0.587	−0.278	0.138
Zscore：X2 每股净资产(元)	0.395	0.610	0.069	−0.299
Zscore：X3 员工获利水平(%)	−0.616	0.689	0.305	0.142
Zscore：X4 是否通过 ISO22000 认证	0.615	0.184	0.022	0.706
Zscore：X5 营业成本率(%)	0.725	−0.547	0.359	−0.042
Zscore：X6 应付账款周转率(天)	−0.729	−0.556	−0.348	−0.094
Zscore：X7 流动比率(%)	0.027	0.862	0.131	−0.445
Zscore：X8 实际税率(%)	−0.200	−0.229	0.943	0.029
Zscore：X9 营业税及附加率	−0.772	0.445	0.030	0.425

　　从案表 15 旋转结果可以看出：第一主成分在 X5 营业成本率上有较大的负荷数，说明第一主成分反映出社会责任报告对员工责任的履行情况；第二主成分在 X2 每股净资产、X7 流动比率上有较大的负荷数，说明第二主成分反映出社会责任报告对股东和供应商的履行情况；第三主成分在 X8 实际税率上有较大的负荷数，说明第三主成分反映了社会责任报告中企业对政府的履行情况；第四主成分在 X4 是否通过 ISO22000 认证上有较大的负荷数，说明第四主成分反映了社会责任报告对产品质量和消费者的履行情况。四个主成分能够全面反映企业的综合质量。

　　根据上述 4 个主成分的定义，对主成分进行回归分析得到因子得分系数矩阵，见案表 16。

案表 16　　　　　　　　　　　　　　　因子得分系数矩阵

	主成分			
	1	2	3	4
Zscore：X1 每股收益(元)	0.024	0.115	0.247	−0.261
Zscore：X2 每股净资产(元)	−0.078	0.371	−0.097	−0.014
Zscore：X3 员工获利水平(%)	0.345	0.086	0.070	0.210
Zscore：X4 是否通过 ISO22000 认证	0.129	−0.227	0.680	0.000

	主成分			
	1	2	3	4
Zscore:X5 营业成本率(%)	−0.308	0.015	0.086	0.266
Zscore:X6 应付账款周转率(天)	0.036	−0.242	−0.284	−0.191
Zscore:X7 流动比率(%)	0.015	0.477	−0.256	0.026
Zscore:X8 实际税率(%)	0.015	0.042	0.029	0.714
Zscore:X9 营业税及附加率	0.432	−0.182	0.219	0.039

依据案表 16 建立因子得分模型：

$$FAC1 = 0.024X1 - 0.078X2 + 0.345X3 + 0.129X4 - 0.308X5 + 0.036X6 + 0.015X7 + 0.015X8 + 0.432X9$$

$$FAC2 = 0.115X1 + 0.371X2 + 0.086X3 - 0.227X4 + 0.015X5 - 0.242X6 + 0.477X7 + 0.042X8 - 0.182X9$$

$$FAC3 = 0.247X1 - 0.097X2 + 0.070X3 + 0.680X4 + 0.086X5 - 0.284X6 - 0.256X7 + 0.029X8 + 0.219X9$$

$$FAC4 = -0.261X1 - 0.014X2 + 0.210X3 + 0.000X4 + 0.266X5 - 0.191X6 + 0.026X7 + 0.714X8 + 0.039X9$$

根据此模型得出各个样本的因子得分情况,由 SPSS 软件自动存储 FAC1、FAC2、FAC3、FAC4 四个变量。对主成分得分进行排序,可以看出每一因子对样本不同的影响。第一主成分排序结果显示:安琪酵母、双汇发展、洽洽食品、三全食品、保龄宝、国投中鲁、中粮屯河;第二主成分排序结果显示:洽洽食品、双汇发展、保龄宝、三全食品、安琪酵母、国投中鲁、中粮屯河;第三主成分排序结果显示:双汇发展、三全食品、安琪酵母、中粮屯河、洽洽食品、保龄宝、国投中鲁;第四主成分排序结果显示:中粮屯河、洽洽食品、双汇发展、三全食品、保龄宝、安琪酵母、国投中鲁。

在因子分析基础上,可以对样本企业进行综合分析。以因子的方差贡献率作为权重进行加权汇总,可以得出各样本企业的综合得分,其公式是:

$$F = 0.295\,59\,FAC1 + 0.552\,43\,FAC2 + 0.745\,46\,FAC3 + 0.901\,57\,FAC4$$

运行结果产生一个新的变量 F,储存各样本的综合得分,见案表 17。

案表 17　　　　　　　　　　　　　　**样本企业综合得分**

样本企业	得　分
双汇发展	29.137
三全食品	26.148
安琪酵母	20.673
洽洽食品	20.012
中粮屯河	19.689
保龄宝	18.467
国投中鲁	16.335

由案表 17 可以看出,样本企业的排名依次是:双汇发展、三全食品、安琪酵母、洽洽食品、中粮屯河、保龄宝和国投中鲁。7 家企业中最高的为 29.137 分(百分制)计算,最低的为 16.335 分,平均值为 21.494 分。

5.3.4.4　研究结论与建议

(1)研究结论

本案例对我国 2009～2011 年间食品行业发布社会责任报告的质量进行研究,通过设计指标并进行相应的分析,对符合条件的 7 家样本企业所选取的指标进行了验证和分析评价。得出主要结论如下:在样本企业中(以通常计量标准 100 分为满分计)最高的为 29.137 分,最低的为 16.335 分,平均值为 21.494分。按照正常的百分制衡量尺度,优秀分值范围是 90 分以上;良好分值为 80～90 分;一般分值为 70～80 分;及格分值为 60～70 分;较差分值为 40～60 分;非常差分值为 20～40 分;极差分值为 20 分以下。样本企业为上市公司,非上市公司报告质量会更加有差距,由此推断我国食品企业社会责任报告的总体水平应该处于极差的层次,相比其他行业差距还是很大的。造成食品行业社会责任报告质量低的主要原因有相关法律规章制度不够完善、企业对自身应承担的社会责任不够、食品行业专有企业社会责任报告研究滞后、社会责任外部监督体系不够完善、相关推动手段没能有效运用。

(2)建议

①法律角度。完善食品行业履行社会责任的法律。针对食品行业,我国立法机构应重视食品行业社会责任报告所涉及的相关利益者,完善具体的法律体

系,确立相应的依据来引导企业积极的履行社会责任。具体包括:食品行业社会责任报告立法规范;消费者权益保护法相关制度的完善;劳动者权益保护法相关制度的完善;监管部门职责法规。

②企业角度。加强企业认知。包括两个方面:一方面是道德认知。对于提升食品行业社会责任而言,应不断加强企业社会道德建设,发挥道德的内推作用;同时,企业要加强和完善对员工道德伦理的教育培训工作,提升企业员工的道德层次,使用道德的力量内化企业社会责任。另一方面是社会责任的认知。积极履行社会责任可以为企业发展创造良好的条件,是企业坚持可持续发展的必由之路,企业是社会性组织,这就使得它必须要为自身发展创造良好环境。

③局外人角度。调动消费者自身及相关自发组织的主动参与度。"局外人"界定为不直接参与企业社会责任报告编制,并能对推进食品行业社会责任报告作出贡献的群体,主要包括消费者、非政府组织、媒体、研究学者等。消费者是监督企业产品质量最有力的群体,消费者要积极提高维护自身合法权益的意识;在监督的体系中,各种非政府组织(如协会)扮演着越来越重要的角色,它是对监督管理体系的补充。21世纪是一个信息时代,共享的时代,各种多媒体媒介的产生推动了社会的进步和经济的发展,媒体的监督作用也越来越显现。研究学者应依据现有的体系结合实际制定出针对食品行业的社会责任报告,以提高该行业披露社会责任报告的积极性。

4

企业社会责任会计核算前提与原则

　　会计主体、会计分期、持续经营和货币计量四个假设是构建传统会计理论结构的基本前提。客观性、及时性等会计原则对于选择会计程序和方法具有重要的指导作用，是会计人员从事会计工作的规则和指南。

　　关于社会责任会计的假设与原则，我国有许多学者进行了探讨，比如赵娟（2005）、胡承德（2009）提出了环境价值假设，因为传统财务会计按照马克思的劳动价值理论，只有用于交换的劳动产品才有价值，而环境资源只有使用价值，因此，没有将对环境的消耗与破坏纳入核算范围，而社会责任会计核算，首先必须承认的一点就是环境资源是有价值的。钟子亮（2001）、李昕（2002）、胡素华（2008）均认为社会责任会计假设与传统财务会计假设基本是一致的，唯一不同的是社会责任会计需要对非货币计量内容进行多重计量假设。在会计原则研究方面，比如阳秋林（2000，2005）根据企业生产经营过程中所需承担的社会责任的具体方式，提出了强制和自愿相结合原则，如谁投资谁受益、谁污染谁治理、谁破坏谁恢复的原则以及企业效益与社会效益相结合的原则。钟子亮（2001）、李昕（2002）、胡承德（2009）等结合企业社会责任的特点提出社会性原则、充分揭示性原则以及政策性原则；章金霞（2009）强调了社会责任会计的综合性、多样性和系统性；姚正海、孙自愿（2003）提出了社会责任会计的可控性原则、灵活性原则以及预警性原则等。本研究综合传统会计和现代学者的观点进行分析探讨。

4.1   企业社会责任会计的前提

会计目标是会计理论体系的起点,是决定会计对象、会计假设、会计准则和会计技术的基础,也是会计系统正常运转的前提。

会计是向特定的对象提供会计信息的一门学科,会计目标受到会计信息服务对象的约束。社会责任会计的服务对象是企业的全部利益相关者,包括政府、供销商、消费者、投资者、职工及工会、社区、社会公众等全部利益相关者。因此,社会责任会计目标不仅要关心企业的经济效益,更要关注企业的环境效益和社会效益。因此,社会责任会计的目标可分为基本目标和具体目标。

基本目标是使企业在经济效益、环境效益和社会效益协调发展前提下提高社会整体效益,实现企业的长期可持续发展。具体目标是企业社会责任会计应该满足这些利益相关者的企业社会责任信息需要,及时确认、计量、记录和报告企业的社会责任会计信息,提供企业社会责任履行情况的信息,真实地反映企业对社会的贡献和损害,便于政府及公民了解企业对社会的贡献和企业经济活动对社会的不良影响。具体目标服务于基本目标,其实质是以科学发展观为前提,把企业与社会之间的相互关系作为社会责任,着重解决提供可持续发展所需要的信息。

美国会计目标的研究始于 20 世纪 60 年代,明确的联系经济决策提出会计目标可以追溯到美国会计学会 1966 年发表的《基本会计理论说明书》(ASOBAT)。这份说明书提出了四个目标:(1)做出关于有限利用的决策,包括确定重要的决策领域,并确定目的与目标。(2)有效的管理和控制一个组织内的人力与物力资源。(3)保护资源,并报告其管理情况。(4)有利于履行社会职能和社会控制。第四个目标明确指出会计要促进会计主体的社会职能,这是社会责任会计的目标体现。

基于社会责任会计目标的要求,社会责任会计的假设必须在传统会计假设的基础上对其内涵与外延进行补充。

会计主体假设是限定会计工作的空间范围。传统会计主体假设下,会计主体的确定是根据经济单位在实质上对它的经济活动和行政控制管理所负的责任来进行的,这种以企业经济活动来对主体加以区分的方法制约了企业的核算空间。在社会责任会计理论下,会计主体应当根据特定的个人、集体或组织的经济权益来确定,它反映了财务报表使用者的利益。社会责任会计依然是一种微观会计,它以企业为会计主体,记录和报告该主体在生产经营活动中对社会产生的"外部经济"和"外部不经济"的影响,以反映企业对社会的贡献状况。按照这一主体确定方法,会计的处理范围将得到扩大,实体的界限可以包括一些环境性活动,社会责任成本的信息包括一些环境性活动才能列入财务报表之中。

持续经营假设要进行运行方式的限定。社会责任会计的记录、核算和信息披露以持续经营为前提,只有可持续经营的会计主体才能承担一定的社会责任,归集和支付社会成本费用。如果不能持续经营,企业将丧失承担社会责任的能力。因此,限定企业的运行方式以保证企业的可持续经营能力,是持续经营这一前提存在的实质意义。传统的持续经营假设要求企业的资产按既定的目的在正常的经营活动中被耗用,并如约偿付其债务,唯此才不至于破产或被清算,而这与社会责任会计存在着较大差异。因为社会责任会计核算系统中还包括了现行会计核算系统中所没有的社会资产与社会负债。按社会责任会计持续经营的假设,当企业的社会负债低于其社会资产净额时,即便其达到了按法律规定应予宣告破产或清算的地步,也不宣告其破产或清算。当企业的社会负债高于其社会资产净额时即便其未达到法律规定的应予宣告破产或清算的条件,也要宣告其破产或对其进行清算。

会计分期假设是进行时间范围的限定。会计分期假设是指假设可以将企业连续不断的经营活动分割为若干较短的时期,据以结算账目和编制报表,从而及时地提供有关财务状况、经营成果的信息。社会责任会计也需要分期核算,但是,现实中许多社会责任的各个受益期很难确定,社会责任成本与社会贡献时期很难匹配,无论按照收付实现制还是权责发生制都很难确定,比如环境保护成本的支出和未来收益的确定就不能在同一时期完成,分成多少期、怎么分也难以科学划分,只能根据经验进行判断。每个企业的做法都会不同,比如社会责任支出中对人力资源方面的贡献、对所在社区的贡献及对改善生态环境所做出的贡献等,受益的时间与程度都是极不确定的,一笔微小的支出也可造福人类数十年,一个耗资较大的项目也可能没有任何社会效益。所以,社会责任会计较之传统的会计更难正确使用会计分期,即便是分期提供社会责任会计报告,我们也只能从中得出一个大概、笼统的概念,所以,这也对社会责任会计的进一步发展和完善提出了一个重要的研究方向,即支出受益期的确认与计量。

货币计量假设是假设所有的经济活动都可以用货币来计量。传统会计模式下只核算企业的经济业务,所以货币计量足以完成经济信息的核算与计量,其计量模式包括历史成本、现行成本、现行市价、可实现净值及未来现金流量的净现值。传统货币计量假设下,会计核算、计量都要应用货币作为计量尺度,会计系统所能向外传递的信息也是货币化的信息。但是大量的社会责任是以非经济形态存在的,比如环境保护对经济可持续发展的潜在作用就很难用货币量化,这就动摇了货币计量假设的基础。而企业的社会责任多种多样,人力资源的耗用、环境成本、生态资源破坏成本、技术改革社会成本和不充分就业成本等许多应当核算的内容,无法像传统会计那样单纯地使用货币计量单位,还必须同时结合劳动量、实物量和其他的计量手段,并在必要时引进价值判断。社会责任会计在计量单位上需要采用货币单位与非货币单位并存的多种计量形式假设,但是多形式计量假设并不否定货币计量,由于货币计量的精确性,我们认为货币计量仍然是社会责任会计中最重要的计量手段。寻找除货币以外适合社会责任会计非量化经济内容的计量单位,就需要多形式计量假设的存在。

4.2 企业社会责任会计的原则

企业社会责任会计的目标是社会效益,而不再仅限于经济效益;其核算内容不同于传统会计核算的企业生产经营活动过程中的资金运动,而是企业的社会成本和社会效益。由于社会责任会计核算内容的多样化,单一的货币计量已不再适用。除了传统会计的核算原则外,社会责任会计还需要增加社会性、政策性和强制性等原则。由于会计核算对象的不同,社会责任会计在会计要素上也需要进行创新。与传统企业会计主要是从数量、金额方面来反映企业的财务状况和经营成果相比,社会责任会计既可用文字叙述的形式,也可运用社会资产负债表、社会收益表、增值表和环境损益与效益对照表等数字形式,对企业社会责任履行情况进行报告。只有通过分析比较,建立起一个不同于传统会计的理论体系,社会责任会计的实务操作才能真正实现突破。

4.2.1　会计原则

会计原则对于选择会计程序和方法具有重要的指导作用,是会计人员从事会计工作的规则和指南,传统会计原则依然适用社会责任会计的有:

(1)客观性原则

会计核算应当以实际发生的交易或事项及证明交易或事项发生的合法凭证为依据,如实反映企业的财务状况、经营成果和现金流量。

(2)实质重于形式原则

应当按照交易或事项的经济实质进行会计核算,而不应仅仅按照它们的法律形式(证明交易或事项发生的合法凭证)作为会计核算的依据。

(3)相关性原则

提供的会计信息应当能够反映企业的财务状况、经营成果和现金流量,以满足会计信息使用者的需要。

(4)一贯性原则

会计核算方法前后各期应当保持一致,不得随意变更。如有必要变更,应当将变更的内容和理由、变更的累积影响数,以及累积影响数不能合理确定的理由等,在会计报表附注中予以说明。

(5)可比性原则

会计核算应当按照规定的会计处理方法进行,会计指标应当口径一致、相互可比。

(6)及时性原则

会计核算应当及时进行,不得提前或延后。

(7)明晰性原则

会计核算和编制的财务会计报告应当清晰、明了,便于理解和使用。

(8)权责发生制原则

会计核算应当以权责发生制为基础,凡是当期已经实现的收入和已经发生或应当负担的费用,不论款项是否收付,都应作为当期的收入和费用;凡是不属于当期的收入和费用,即使款项已在当期收付,也不应作为当期的收入和费用。

(9)历史成本原则

各项财产在取得时,应当按照实际成本计量。其后,各项财产如果发生减值,应当按国家统一的会计准则规定计提相应的减值准备。除法律、法规、规章及国家统一的会计制度另有规定外,企业一律不得自行调整账面价值。

（10）划分收益性支出与资本性支出原则

会计核算应当合理划分收益性支出与资本性支出的界限。凡支出的效益仅及于本年度(或一个营业周期)的,应当作为收益性支出;凡支出的效益及于几个会计年度(或几个营业周期)的,应当作为资本性支出。

（11）谨慎性原则

会计核算时,应当遵循谨慎性原则,不得多计资产或收益、少计负债或费用,但不得设置秘密准备。

（12）重要性原则

在会计核算过程中对交易或事项应当区别其重要程度,采用不同的核算方式。对资产、负债和损益等有较大影响,并进而影响财务会计报告使用者据以做出合理判断的重要会计事项,必须按照规定的会计方法和程序进行处理,并在财务会计报告中予以充分、准确地披露;对于次要的会计事项,在不影响会计信息真实性和不至于误导财务会计报告使用者做出正确判断的前提下,可适当简化处理。

4.2.2　社会责任会计设置的原则

根据社会责任会计核算的内容与特点,为了更好地监督核算企业社会责任的履行程度,还应当设置以下原则:

（1）扬弃与创新原则

社会责任会计信息系统的构建,需要继承传统会计理论与方法中可用的东西,需要借鉴包括社会学、经济学、环境经济学、发展经济学等相关学科中的思想和方法,同时还需要借鉴国外已经成熟可行的相关理论与方法,更需要结合我国经济发展实际进行社会责任会计创新和探索,既有利于监督企业自觉履行社会责任,又能更好地促进企业健康可持续发展。

（2）促进和谐与可持续发展原则

企业实施社会责任会计核算,必须有利于整个社会和经济的可持续发展,有利于人与自然的和谐发展。

（3）社会性原则

社会性原则要求企业站在社会的角度,而不是只站在自身的角度来反映经济活动,对企业的考评,应把社会净贡献作为首要指标。企业应充分认识和重视自己的社会影响力,承担必需的社会责任,不能只追求利益最大化。社会性原则要求企业管理者站在社会的立场上,充分考虑企业如何能达到社会效益和经济效益的双重目标。

(4)政策性原则

社会责任会计需要更多地体现国家宏观政策,确保国家总体经济社会的良性发展,因此这就决定了架构我国的社会责任会计信息披露体系,应坚持政策性的原则,基于不同阶段发展的需要,政策的侧重点不同,披露的信息重点也应不同。

(5)充分揭示原则

充分揭示原则要求企业披露的信息能全面地向信息使用者提供决策所需的社会责任信息,服务于政府、组织、企业和消费者等一切团体和个人,以减少投资的盲目性,降低决策的风险性。而企业通常会在披露社会责任信息时侧重于自身优势,夸大自己对社会的贡献,然而对于损害企业形象的信息却选择隐瞒,如此披露出的信息,并不能使信息使用者充分了解企业。因此,要求遵守充分揭示原则,全面披露企业社会责任信息。

(6)现实可操作性原则

要立足于我国的国情思考问题,积极开展企业社会责任会计信息披露的调查研究,基于现实的社会责任问题和要求,基于人们对社会责任会计信息的实际需要,架构我国的信息披露体系。

(7)客观真实性原则

客观真实性就是要实事求是,要求企业应客观如实地按事物本来的面目反映一切会计事项,不得歪曲或有主观成分,是可供检验的。目前,我国企业正处于信用危机时期,这一点对企业尤为重要。而企业刻意隐瞒的信息,不仅会造成社会对企业的认知不足,更甚者会造成社会恐慌,引起社会公众的强烈不满。因此,客观真实性原则在企业披露社会责任会计信息中极为重要。

(8)成本效益原则

企业为社会提供社会责任会计信息时需要花费一定的费用,提供的信息越详细,其成本也就越大。企业在实施社会责任会计时,必须重视企业社会责任会计投入成本与产出效益比例问题,提高信息的使用率。从效益角度和成本角度分析社会责任会计信息披露,只有披露信息提供的效益大于披露信息提供的成本,社会责任会计信息的质量才能有基本的保障,架构的社会责任会计信息披露体系才具有现实的可操作性。

4.2.3 公司治理与社会责任会计原则

公司治理或公司治理结构,最初引自"Corporate Governance"。目前,按照公司治理机制的功能划分,主要有四种治理机制:一是激励机制,即如何激励董事与经理努力为企业创造价值,减少道德风险的一种机制;二是监督与制衡机制,即如何对经理及董事的经营管理行为进行监督和评价,并建立有效的相互制衡的内部权力机构的一种机制;三是外部接管机制,即当管理者经营不善,造成公司股价下跌,而被其他公司(或利益相关方)收购,导致公司控制权易手的一种治理机制;四是代理权竞争机制,即不同的公司股东组成不同的利益集团,通过争夺股东的委托表决权以获得董事会的控制权,进而达到替换公司经营者的一种机制。

通常,公司治理结构包括内部治理结构和外部治理结构两部分。所谓内部治理结构,又称内部监控机制,是指由股东、董事会和经理人员三方面组成的管理与控制体系。外部治理结构,又称外部监控机制,是指通过竞争的外部市场(如资本市场、经理市场、产品市场、控制权市场等)和政府管理体制、会计准则等对管理行为实施约束的控制制度。外部治理结构提供企业绩效的信息,评价企业行为和经营者行为的绩效,并通过优胜劣汰机制激励和约束企业及其经营者。

内部治理中所有者、董事会和经理层三者之间的制衡关系,基于两个法律关系:股东大会与董事会之间的信任托管关系和董事会与高层经理人员之间的委托代理关系。委托人与代理人各自追求利益的差异体现在:作为委托人,要求受托人尽职尽责,执行好经营管理的职能,为公司赢取更多的"剩余收益"——利润;作为受托人(代理人)所追求的则是他们本身的人力资源资本(知识、才能、社会地位、声誉等)的增加以及相应的经济收益。利益追求的差异必然带来行为与动机的差异,所有者、董事会和高级执行人员三者之间的制衡关系由此而产生。正是基于这种制衡关系,才会涉及一系列的公司控制与决策制度的安排。但是,制衡关系本身又与公司在实际运营中所追求的高效率、低成本及科学决策的要求相冲突。这就要求在设计治理结构和治理机制时,要在公司股东、董事会、经理层三者之间的制衡与公司尽可能降低成本、提高效率和科学决策之间作出艰难的选择[①]。

　　自美国发生安然事件及我国发生银广夏、麦科特等事件以来,"公司治理生态"一词广为流行。"公司治理生态"是奠定在包括投资银行家、注册会计师、企业内部管理当局和会计人员、律师等专业人员组成的企业"知识共同体"基础之上,有一套共同的互相理解的术语、概念、逻辑思维、推理规则、知识结构和知识体系,生态群体共同守护这个职业所赖以生存的基本信念和秩序。在健康的公司治理生态下,各个环节均能做到各司其职,遵守各自的职业准则,保持各自的独立性,并能相互制衡。在这种情况下,公司发生财务欺诈、损害社会利益的概率是非常小的;反之,在失衡或不健康的公司治理生态下,一些企业管理当局为了达到粉饰公司经营业绩的目的,置会计准则和相关法规于不顾,指使或强令会计人员造假,虚构利润,对社会利益置若茫然。

　　因此,企业社会责任的履行与否、履行好坏很大程度上取决于企业公司治理生态的好坏,国内外许多学者曾经研究过公司治理与会计信息质量的关系,结论一致的认为两者呈正相关关系且相关度很高[②];为了准确得到企业社会责任会计信息,应该将企业社会责任融入公司治理生态中。

　　治理"公司治理生态"失衡的关键,是建立完整的组织结构,形成良好的制约机制,其中包括良好的会计准则。但是,治理的目的,不仅仅是防止防范财务欺诈行为的发生,而是有效促进社会的可持续发展,建立良好的社会生态与自然生态的和谐。社会责任通过社会责任会计准则的建立,融入到公司治理机制中,确保企业很好地履行社会责任。因此,社会责任会计原则第二条"促进和谐与可持续发展原则",必须体现在公司治理机制与公司治理生态体系中。内部治理的监督与制衡机制要设定社会责任履行的相关责任规定与监督制度;外部治理的法规体系要设定企业社会责任会计准则,通过会计准则约束相关责任人的责任行为;治理生态中为企业提供服务的各类机构,也必须依照社会责任会计准则的要求,监督、促进企业严格履行社会责任。

---

　　① 李荣融. 在宝钢集团有限公司董事会试点工作会议上的讲话. 2005-10-17.

　　② 陈汉文,林志毅,严晖. 公司治理结构与会计信息质量——由琼民源"引发的思考"[J].会计研究,1995(5).

5

企业社会责任的会计计量

会计计量是根据一定的计量标准和计量方法,将符合确认条件的会计要素登记入账,并列报于财务报表而确定其金额的过程。我国对企业社会责任会计的确认、计量还处于尚不完善的阶段。探索中提出了客观历史成本与主观分析相结合的方法、机会成本法、社会公正法、预防或复原成本法、经济计量模型等多种方法。不少学者进行了长期研究,如潘清平(1995)认为,社会责任会计的计量具有模糊性和复杂性两个特点。复杂性表现在计量属性不能单纯以交易价格为前提,计量单位不能仅仅局限于货币,计量形式具有多样性。社会责任模糊性是指对象类属边界和性态组织的不确定性,有鉴于此,社会责任会计的计量方法有客观历史成本与主观分析相结合的方法、机会成本法,间接评价法、社会公正法、预防成本法等。宋献中(1997)、许家林(1997)指出社会责任会计除应用货币计量以外,还要采用调查分析法、替代品评价法、历史成本法、复原或避免成本法、法院裁决法、影子价格法等。刘长翠(1997)、文建平(1999)则认为对企业社会责任的计量主要有货币计量法和非货币计量法两种,前者包括支付成本法和成本收益法,后者包括文字表述法和评价法。阳秋林(2005)认为社会责任的计量,是将涉及自然资源、人力资源、生态环境和社会收益等主要内容作为会计要素,加以正式记录并列入会计报表而确认其金额的过程,对自然资源的计量主要采用成本法、收益现值法、市价法,对人力资源的计量提出了综合报酬收益折现法,对生态环境的计量采用直接市场法、替代性市场法和意愿调查评估法,对社会收益的计量则采用成本收益法、历史成本法和替代品评价法。

如何计量企业履行社会责任,是企业社会责任会计的一个难点。因为传统会计计量是以交易价格为前提、以货币作为统一的计量单位,而企业履行社会责任往往并不都进入市场交易,因而许多责任的履行没有交易价格;而且企业履行社会责任的形式多种多样,有些可以用货币计量,有些无法用货币计量,有些甚至根本无法量化。由于社会责任会计内容的特殊性决定了社会责任会计计量的特殊性,因此在对社会责任会计要素进行计量时就需要同时采用多种计量方法,即实行计量单位的多元化,能够定量揭示的就通过货币或实物加以反映,不能定量揭示的则通过文字表述定性揭示。

5.1　社会责任的会计确认

在现代社会中,企业是国民经济的细胞,它们与其所处的社会环境有着密切的关系。现代企业依存于一个多元化的社会结构:一方面,企业必须考虑与其相关的各种利益团体的关系,如所有者(股东)、员工、顾客、政府和当地社区等,满足对方的需要和权利要求;另一方面,企业又是在包含着诸多约束条件和发展机会的环境中生存,如经济政策、法律、技术水平、社会文化、习俗、政治及道德规范等。也就是说,企业是在社会这个大系统中生存的,作为其中的一个子系统必然要符合各种社会规范,兼顾各种利益。因此,尽管企业的使命在于社会生活的经济方面,但是它必须考虑社会的愿望与反映,企业对于社会面临的一系列问题具有义不容辞的责任。

虽然企业应对社会承担责任,但是企业毕竟是社会中的经济组织而不是政府,其职能与政府有着本质的区别。所以,社会责任会计必须界定企业所应承担的社会责任,即确认社会责任会计的核算范围,在此基础上再进一步地予以计量、记录和报告;而对那些不应由企业承担的社会责任,则不纳入社会责任会计的核算范畴,否则会加重企业的社会负担。

5.1.1　社会责任会计的要素

我国《企业会计准则》中规定的会计要素有资产、负债、所有者权益、费用或成本、收入和利润六项。但是,社会责任会计所要计量的内容中有些是非经济性的事项,不能进入市场中进行交易,社会活动的效益和社会权益的产权归属性不是很明确。因此,有不少学者将社会责任会计的要素划分为社会责任资产、社会责任负债、社会成本、社会收益、估计社会收益(也称社会净收益或社会利润)五项。

(1)社会责任资产

社会责任资产是指企业由于承担社会责任或参与社会责任活动所形成的、目前拥有或控制的,能以货币计量,并能为企业带来未来经济利益的经济资源。社会责任资产必须是企业承担社会责任或参与社会责任活动而产生的,这是企业社会责任资产区别于其他资产的显著特征。

社会责任资产主要包括企业拥有或控制的自然资源、环保设施、人力资源、为职工购建的宿舍和活动中心等。

(2)社会责任负债

社会责任负债是指由于企业在过去的经济活动中承担社会责任而产生的,能以货币计量、需以资产或劳务偿付的债务。

社会责任负债主要包括应付的环境治理补偿费、环境赔偿金及罚款、矿产资源补偿费、矿产资源占用费、社会统筹保障金、税金等。

(3)社会成本

社会成本是指企业在其持续发展过程中,因直接或间接承担社会责任而发生的各项耗费,即企业因承担社会责任而付出或耗用资产的转化形式。社会成本主要包括对环境污染进行预防与治理的支出、环境赔偿或罚款、职工培训费用、环境污染造成的外部损失、给政府和社区带来的管理成本增加等。

(4)社会收益

社会收益是指企业由于承担社会责任而直接或间接产生的某种经济收益。社会收益主要包括国家颁发的环保贡献奖金、社会福利事业优秀奖金,因利用"三废"生产产品而得到的税收减免,生态收益,职工培训费用,对社会事业的捐赠和赞助,带来当地经济的发展等。

(5)估计社会收益

估计社会收益(也称社会净收益或社会利润),是指社会收益减去社会成本之后的净额。净额为整数,表示企业在履行社会责任方面做出了一定的成绩;净额为负数,则表示企业在履行社会责任方面出现了问题。

5.1.2 社会责任要素的确认

本研究对上述社会责任要素从六个方面进行确认：

(1)企业经济责任的确认

根据经济契约和法律文件,确认企业必须履行的相关经济责任。包括资产保值增值、股东利益增长、利润合理分配、债务及时偿还等,通过主要经济指标进行计算考核。

(2)企业环境责任的确认

通过分析企业经济行为对环境资源的消耗、影响、破坏等过程和程度,确定企业对相应行为的环境保护、能源保护和利用、节约资源、矿产开采与保护使用等方面的责任,并依此计算企业应承担的环境责任。

(3)企业对员工责任的确认

这是企业人力资源的开发利用与保护责任,通过对员工发放工资和福利、缴纳社会保险、教育培训等项目来实现,确认企业是否承担员工的责任是通过劳动合同的签约来完成的。

(4)企业对社区责任的确认

应该根据企业对所在社区的社会影响力来确认,影响力包括人员数量、文化环境、交通流量等因素,这也是计量责任大小的基本参考量。企业对社区责任的履行可以通过维护自己所在社区的整体利益、积极参加社区建设、促进社区和谐发展等活动来实现。

(5)企业对利益相关者责任的确认

企业的利益相关者包括企业的股东、债权人、雇员、消费者、供应商等经济行为伙伴,也包括政府部门、本地居民、本地社区、媒体、环保主义者等,甚至包括自然环境、人类后代等受到企业经营活动直接或间接影响的客体。对不同利益相关者的责任确认条件主要是法律契约和企业经济活动中的影响力。

(6)企业社会公益活动的确认

这项责任的确认主要依据企业规模和社会影响力,通过企业参与城市公共工程建设活动、公园建设与管理活动、防灾活动、江河湖泊治理活动、慈善捐款、残疾人利益保护活动等来实现。

责任大小的确认可以设计评价指标,评价指标设计强调企业相关者的利益,与责任是紧密相连的,主要涉及投资者利益、债权人利益、员工利益、消费者利益、社区利益、国家利益等。企业应承担经济责任、员工的就业薪酬责任、产品责任、环境责任、纳税责任等。针对不同层次的责任,每个企业可以按照自身的具体情况设置一些财务指标和非财务指标,例如,对于经济责任常用的指标有净资产收益率、资产负债率、销售增长率等,员工的就业薪酬责任常用的指标有劳动时间、员工培训支出等;环境责任有生态效率指标(生态效率=环境业绩指标÷财务业绩指标)等,纳税责任则有上缴税收等指标。在指标设计过程中还应该注意,对于指标所要求达到的定量程度,每个企业应该量力而行,换句话说,每个企业虽然都应该承担相应的社会责任,但不能让企业"不堪重负"。

5.2 计量方法的选择

根据 2006 年《企业会计准则》的描述,会计计量属性主要包括历史成本、重置成本、可变现净值、现值和公允价值。但是,社会责任会计的计量对象主要是社会贡献和社会损耗,社会贡献和社会损耗的范围是十分广泛的,并且通常不以商品交易的形式出现。所以社会责任会计必须借助于历史成本、公允价值等传统会计计量方法以外的特殊计量方法。有学者提出声誉评分法、内容分析法和指数法等,对企业的社会贡献和社会损耗进行计量。例如,为了计量企业社会责任贡献信息,可以采用声誉评分法,通过向被调查者发放问卷,由被调查者对问卷中企业的各个指标进行打分,以取得企业社会声誉信息。声誉评分法的信息质量,不可避免地受指标选择、指标赋值以及被调查者的主观判断影响。为此,只能是不断扩大指标数量和被调查者的人数,其结果必然导致信息成本的增加和可操作性的下降。社会责任难以计量这一特性,一直是制约社会责任会计实践应用的主要因素之一。

社会责任会计中,反映企业发生的属于对社会负责的经济业务的社会效益或社会成本的计量,没有历史的交易价格加以衡量,它必须突破传统会计计量方法单一性的束缚,采用多种计量方法并用的策略来反映企业社会责任履行情况,是其计量方法在原则上既要考虑目前的计量技术的可行性和限制性,充分反映社会责任所涉及内容的特殊性。在努力遵循传统会计中以货币计价的本质特征的基础上,适当采用实物指标或指数,甚至采用文字描述的方式,以便全面反映企业关于社会责任的履行情况。

目前,社会责任会计的计量方法主要采用货币计量法和非货币计量法混用的方法。货币计量法有两种:①支付成本法,它从微观角度,披露企业在一定时期所提供的社会贡献净额;②成本收益法,主要是根据企业履行社会责任所支付的费用及机会成本,并结合收益率来计算企业提供的社会贡献净额。但此方法中的成本收益率较难确定。非货币计量法主要有文字表达法和评价法。文字表达法是很多西方企业广泛采用的表达社会责任的履行情况的方法,它只给予文字说明,不计算这些活动的费用。评价法不仅报告企业的社会责任活动,而且还要对社会责任活动的作用及社会影响等因素加以综合衡量和评价,以确定企业履行社会责任的最终贡献。

从西方发达国家的实践来看,具体计量方法主要有三种:一是成本效益法,通过鉴别每项经济业务所产生的社会成本和社会效益,编制社会责任报表,从理论上说是最完善的方法,它可以概括企业经营活动的全部成本和社会效益。但由于缺乏切实可行的公认的计量方法,还仅仅处于理论探讨阶段。例如某公司对水资源污染,经测算造成水资源质量下降损失为 60 万元,以此为标准,国家环保部门要求该企业支付生态环境补偿费 60 万元。那么该项损失作为资源降级费用应计入环境费用,未交的补偿费作为企业的环境负债。二是实支成本法,是指将企业为实现社会责任目标所发生支出的报表,附于常规会计报表之后。三是文字叙述法。这是目前为实践所认可的方法,它较好地适应了目前还不能以货币金额综合反映企业社会目标执行情况的局限。

我国上市公司在公布年度会计报告说明治理环境污染情况时,大多使用文字叙述法提交社会责任履行报告。具体有叙述性反映,即文字表达法,这是报告企业社会经济活动最简单的方法,以非正规的形式或用文字说明企业经营活动对社会的影响,这种方法虽然没有用货币计量,但仍能向公众提供有关方面的信息。另有在现有报表中添加新项目或以附注形式反映的,如在资产负债表的资产方列示用于环境控制的设施,在负债方列示由于过去交易而引起的必须在将来支付的治理污染等费用,在收益表中单独列示环境治理等费用,这种形式可以与传统会计报表相衔接,但这种方法不能完整地反映企业社会责任的全部内容。

文字叙述型社会责任报告,目前有会计基础型和非会计基础型两种。会计基础型即传统会计报表型,它是用会计特有的程序和方法来反映企业活动的社会责任,并规定了相应的资产负债项目和收益项目,用定量信息予以反映。它可以在现有报表内披露,但不单列社会责任会计科目;也可以在现有会计报表内披露,并单列社会责任会计科目;或者编制独立的社会责任会计报告。常见的有社会影响报告表、社会资产负债表、增值表(在欧洲比较流行也相对完善)。而非会计基础型主要以文字表述的方法对企业应承担的社会责任和履行情况加以说明和评价,即用定性的信息加以分析。国内会计信息披露模式主要是非会计基础型为主,会计基础型为辅,并且对于会计基础型而言,主要是在会计报表内披露,但不单列社会责任会计科目。

5.3　经济计量模型分析

目前企业社会责任的经济计量方法中,对自然资源责任的计量有成本法、收益现值法、市价法、机会成本法、影子价格法和模糊数学法;对员工责任的计量方法有未来工资报酬折现法、调整的未来工资报酬折现法、未来收益折现法、非购入商誉法;生态环境的计量方法有市场价值法、人力资本法、防护费用法、恢复费用法、后果阻止法、资产价值法、权衡博弈法、法院判决法和无费用选择法;对社会收益的计量方法有成本收益法、历史成本法、替代品评价法。这些计量属性远远超出了传统会计的历史成本、重置成本、可变现净值、现值、公允价值五种计量属性,其影响是深远的。

(1)市场价值法

市场价值法又称生产率法。利用因环境质量变化引起的某区域产值或利润的变化来计量环境质量变化的经济效益或经济损失。这种方法把环境看成是生产要素,环境质量的变化导致生产率和生产成本的变化,用产品的市场价格来计量由此引起的产值和利润的变化,估算环境变化所带来的经济损失或经济效益。例如,某地大气环境中 SO_2 浓度超过 SO_2 对农作物影响阈值,引起农作物减产。设此农作物亩产为 q,由于污染使农作物减产百分数为 α,污染农田面积为 S,该农作物价格为 P,则大气 SO_2 超标所引起的农作物损失 L 为:$L = P \cdot S \cdot q \cdot \alpha$。

或者相应对商品产出水平有影响,因而可以用其导致的商品销售额的变动来衡量。如将减少的农作物的产量乘以价格即为企业的社会成本。如果环境质量变动影响到的商品是在市场机制的作用发挥得比较充分的条件下销售的，那么就可以直接利用该商品的市场价格，但是，必须注意商品销售量和商品价格的相互影响。计算公式为：

$$P = P_1 \times Q_1 - P_0 \times Q_0$$

式中，P 指根据某种商品产出变动所测算的环境价值；P_1 指商品在被评估环境质量下的市场价格；P_0 指商品在标准环境质量下的市场价格；Q_1 指商品在被评估环境质量下的产出量；Q_0 指商品在标准环境质量下的产出量。

如果选定的商品是在市场机制不够完善的条件下销售的，那么，就需要对市场价格进行调整，甚至用影子价格来取代市场价格。

影子定价又称计算价格、影子价格、预测价格、最优价格，是荷兰经济学家詹恩·丁伯根在 20 世纪 30 年代末首次提出来的，运用线性规划的数学方式计算，反映社会资源获得最佳配置的一种价格。是对"劳动、资本和为获得稀缺资源而进口商品的合理评价"，是在均衡价格的意义上表示生产要素或产品内在的或真正的价格。社会责任成本或者收益的计量价格可以采用影子价格。

（2）人力资本法

环境恶化对人类健康的影响表现为劳动者发病与死亡率增加、医疗费开支的增加，以及人过早生病或死亡而造成的收入下降等。人力资本法又称收入损失法，是用环境污染对人体健康和劳动能力的损害来估计环境污染造成的经济损失，即企业的社会成本。环境质量脱离环境质量标准对人类健康有着多方面的影响，这种影响不仅表现为因劳动者发病率与死亡率变化而给生产直接带来的损失或收益，而且还表现为医疗费开支的变化等，该方法就是专门评估反映在人身健康上的环境价值的方法。

人力资本法的思想最早可以追溯到 17 世纪末。1699 年，威廉·佩第发表的《政治算术》就论及了这种思想。后来，该法长期被用来评估环境污染对人类健康损害的价值（或由于采取控制或治理污染措施）而对人类健康有利的效益。

传统人力资本法是美国经济学家 R.G.Ridker 最早加以应用的。改进的人力资本法由美国疾病控制中心于 1982 年应用于流行病学中，用以衡量疾病负担的潜在寿命损失年法（即改进的人力资本法）（Year of Potenital Life Lost，YPLL），首次将直接计算人的生命价值改为每个人的年价值。YPLL 是流行病

学中用于衡量疾病负担的一个指标,它是指死亡时的实际年龄与期望寿命年龄的差值,用公式表示为:

$$YPLL = EY - DY$$

式中,YPLL 表示潜在寿命损失年,EY 表示期望寿命年龄,DY 表示实际死亡年龄。

潜在寿命损失年法的优点是数据较易获得,避开伦理道德的难题。

为避免重复计算,人力资本法只计算因环境质量脱离环境标准而导致的医疗费用开支的变化,以及因为劳动者生病或死亡的提前或推迟而导致的个人收入的变化。前者相当于因环境质量脱离环境标准而增加或减少的病人人数与每个病人的平均治疗费(按不同病症加权计算)的乘积;后者则相当于环境质量脱离标准对劳动者预期寿命和工作年限的影响与劳动者预期收入(扣除来自非人力资本的收入)的现值的乘积。用公式表示为:

$$C_n = [P(T_i(L_i - Lo_i) + Y_i(L_i - Lo_i) + P(L_i - Lo_i)H_i]M$$

式中,P 指人力资本(取人均净产值);M 指污染覆盖区内的人口数;T_i 指 i 种疾病患者耽误的劳动时间;H_i 指 i 种疾病患者陪床人员平均误工时间;Y_i 指 i 种疾病患者平均医疗护理费;L_i、Lo_i 分别为评估区和符合环境标准区 i 种疾病发病率。

事故伤亡造成的损失:

$$C_d = PMRT$$

式中,P 指人力资本;M 指劳动人数;R 指伤亡几率;T 指平均预期寿命。

(3)防护费用法

防护费用法采取补偿的方法对环境进行估价,也即以个人在自愿基础上为消除或减少环境恶化的有害影响而承担的防护费用作为环境产品和服务的潜在价值。防护费用是指人们为了减少和消除环境污染或生态恶化的影响而支付的费用。比如为了防止噪音的污染而安装各种隔音设备;为了得到安全卫生的饮用水而购买安装净水设备等。防护费用法依据人们的行为而不是言语进行估价,相对于其他估价方法更为直接。但是此方法运用的前提是:可以获取足够的信息以便正确的估计环境变化的危害;采取的防护行为不受诸如贫穷或市场不完善等因素的制约。然而,实际使用时会因多种行为动机和环境目标等因素导致环境价值过高或过低的补偿,进而使估价结果产生偏差;另外,防护费用法考察的仅是环境资源的使用价值,对环境资源的非使用价值无法做出合理的评估。

例如,当某种活动有可能导致环境污染等社会损失时,人们可以采取相应的措施来预防或治理,用采取相应措施所需费用来评估社会损失的方法就是防护费用法。防护费用的负担可以有不同的方式,比如环境污染,它可以采取由污染者购买和安装环保设备自行消除污染的方式;可以采取建立专门的污染物处理企业来集中处理污染物,而由污染者支付处理费用的方式;也可以采取受害者自行购买相应设备,而由污染者给予相应补偿的方式。应注意的是,预防或治理环境污染等损失的效果时,在以都能达到环境质量标准的情况下,防护费用应该是费用最低的方式所需的费用。

(4)修复费用法

修复费用法又称重置成本法,是机械行业从价值补偿角度反映可修复有形损耗的一个重要指标。只要部件的修复在经济上是可行的,人们就不会考虑修复费用的多少而只关心修复的程度,故用修复费用反映可修复的有形损耗是比较合理的。借用到社会责任的计量上,比如在被评估环境质量低于环境标准要求时,假如无法治理环境污染,则只能用其他方式来恢复受到损害的环境,以便使环境质量达到环境标准的要求。将环境质量恢复到标准状况所需要的费用就是恢复费用即重置成本,以恢复或更新被破坏的资源所需的费用作为污染企业的社会成本。但修复费用和可修复的有形损耗并不完全相同,如果市场不完善,或者行业利润率不同,那么修复费用就不能准确地反映可修复的有形损耗。对应到社会责任成本的计量也存在这个问题,比如恢复环境的费用与环境的有形损坏不一定完全一致,环境损坏的无形损失更无法计量。

(5)机会成本法

对于社会责任会计而言,机会成本法是指一项资源投入某项社会责任的用途而放弃的投入其他用途的代价。此法适用于企业在不同的社会责任履行与投资行为的备选方案之间的选择。可以这样理解:社会责任履行对于投资来说具有机会成本,但投资对于社会责任履行来说就已经没有机会成本了,因为社会责任履行的收益比投资小。因此,所谓机会成本实际上只是"相对机会成本",而没有绝对机会成本。比如当一个人正在从事的工作收益比较低时,相对于所能从事的更高收益的工作来说,就产生了机会成本。比如一个人能够做经理和教师,而经理工作的收入显然要比教师的收入高,因此当他从事教师工作时,相对于经理工作来说他就存在着一个机会成本的问题,但是我们不能反过来说从事经理工作会使他失去教师工作的更低收入,从而产生一个机会成本。收入高的工作相对于收入低的工作来说,是没有机会成本的,因为他已经找到了一个更好的机会使他有更好的收入。在此所谓"机会"实际上就是寻求更大利益的机会,既然获得了更大利益,那么因失去机会所导致的利益丧失也就相对没有了。所以机会成本法计量的社会责任履行成本是失去的更高收益的投资结果。

(6)替代性评价法

替代性评价法是指当某项社会成本或社会效益无法直接决定时可以通过估计某些与所要估计的项目大致具有相同功能的价值来确定社会成本或社会效益的方法。例如有些商品和劳务的价格只是部分地、间接地反映了人们对环境质量脱离环境标准的评价,用这类商品与劳务的价格来衡量环境价值的方法,称为间接市场法,即替代性市场法。替代性市场法使用的信息往往反映了多种因素产生的综合性后果,而环境因素只是其中之一,因而排除其他方面的因素对数据的干扰,就成为采用替代性市场法时不得不面对的主要困难。所以,替代性市场法的可信度要低于直接市场法。还有,替代性市场法所反映的同样只是有关商品和劳务的市场价格,而非消费者相应的支付意愿或受偿意愿,因而同样不能充分衡量环境质量的价值。但是,替代性市场法能够利用直接市场法所无法利用的可靠的信息,衡量时所涉及的因果关系也是客观存在的,这是该方法的优点所在。

6

企业社会责任的会计核算

前面各章探讨了可持续发展的企业社会责任的内容以及企业社会责任会计的计量、核算前提及原则,本章主要是对企业社会责任相关经济活动的会计核算进行探讨。

6.1 会计核算内容

根据企业社会责任的内容,应该对企业社会责任的各个方面可以进行货币计量的经济活动进行分类核算,对于不能用货币计量的经济活动进行披露,以反映企业在社会责任各个方面的履行情况。

结合第二章企业社会责任范围的界定对社会责任会计核算的内容进行总结,主要有以下几个方面:

(1)企业经济责任的会计核算,主要是企业经济效益和利润分配情况,当前的财务报告主要反映的是企业的经济效益和分配情况。

(2)企业环境责任的会计核算,主要是环境资源、环境保护、能源保护和利用、节约资源、矿产开采与保护使用等方面,当前财务报告分散反映了部分内容。

(3)企业对员工责任的会计核算,主要是人力资源的开发利用与保护,当前财务报告分散反映了员工工资、福利、社保、培训等内容,主要反映在"应付职工薪酬"、"管理费用"、"销售费用"等方面。

(4)企业对社区责任的会计核算,主要是企业为维护自己所在社区的整体利益、积极参加社区建设、促进社区和谐发展等活动,当前财务报告中主要反映在"营业外支出"账户。

(5)企业对利益相关者责任的会计核算。企业的利益相关者包括企业的股东、债权人、雇员、消费者、供应商等交易伙伴,也包括政府部门、本地居民、本地社区、媒体、环保主义等的压力集团,甚至包括自然环境、人类后代等受到企业经营活动直接或间接影响的客体。股东、投资者、债权人的利益在现有的财务报告体系中已经进行了详细体现,本章主要针对企业对消费者、竞争者、政府、供应商的社会责任的会计核算进行分析。

(6)企业社会公益活动的会计核算。企业社会公益活动主要是指城市公共工程建设活动、公园建设与管理活动、防洪活动及防风灾活动、大江大湖治理活动、慈善捐款及残疾人利益保护活动。这些活动的支出可以用货币计量的收益来核算,在当前财务报告中主要体现于"营业外支出"账户。

6.2　科目及账户设置

6.2.1　科目及账户设置的具体内容

社会责任会计的部分内容已在传统会计中进行核算,在建立社会责任核算体系时,可以直接加以利用。这些与社会责任有关的经济活动通常是作为常规的财务会计问题处理的,没有设置独立的社会责任会计科目进行单独核算。在建立社会责任会计时,对已经纳入传统会计的核算内容只要结合社会责任会计对其进行单独核算即可。这些内容主要体现在:

(1)按照国家或地方政府环保机关的规定缴纳的排污费,列入管理费用中。

(2)企业因社会责任问题而缴纳的罚款、责令停业的损失、对他人造成损害的赔偿等意外损失,列入营业外支出。

(3)一些企业设置的环境机构和工作人员的经费支出,列入管理费用。

(4)利用"三废"生产的产品而得到的税收减免,体现在少缴的税款中。

(5)企业因较好地承担社会责任而得到的各种奖励、拨款,计入营业外收入,取得的低息贷款,少交的利息体现在利息费用中。

(6)企业为承担社会责任而进行新设备的投资、固定资产的购建或改良,都作为一般的固定资产支出处理。

（7）对于矿产资源产品生产企业所缴纳的矿产资源补偿费，以及为回填矿井、绿化矿山等而发生的支出，通过计提基金等方式计入各期费用。

（8）对社会公益和社会福利事业的赞助和捐赠，列入营业外支出。[①]

（9）环境污染的未决诉讼，产品质量保证支出等或有负债，计入预计负债。

结合传统会计中的会计科目，以及企业履行社会责任的内容，为企业社会责任会计核算设置以下会计科目和相应的账户：

（1）"库存现金"、"银行存款"、"管理费用"、"制造费用"、"财务费用"等科目，与传统会计相同。

（2）"社会责任固定资产"科目，是指企业为履行社会责任目的而购建的固定资产。按照社会责任的分类设置二级科目，下设二级科目有"环境固定资产"、"员工责任固定资产"、"消费者责任固定资产"、"其他社会责任固定资产"等。该账户借方登记社会责任固定资产的增加，贷方登记社会责任固定资产的减少。期末借方余额，反映企业期末社会责任固定资产的账面原值。在传统会计中以"固定资产"科目反映。

（3）"累计折耗"科目属于"社会责任固定资产"的调整科目，核算企业社会责任固定资产的累计折耗。该账户借方登记处置社会责任固定资产转出的累计折耗，贷方登记企业计提的社会责任固定资产折耗。期末贷方余额，反映企业社会责任固定资产的累计折旧额。在传统会计中以"累计折旧"科目反映。

（4）"社会责任物资"科目，是指企业为履行社会责任目的而采购的一系列原材料、生产性存货等资源。该账户借方登记社会责任物资的增加，贷方登记社会责任物资的减少。期末余额在借方，反映库存物资的账面价值。在传统会计中以"原材料"、"周转材料"和"库存商品"等科目反映。

（5）"社会责任负债"科目，是指企业为履行社会责任目的而承担的现时义务。为了把传统会计下的负债和履行社会责任的负债区分开来，所以一级科目设为"社会责任负债"，下设"应付账款"、"应付票据"、"借款"、"预收款"、"应交税费"、"应付股利"等二级科目。该账户贷方登记社会责任负债的增加，借方登记社会责任负债的减少。在传统会计中以"负债类"对应科目反映。

---

① 董淑兰.农业上市公司社会责任会计信息披露研究[D].沈阳农业大学,2011.

(6)"在建社会责任工程"科目,是指包括在建环境工程、在建职工责任工程、在建消费者责任工程等企业正在投资但尚未完成的社会责任固定资产类型。该账户借方登记在建社会责任工程的实际支出,贷方登记完工工程转出的成本。期末借方余额反映企业尚未达到预定可使用状态的在建工程的成本。在传统会计中以"在建工程"科目反映。

(7)"社会责任工程物资"科目,是指核算企业为建设社会责任工程而准备的各种物资的实际成本。该账户借方登记企业购入工程物资的成本,贷方登记领用工程物资的成本。期末借方余额,反映企业为在建社会责任工程准备的各种物资。在传统会计的"工程物资"科目反映。

(8)"社会责任固定资产清理"科目,是指核算企业因出售、报废、毁损等原因转出的社会责任固定资产的价值以及在清理过程中发生的费用等。借方登记转出的资产价值、清理过程中应该支付的相关税费及其他费用,贷方登记社会责任固定资产清理完成的处理。期末借方余额,反映企业尚未清理完毕的社会责任固定资产净损失。在传统会计的"固定资产清理"科目反映。

(9)"社会责任无形资产"科目,是指企业由于积极参与生态环境及资源保护利用,较好地履行了对公益和社会福利事业职工及消费者的社会责任而使企业品牌得以加强、社会知名度得以提高而蕴涵的一种经济资源。该账户借方登记社会责任无形资产的增加,贷方登记社会责任无形资产的减少。期末借方余额,反映企业社会责任无形资产的成本。与传统会计中的"无形资产"一致。

(10)"社会责任所有者权益"科目,是指企业所有者投入的社会责任资本以及社会责任利润年末结转的部分。由于社会责任资产与社会责任负债没有一一对应关系,所以社会责任所有者权益不一定等于社会责任资产减去社会责任负债。

(11)"社会责任收益"科目,是指企业承担社会责任直接或间接产生某种经济收益、社会收益,主要形式有社会奖励、社会让利、机会收益、补贴收入等。

(12)"社会责任支出"科目,主要核算与企业履行社会责任发生的各项费用支出。

(13)"社会责任利润"科目,与传统会计中的"本年利润"一致。期末"社会责任收益"和"社会责任支出"账户余额分别结转至该账户的借方和贷方,该账户余额结转至"社会责任所有者权益"账户。

　　企业社会责任会计科目表列出了企业社会责任活动常用的会计科目,见表 6-1。由于各行业企业社会责任的经济活动范围涉及很广,本书只对经常发生的经济业务进行探讨,实践中企业可以根据业务活动实际情况增加或减少会计科目。

表 6-1　　　　　　　　　　企业社会责任会计科目表

科目类别	一级科目	二级科目	三级科目
资产类	库存现金		
	银行存款		
	其他货币资金		
	应收账款		
	应收票据		
	其他应收款		
	预付账款		
	环境资源资产	按照环境资源资产的类别列明细	
	环境资源资产累计折耗		
	环境生物资产	按照环境生物资产的类别列明细	
	社会责任物资	按照社会责任的分类列:环境责任物资、员工责任物资、社区责任物资、社会公益活动物资等	按照物资的名称列三级明细
	社会责任工程物资	按照所要建造固定资产所属社会责任的分类列:环境责任工程物资、员工责任工程物资、社区责任工程物资、社会公益活动工程物资等	按照物资的名称列三级明细
	在建社会责任工程	按照所要建造固定资产所属社会责任的分类列:环境责任工程、员工责任工程、社区责任工程、社会公益活动工程等	按照所要建造的固定资产的名称列三级明细
	社会责任固定资产	按照固定资产所属社会责任的分类列:环境责任固定资产、员工责任固定资产、社区责任固定资产、社会公益活动固定资产等	按照固定资产的名称列三级明细
	累计折耗	按照固定资产所属社会责任的分类列:环境责任累计折耗、环境责任固定资产折耗、员工责任固定资产折耗、社区责任固定资产折耗、社会公益活动固定资产折耗等	按照固定资产的名称列三级明细
	社会责任固定资产清理	按照固定资产所属社会责任的分类列:环境责任固定资产、员工责任固定资产、社区责任固定资产、社会公益活动固定资产等	按照固定资产的名称列三级明细
	社会责任无形资产	按照无形资产所属社会责任的分类列:环境责任无形资产、员工责任无形资产、社区责任无形资产、社会公益活动无形资产等	按照无形资产的名称列三级明细

科目类别	一级科目	二级科目	三级科目
负债类	社会责任负债	应付账款	按照债务类型列明细
		应付票据	按照债务类型列明细
		其他应付款	按照债务类型列明细
		应付职工薪酬	按照薪酬项目列明细,如"工资"、"应付福利费"、"子女教育补贴"、"基本生活补助"、"人才引进附加支出"等明细
		应交税费	按照税费项目列明细
		环境负债	按照环境负债的具体项目列明细,如"应付环保费"、"应交矿产资源补偿费"和"应交环境资源税"等
		应付社区公益福利款	
		应付社区服务费	
		应付社区其他支出	
所有者权益类	社会责任所有者权	所有者投入资本	
		社会责任利润转入	
	社会责任利润		
收益类	社会责任收益	环境责任收益	环保收益
			直接环境收益
		员工责任收益	
		社区责任收益	
		政府责任收益	
支出类	社会责任支出	环境责任支出	自然资源耗减费用
			环境破坏损失费用
			环境保护支出费用
			排污费
			资源降级费用
			废弃物收费
			环境补偿费
			包装物污染费
		员工责任支出	员工培训支出
			员工奖励支出
			社会统筹保障支出
			员工薪酬支出
			人才引进支出
			劳动保护支出
			贫困补助

科目类别	一级科目	二级科目	三级科目
		社区责任支出	社区环保支出
			就业补偿
			罚款
			社区服务费
			公益福利捐赠支出
			其他社区支出
		消费者责任支出	产品返修支出
			顾客投诉处理支出
			合同纠纷处理
			售后服务支出
			产品安全支出
		供应商责任支出	供应商审核监督费用
			招标广告支出
			资源支持
		应交税费	增值税、消费税、营业税、城市维护建设税、土地增值税、所得税、房产税、土地使用税、个人所得税、教育费附加等
		其他税费	印花税、车船税、粮物调基金、防洪保安基金、文化建设基金等
		经常性公益捐赠	
		非经常性公益捐赠	
		精神文明建设支出	
		公益性经济活动支出	

6.2.2　会计处理

[**例 1**]　同辉化工有限公司是一家以生产农业肥料为主的化工企业,属于一般纳税人,20××年发生如下业务:

(1)3 月 5 日,企业购入用于履行社会责任项目的原材料共计 30 000 元,货款未付。

借:社会责任物资　　　　　　　　　　　　　　30 000

　　贷:社会责任负债——应付账款　　　　　　　　　30 000

实际支付款项:

借:社会责任负债——应付款　　　　　　　　　　30 000

　　贷:银行存款等　　　　　　　　　　　　　　　　30 000

(2)4月1日,开始构建社会责任工程并领用社会责任物资共计20 000元。

借:在建社会责任工程　　　　　　　　　　　　20 000

　　贷:社会责任物资　　　　　　　　　　　　　　　20 000

(3)4月5日购入一批专门用于社会责任工程建造的工程物资共计150 000元,增值税率为17%,货款以票据支付。

借:社会责任工程物资　　　　　　　　　　　　150 000

　　应交税费——应交增值税(进项税额)　　　　25 500

　　贷:社会责任负债——应付票据　　　　　　　　175 500

(4)5月10日,将购入的专门社会责任工程物资全部投入到社会责任工程建设。

借:在建社会责任工程　　　　　　　　　　　　150 000

　　贷:社会责任工程物资　　　　　　　　　　　　150 000

(5)8月30日,社会责任工程完工,至完工前共发生各类支出共计200 000元。

借:在建社会责任工程　　　　　　　　　　　　200 000

　　贷:银行存款　　　　　　　　　　　　　　　　200 000

结转"在建社会责任工程"至"社会责任固定资产"。

借:社会责任固定资产　　　　　　　　　　　　370 000

　　贷:在建社会责任工程　　　　　　　　　　　　370 000

(6)9月1日,将原有的一项用于社会责任项目的固定资产处置,账面价值180 000元,已计提折耗120 000元,处置收回金额为50 000元,发生清理费用2 000元。

借:社会责任固定资产清理　　　　　　　　　　60 000

　　累计折耗　　　　　　　　　　　　　　　　120 000

　　贷:社会责任固定资产　　　　　　　　　　　　180 000

借:社会责任固定资产清理　　　　　　　　　　2 000

　　贷:银行存款　　　　　　　　　　　　　　　　2 000

借:银行存款　　　　　　　　　　　　　　　　50 000

    贷:社会责任固定资产清理   50 000

借:社会责任支出   12 000

    贷:社会责任固定资产清理   12 000

(7)9 月 30 日,收到政府履行社会责任奖励 30 000 元。

借:银行存款   30 000

    贷:社会责任收益   30 000

(8)9 月 30 日,因履行社会责任效果突出,为当地环境保护做出了突出贡献,政府以一项农用肥销售专营权作为奖励授予该企业,价值50 000元。[1]

借:社会责任无形资产——专营权   50 000

    贷:社会责任收益   50 000

6.3　企业经济责任的核算

　　任何一个企业组织首先要获得财务上的盈余,可持续地生存下去,才有可能进一步履行社会责任。经济责任既是传统财务报告披露的基本内容,也是社会责任报告披露的基本内容。经济责任是一种基础责任,创造更多的经济效益既是企业追求的首要经济目标,同时也是一种社会目标。该责任主要是企业的经营理念、经营目标、产业结构优化升级的情况、企业的经营管理以及经营绩效等。

　　经济责任体现在财务上主要包括:①获利能力,短期利润和长期利润;②生产效率的提高,生产要素的质量、生产过程的质量、产品和服务质量;③投资者财富的保值和增值。

　　传统财务报告中已经反映了企业经济责任核算的内容,包括:①营业收入;②成本和费用;③利润和利润分配;④上缴利税;⑤所有者权益的变化。因此,本章对经济责任的核算不再详细介绍[2]。

---

① 乔治·恩德勒.面向行动的经济伦理学[M].上海:上海社会科学院出版社,2002:276.
② 刘仲文,任义,郭惟佳等.北京市企业社会责任会计报告制度设计[J].会计之友,2011(1 上):23—30.

6.4 企业对环境责任的核算

6.4.1 核算内容

由环境问题引发,但能够以货币表现或者形成财务问题,也是直接涉及财务状况和经营成果的环境活动,这类经济业务表现为环境资产、环境负债、环境收益、环境支出、环境资本等环境会计要素。环境责任的主要项目有能源消耗减少量、环保能源与新能源利用率、改进生产设备与生产工艺投入、提高生产效率从而降低成本、生产排放污染物的处理措施、对生产所造成的环境污染的治理措施;产品环保认证;环保节能的企业理念与长期目标;环境保护的管理与监督体系;节能环保的新工艺、新技术;节能环保的宣传投入;能源、资源的循环利用情况;企业环保部门的职工人数;企业环保设备的情况及占用的资金;环保机关的资金;企业对社会性环境治理方面提供的产品和服务;环境资源的开发与利用等。

6.4.2 科目和账户设置

在本章会计科目和账户的基础上,为企业履行环境责任特有的内容设置了一级科目,共性的社会责任内容是在相关总账科目的基础上设置二级明细科目或三级明细科目。

(1)"环境资源资产"账户,用于核算环境资源资产增减变化的账户,其借方反映环境资源资产的增加,包括现有环境资源资产存量的增加,新探明环境资源资产储量的增加,以及人工培育的环境资源资产转入;贷方反映环境资源资产的非耗用性减少(如报废、毁损或转让等),企业可以按照环境资源资产类别进行明细核算。

(2)"环境资源资产累计折耗"账户,是"环境资源资产"的备抵科目,该账户用于核算环境资产的耗用性减少,其贷方反映按一定的方法计算的环境资源资产折耗额;借方反映由于各种原因(如环境资产的出售、报废清理)减少环境资源资产而相应转销的折损额;该账户的余额在贷方,反映企业环境资源资产的累计折损额。

(3)"环境固定资产"账户,是"社会责任固定资产"的二级明细科目,该账户用于核算企业拥有环境保护、"三废"治理等环境责任的固定资产,借方反映环境固定资产的增加,贷方反映环境固定资产的减少,该账户余额在借方。期末借方余额,反映企业期末环境固定资产的账面原值。

(4)"环境固定资产累计折耗"账户,是"环境固定资产"的备抵账户,也是"累计折耗"的二级明细科目。该账户用于反映环境固定资产因使用等按期计提的折旧额。该账户借方登记处置环境固定资产转出的累计折耗,贷方登记企业计提的环境固定资产折耗。余额在贷方,反映企业环境固定资产的累计折旧额。

(5)"环境生物资产"账户,用于归集人工培育的有生命的环境生物类资产的实际成本。培育环境生物资产主要指企业绿化发生的树木、花草等环境资产,传统会计直接将绿化发生的支出费用化,计入"管理费用"科目,在财务报表中没有该项资产。按照该项环境资产的特征应将其作为一项环境资产进行核算。

(6)"环境负债"账户,"社会责任负债"的二级明细科目,用于核算企业应支付的承担生态环境破坏发生的费用或应支付的生态环境补偿发生的费用。企业的环境负债主要包括:"应付环保费"、"应交矿产资源补偿费"和"应交环境资源税"等。

(7)"社会责任所有者权益——环境资本"科目,用于核算所有者投入环境责任的资本。

(8)"环境责任支出"账户,"社会责任支出"的二级明细科目,下设"自然资源耗减费"、"环境破坏损失费用"、"环境保护支出费用"、"排污费"、"资源降级费"、"废弃物收费"、"环境补偿费"、"包装物污染费"等三级科目。

(9)"环境责任收益"账户,属于"社会责任收益"的二级明细科目,"环境收益——环保收益"科目用来反映企业因治理环境污染而取得的环境收益。该账户贷方登记平时发生的环保收益,借方登记期末转入"社会责任利润"的当期环保收益。资源产品生产企业可设置"环境收益——直接环境效益"科目核算实现的直接环境效益。

6.4.3 会计处理

6.4.3.1 环境资源资产的处理

[例2] 国家依法拥有同辉化工有限公司的磷矿资源,并作为国家股投入企业。该企业将其作为环境资源资产进行核算,该磷矿石经评估每吨价值110

元,已探明磷矿储量7 000万吨,本期开采300万吨,则磷矿环境资源资产价值
=7 000×110=770 000(万元),磷矿折耗=110×300=33 000(万元)。编制会
计分录为(金额用万元表示):

借:环境资源资产——磷矿   770 000

  贷:社会责任所有者权益——环境资本   770 000

借:环境责任支出——磷矿资源耗减费用   33 000

  贷:环境资源资产累计折耗   33 000

6.4.3.2 环境负债的处理

企业在核算应由其承担的环境负债时,借记"环境费用——明细费用";代
收代缴的环境负债,借记"银行存款"等,贷记"环境负债——应交(付)××费
(税)"。

[**例3**] 20××年5月,同辉化工有限公司发生水资源污染,经测算造成水
资源质量下降损失为30万元,以此为标准,国家环保部门要求该企业支付生态
环境补偿费。该项损失作为资源降级费用应计入环境费用,未交的补偿费作为
企业的环境负债。编制的会计分录为:

借:环境责任支出——水资源降级费用   300 000

  贷:环境负债——应付环境补偿费   300 000

若企业支付了15万元的补偿费,编制的会计分录为:

借:环境负债——应付环境补偿费   150 000

  贷:银行存款   150 000

[**例4**] 20××年5月,同辉化工有限公司将自产的磷矿石2 000吨用于环
保项目产品生产,每吨应交资源税3元。编制的会计分录为:

借:环境责任支出——环保项目   6 000

  贷:环境负债——应交资源税   6 000

6.4.3.3 环境资本的处理

"环境资本"是投资者向企业投入的资本,在传统会计中属于"实收资本"
的范畴,在核算时作为"社会责任所有者权益"的二级明细科目予以反映。企业
收到投资人以环境资产进行投资时,应在办理资产转移手续后,借记"环境资源
资产"科目,贷记"社会责任所有者权益——环境资本"科目。

[**例5**] 20××年6月,国家以磷矿资源向同辉化工有限公司投资,该磷矿

已探明储量8 000万吨,经评估测算磷矿石每吨价值为125元,则该磷矿资产总价值为8 000×125＝1 000 000(万元)。国家将该资源投入企业时,企业编制的会计分录为:

借:环境资源资产——磷矿　　　　　　　　　　1 000 000

　　贷:社会责任所有者权益——环境资本　　　　　　　1 000 000

6.4.3.4　环境责任支出的处理

这里的环境责任支出为广义的环境费用,它既包括对象化的环境费用,又包括计入当期损益的环境费用,还包括资本化的环境费用,如环保固定资产投资。具体又可分为自然资源耗减费用、环境破坏损失费用和环境保护支出费用。

(1)自然资源耗减费用的处理

自然资源耗减费用是对自然资源开采减少的核算,在"环境责任支出"中以二级科目列支,同时对自然资源的减少数计"累计折耗"。

[例6]　同辉化工有限公司拥有一磷矿,经测算每吨磷矿石资源价值为125元,开采费用为27.21元,20××年6月开采了100万吨,据此编制的会计分录为:

借:环境责任支出——自然资源耗减费用　　　　125 000 000

　　贷:累计折耗——环境资产累计折耗　　　　　　　125 000 000

发生的开采费:

借:环境责任支出——××产品　　　　　　　　27 210 000

　　贷:资产类或负债类账户　　　　　　　　　　　27 210 000

(2)环境保护支出费用的处理

企业对环境保护支出费用进行账务处理时,如果发生的支出形成固定资产,则在"社会责任固定资产——环境保护支出费用固定资产"账户核算,计提的折旧费用在"环境费用——环境保护支出费用"账户核算。对于本期发生的收益性支出,在"环境费用——环境保护支出费用"账户核算。

[例7]　20××年7月,同辉化工有限公司购入环保设备一台,用银行存款支付其价款300万元,缴纳排污费20万元,支付罚款50万元,计提环保设备折旧120万元,企业编制会计分录如下:

购置环保设备:

借:社会责任固定资产——环境固定资产 3 000 000

　　贷:银行存款 3 000 000

缴纳排污费:

　借:环境责任支出——环境保护支出费用(排污费) 200 000

　　贷:银行存款 200 000

支付罚款:

　借:环境责任支出——环境保护支出费用(罚款) 500 000

　　贷:银行存款 500 000

计提折旧:

　借:环境责任支出——环境保护支出费用 1 200 000

　　贷:环境固定资产累计折耗 1 200 000

(3)环境破坏损失费用的处理

企业在核算环境破坏损失费用时,在"环境责任支出"账户下设置"环境破坏损失费用"明细科目核算产品的生产使生态环境价值的减少。如果生态环境破坏费用的发生与负债相联系,将企业应承担的义务计入"环境负债——应付环境补偿费"账户。

[例8] 20××年7月,同辉化工有限公司发生水资源污染,造成水资源质量下降的损失为150万元。以此为标准,要求该企业支付生态环境补偿费。该项损失作为降级费用应计入环境费用,未缴纳的补偿费作为企业的环境负债。编制的会计分录为:

　借:环境责任支出——环境破坏损失费用 1 500 000

　　贷:环境负债——应付环境补偿费 1 500 000

[例9] 20××年7月,同辉化工有限公司环保部门发生办公费用5 000元,人员工资2 500元。

　借:环境责任支出——环境保护支出 7 500

　　贷:社会责任物资 5 000

　　　应付职工薪酬——环保部门 2 500

6.4.3.5 环境责任收益的处理

环境责任收益可分为治理环境污染产生的环境收益和环境资产产生的环境收益,下面就两种类型收益分别进行核算。

（1）治理环境污染产生的环境收益的核算

企业可设置"环境责任收益——环保收益"科目来反映企业因治理环境污染而取得的环境收益。该账户贷方登记平时发生的环保收益，借方登记期末转入"社会责任利润"的当期环保收益。同辉化工有限公司本期发生涉及环保收益的事项如下：

[例 10] 20××年8月，由于采取某项环保措施，并进行有助于环保的技术开发，收到政府环保机关拨入奖金、补助金等20万元。传统会计核算是将其列入营业外收入或补贴收入等，但在环境会计中应作如下会计分录：

$$借：银行存款\qquad\qquad\qquad\qquad\qquad 200\ 000$$
$$贷：环境责任收益——环保收益\qquad\qquad\qquad 200\ 000$$

[例 11] 由于采取某种环保措施，从银行取得环保局的低息贷款600万元，期限3年，利率为2.5%，同期一般商业银行贷款利率为10%。在该业务中，实际利息费用为15万元，而按同期一般贷款计算的利息应为60万元，节约利息50万元。假定该利息费用计入财务费用，则计算的当年利息可作如下会计分录：

$$借：财务费用\qquad\qquad\qquad\qquad\qquad 600\ 000$$
$$贷：长期借款——应计利息\qquad\qquad\qquad 150\ 000$$
$$环境责任收益——环保收益\qquad\qquad\qquad 500\ 000$$

[例 12] 由于一系列的改进措施减少污染，企业将原从政府取得的排污权对外出售，取得款项15万元。作如下会计分录：

$$借：银行存款\qquad\qquad\qquad\qquad\qquad 150\ 000$$
$$贷：环境责任收益——环保收益\qquad\qquad\qquad 150\ 000$$

[例 13] 由于企业利用"三废"生产产品，当期获得减免流转税15万元。作如下会计分录：

$$借：应交税费\qquad\qquad\qquad\qquad\qquad 150\ 000$$
$$贷：环境责任收益——环保收益\qquad\qquad\qquad 150\ 000$$

[例 14] 由于企业利用"三废"生产产品，所得税减半征收，获得减免所得税收益5万元。作如下会计分录：

$$借：所得税费用\qquad\qquad\qquad\qquad\qquad 100\ 000$$
$$贷：应交税费——应交所得税\qquad\qquad\qquad 50\ 000$$

    环境责任收益——环保收益   50 000

期末结转环境收益：

  借：环境责任收益——环保收益   1 050 000

   贷：社会责任利润   1 050 000

  此外，由于改进环保措施和减少污染而少缴排污费、减少罚款及赔付可以带来机会收益，但是该类收益在计量上相当困难，按照会计核算的谨慎原则，暂不入账。

  (2)环境资产产生的环境责任收益的核算

  资源产品生产企业可设置"环境责任收益——直接环境效益"科目核算实现的直接环境效益。直接环境效益体现在销售收入中，其核算实际上是将直接环境效益从收入中分离出来，因此直接环境效益的记账时间、记账方法与销售收入基本相同，期末的结转与收入也基本相同。如此核算可能会增加一些工作量，但这样核算可以明确资源产品中得益于自然资源的效益。当实现了销售收入，并将直接环境效益分离后，可根据计算结果，编制会计分录进行账务处理。

  [例15] 20××年8月，同辉化工有限公司共销售化工产品100万元，经测算收入中包含直接环境效益40万元，包含销售收入60万元，编制会计分录为：

  借：银行存款   1 000 000

   贷：产品销售收入   400 000

    环境责任收益——直接环境效益   600 000

6.5 企业对员工责任的核算

6.5.1 核算内容

  企业为其员工的各项事业所发生的耗费与支出，主要项目有支付职工劳动报酬，发放的集体福利，为员工提高职业技能和素质而发生的教育培训支出，为职工支付的社会统筹保障金、子女教育补贴、基本生活补助，劳动条件的改善及提高劳动保护水平的情况，企业在充分调动职工积极性方面所做的工作等，如激励机制、奖励等，为提高管理科研水平引进人才而发生的人才引进附加支出等一系列人力资源成本,贫困救助等。

6.5.2　科目和账户设置

在传统会计中,员工责任主要在"应付职工薪酬"和"生产成本"、"管理费用"、"销售费用"等账户进行核算。本节单独分类设置科目与账户核算企业履行员工责任的相关业务。

(1)"员工责任固定资产"账户,是"社会责任固定资产"的二级明细科目,用于核算企业为履行员工责任构建的固定资产增减变化的账户,其借方反映该项资产的增加,贷方反映该项资产的减少。账户余额在贷方,反映员工责任固定资产的余额。

(2)"员工责任资产累计折耗"账户,是"累计折耗"的二级明细科目,该账户是用于核算员工责任固定资产的耗减,其贷方反映按一定折旧方法计算的固定资产折旧额;借方反映由于各种原因减少的固定资产转销的折旧额。账户余额在贷方,反映企业员工责任固定资产的累计折耗。

(3)"应付职工薪酬"账户,是"社会责任负债"的二级明细科目,主要核算应付企业各种职工工资及福利等。下设"工资"、"应付福利费"、"子女教育补贴"、"基本生活补助"、"人才引进附加支出"等负债类明细科目。与传统会计"应付职工薪酬"核算一致。

(4)"员工责任支出"账户,是"社会责任支出"的二级明细科目,下设"员工培训支出"、"员工奖励支出"、"社会统筹保障支出"、"员工薪酬支出"、"人才引进支出"、"劳动保护支出"、"贫困补助"等明细科目。该账户借方登记企业的各项员工责任发生的支出,贷方登记期末转入"社会责任利润"账户的金额。

(5)"员工责任收益"账户,是"社会责任收益"的二级明细科目,主要核算企业由于履行员工责任所获得的奖励等收益。由于企业履行员工责任带来的人力资本难以用货币计量,因此这里仅核算能用货币计量的员工责任收益。该账户贷方登记企业取得的各项员工责任带来的收益,借方登记期末转入"社会责任利润"账户的金额。

6.5.3　会计处理

[**例 16**]　(1)20××年 6 月,同辉化工有限公司为使员工取得所需的技能

或知识,提高企业人力资源素质,对本单位员工进行业务培训,支出共计35 000元。编制如下会计分录:

借:员工责任支出——员工培训支出　　　　　　　35 000

　　贷:银行存款　　　　　　　　　　　　　　　　　　35 000

(2)20××年6月,同辉化工有限公司共支出员工工资120 000元,福利费10 000元,子女教育补贴20 000元,人才引进附加支出50 000元。编制如下会计分录:

借:员工责任支出——员工薪酬支出　　　　　　　150 000

　　　　　　　　——人才引进支出　　　　　　　50 000

　　贷:应付职工薪酬　　　　　　　　　　　　　　　200 000

实际支付款项:

借:应付职工薪酬　　　　　　　　　　　　　　　　200 000

　　贷:银行存款等　　　　　　　　　　　　　　　　200 000

(3)20××年7月,收到职工违约而支付的人力资源赔偿金30 000元。编制如下会计分录:

借:银行存款　　　　　　　　　　　　　　　　　　30 000

　　贷:员工责任收益　　　　　　　　　　　　　　　30 000

(4)20××年6月,按国家有关规定,同辉化工有限公司计提企业应向有关社会保障部门支付的社会统筹保障金共计100 000元。会计处理如下:

借:社会责任支出——社会统筹保障支出　　　　　100 000

　　贷:社会责任负债——应付社保局　　　　　　　100 000

企业向社保部门实际缴纳社会统筹保障金时:

借:社会责任负债——应付社保局　　　　　　　　100 000

　　贷:银行存款　　　　　　　　　　　　　　　　　100 000

(5)20××年6月,同辉化工有限公司收到社保部门按国家有关规定应拨给本企业社会统筹保障金共计150 000元。会计处理如下:

借:银行存款　　　　　　　　　　　　　　　　　　150 000

　　贷:社会责任负债——其他应付款(统筹保障金)　150 000

企业代社保部门发放本企业职工或退休人员的社会统筹保障金:

借:社会责任负债——其他应付款(统筹保障金)　　150 000

        贷：银行存款   150 000

    (6)20××年6月，由于同辉化工有限公司员工在行业技能大赛中的突出
表现，奖励给企业20 000元。会计处理如下：

        借：银行存款   20 000

        贷：员工责任收益   20 000

    (7)20××年6月30日，期末把本月"员工责任收益"和"员工责任支出"账
户余额分别结转至"社会责任利润"账户。会计处理如下：

        借：员工责任收益   50 000

        贷：社会责任利润   50 000

        借：社会责任利润   155 000

        贷：员工责任支出   155 000

6.6   企业对社区责任的核算

6.6.1   核算内容

    由于企业享受着所在地区的基础设施，如交通、通信、电力等，应该对本地
区做出应有的贡献，包括依法纳税，提供就业机会，对本地区公益事业提供财
力、人力支持等。因此，企业对社区的社会责任核算的内容为：为维护自己所在
社区的整体利益、积极参加社区建设、促进社区和谐发展而发生的各项支出，如
为提升社区绿化环保而发生的支出，吸收社区闲散劳动力就业发生的支出，因
违反社区规定而支付的罚金，在社区做公益慈善活动产生的费用，关爱社区老
人和儿童而产生的费用。

6.6.2   科目和账户设置

    在传统会计中企业履行社区责任所发生的支出主要在"营业外支出"账户
核算，企业社区责任所产生的收益主要在"营业外收入"账户核算。本节设置以
下会计科目与对应的账户单独分类核算企业履行社区责任相关的经济活动。

    (1)"社区责任支出——社区环保支出"，是"社会责任支出"的二级明细科
目，主要核算用于维护社区公共环境的费用支出。在传统会计的"营业外支出"

科目反映。

(2)"社区责任支出——就业补偿",是"社会责任支出"的二级明细科目,核算为增加社区闲散人员就业而额外支出的费用。在传统会计的"营业外支出"科目反映。

(3)"社会责任支出——罚款",是"社会责任支出"的二级明细科目,核算企业违反社区相关规定而需要支付的罚款支出。在传统会计的"营业外支出"科目反映。

(4)"社区责任支出——社区服务费",是"社会责任支出"的二级明细科目,核算为获取社区服务而发生的费用支出。在传统会计的"营业外支出"科目反映。

(5)"社区责任支出——公益福利捐赠支出",是"社会责任支出"的二级明细科目,借方核算因定期支持社区公益福利活动而发生的支出,贷方反映各项支出的转出。在传统会计的"营业外支出"科目反映。

(6)"社区责任收益"科目,是"社会责任收益"的二级明细科目,在传统会计的"营业外收入"科目反映。

(7)"社区责任支出——应付社区其他支出"核算其他参与社区活动发生的费用。

(8)"社会责任负债——应付社区公益福利款",负债类科目,核算应支付的为社区内公益活动或者居民福利发生的支出。该科目期末贷方余额,反映企业应付未付的公益福利款。

(9)"社会责任负债——应付社区服务费",负债类科目,核算应支付的社区服务费用。

6.6.3　会计处理

[例17]20××年6月,同辉化工有限公司发生社区公共卫生费3 000元,社区服务费5 000元,为促进就业发生支出200 000元,为改善社区娱乐健身环境向社区捐赠健身器材共计300 000元。会计处理如下:

(1)发生社区公共卫生费3 000元。

借:社区责任支出——社区环保支出　　　　　　　3 000
　　贷:银行存款等　　　　　　　　　　　　　　　　　3 000

(2)企业为增强社区绿化,买进一批花草树苗共计150 000元。

借:社区责任支出——社区环保支出　　　　　　 150 000
　　贷:银行存款等　　　　　　　　　　　　　　　　 150 000

(3)企业计提社区服务费 5 000 元。

借:社区责任支出——社区服务费　　　　　　　　 5 000
　　贷:社会责任负债——应付社区服务费　　　　　　 5 000

实际支付社区服务费:

借:社会责任负债——应付社区服务费　　　　　　 5 000
　　贷:银行存款等　　　　　　　　　　　　　　　　　 5 000

(4)为提高社区闲散劳动力就业能力,对其进行业务培训,发生培训支出 20 000 元。

借:社区责任支出——就业补偿　　　　　　　　 200 000
　　贷:银行存款等　　　　　　　　　　　　　　　　 200 000

(5)为吸收社区剩余劳动力就业,提供附加职位,共发生附加支出 150 000 元。

借:社区责任支出——就业补偿　　　　　　　　 150 000
　　贷:银行存款等　　　　　　　　　　　　　　　　 150 000

(6)企业向社区捐赠健身器材,共计 300 000 元。

借:社区责任支出——公益福利捐赠支出　　　　 300 000
　　贷:社会责任负债——应付公益福利捐赠款　　　 300 000

借:社会责任负债——应付公益福利捐赠款　　　 300 000
　　贷:银行存款　　　　　　　　　　　　　　　　　 300 000

(7)企业发起慰问社区老人和儿童活动,购买礼品支出共计 20 000 元。

借:社区责任支出——应付社区其他支出　　　　　 20 000
　　贷:银行存款　　　　　　　　　　　　　　　　　　 20 000

6.7　企业对利益相关者责任的核算

　　企业的利益相关者主要包括投资者、债权人、消费者、供应商、员工、政府以及竞争者,前文中已经对投资者、债权人以及员工做了详细的论述,下文将对前文没有涉及的利益相关者的会计核算进行讨论。

6.7.1　企业对消费者的社会责任

6.7.1.1　核算内容

企业与消费者的关系是一种平等交易的契约关系：企业提供质量合格、价格公道的产品，消费者为此支付货款。这种契约要符合经济公平的原则，同样需遵循不损害对方的权益和平等交换的原则。商品的核心是质量与安全，这是最基本的责任，要对消费者的健康负责。商品是需要维护和维修的，这就要求企业要以消费者为中心，为商品提供售后服务。企业对消费者履行责任主要的核算内容就是在产品质量或者服务质量方面的承诺发生的成本费用，以及企业对消费者产品的售后服务所花费的成本费用。

6.7.1.2　科目和账户的设置

企业履行消费者责任的支出在传统会计中主要体现在"销售费用"账户和"营业外支出"账户。这里单设"消费者责任支出"账户，该账户是"社会责任支出"的二级明细科目，用于核算企业对消费者的社会责任，借方反映企业为履行对消费者的责任而发生的成本费用，贷方登记期末转入社会责任利润的金额，期末结转后无余额。

企业对消费者履行社会责任必然会增加消费者的忠诚度、美誉度、品牌声誉等，增加了企业的竞争优势，同时也提升了企业的市场形象，增加了企业的品牌资产，保障了企业的长远利益和长期发展。但是由于企业的品牌资产以及市场形象的提升难以直接用货币计量，最终会体现为消费者的数量增加，产品销售收入增加，企业的经济利润增加，难以从经济利润中分离出来，因此不设置"消费者责任收益"科目。

根据企业对消费者的责任内容，设置五个明细科目："消费者责任支出——产品返修支出"、"消费者责任支出——顾客投诉处理支出"、"消费者责任支出——合同纠纷处理"、"消费者责任支出——售后服务支出"、"消费者责任支出——产品安全支出"。

"产品返修支出"账户，主要核算企业因产品质量发生问题，统一进行返厂修理等发生的支出费用。借方登记企业产品返厂修理发生的支出金额，贷方登记期末转入"社会责任利润"账户的金额，该账户期末结转后无余额。传统会计中在"销售费用"账户核算。

"顾客投诉处理支出"账户,主要核算企业因商品质量或其他问题遭到消费者投诉,采取一定措施处理顾客投诉的支出等。借方登记企业因顾客投诉而发生的支出金额,贷方登记期末转入"社会责任利润"账户的金额,该账户期末结转后无余额。传统会计中在"销售费用"账户核算。

"合同纠纷处理"账户,主要核算企业因为产品或其他因素对消费者造成重大损失并卷入法律事件中发生的支出费用。借方登记企业因给消费者造成的损失发生的赔偿金额,贷方登记期末转入"社会责任利润"账户的金额,该账户期末结转后无余额。传统会计中在"营业外支出"账户核算。

"售后服务支出"账户,主要核算的是企业售出的产品中有很多需要后续的保养以及维护,企业设立专门的机构对产品提供售后服务发生的费用支出。借方登记企业售后服务部门及提供售后服务发生的支出金额,贷方登记期末转入"社会责任利润"账户的金额,该账户期末结转后无余额。传统会计中在"销售费用"账户核算。

"产品安全支出"账户,主要核算企业在生产过程中为了保护消费者安全而在产品安全方面的投入。借方登记企业在产品安全方面投入的金额,贷方登记期末转入"社会责任利润"账户的金额,该账户期末结转后无余额。传统会计中产品安全设计和生产方面的成本在"生产成本"账户核算。

6.7.1.3 会计处理

[例18] (1)同辉化工有限公司20××年3月20日,由于某批次产品存在问题,经消费者反映后,对该批次产品采取召回措施,对产品进行返厂修理,花费30 000元,用银行存款支付。

借:消费者责任支出——产品返修支出   30 000
    贷:银行存款   30 000

(2)同辉化工有限公司20××年3月21日,因1月份售出产品有质量问题,遭到消费者投诉,企业为处理此事件执行了商品售价全额退款的决定,用现金支付10万元。

借:消费者责任支出——顾客投诉处理支出   100 000
    贷:库存现金   100 000

(3)同辉化工有限公司20××年3月21日,因1月份售出产品有质量问题,遭到消费者起诉,最后败诉,法庭要求企业对消费者予以20 000元的损失赔偿,款项用银行存款支付。

借:消费者责任支出——合同纠纷处理　　　　20 000

　　贷:银行存款　　　　20 000

(4)同辉化工有限公司截止到 3 月份,对在本市设立的维修机构总共支出 10 000元,用现金支付。

借:消费者责任支出——售后服务支出　　　　10 000

　　贷:库存现金　　　　10 000

(5)同辉化工有限公司为了防护其产品可能对儿童带来的伤害,特意为产品设计了安全保护措施,本月共支出8 000元。

借:消费者责任支出——产品安全支出　　　　8 000

　　贷:银行存款　　　　8 000

期末将"消费者责任支出"账户余额结转至"社会责任利润"账户[①]。

借:社会责任利润——消费者责任　　　　32 100

　　贷:消费者责任支出　　　　32 100

6.7.2　企业对供应商的社会责任

6.7.2.1　核算内容

产品质量是企业社会责任建设之本,企业想要获得长足发展,必须建立严格的产品与服务质量控制体系。产品质量的保证与提高都与供应商有着紧密的关系,企业不仅要为自己制定社会责任守则,同时也应为供应商提供清晰的行为准则。强化企业供应商的社会责任意识,建立专门的社会责任审核监督部门,制定统一的社会责任标准,强化对供应商社会责任评审机制,并分担供应商履行社会责任的成本。因此,企业对供应商责任的核算内容主要是指企业为了确保最佳供应商,促进供应商履行社会责任,以及为了选择高标准的供应商而发生的审计、监督等费用。

6.7.2.2　科目和账户的设置

企业履行供应商责任所花费的支出在传统会计中体现在"管理费用"账户,使用者很难直接从报表获取相关信息,这里单独设计"供应商责任支出"科目,

---

① 李海舰,徐向艺,孟繁富.消费者视角下的企业社会责任研究[D].山东大学,2012.

该科目是"社会责任支出"的二级明细科目,用于核算企业履行对供应商的社会责任的支出,该账户借方登记企业为选择最佳供应商而发生的成本费用,贷方登记转入社会责任利润的金额。

根据供应商责任的分类在该账户下设三个明细账户:"供应商责任支出——供应商审核监督费用"、"供应商责任支出——招标广告支出"、"供应商责任支出——资源支持"。

"供应商审核监督费用"账户,主要核算企业为确保最佳供应商,定期对供应商进行审核和监督发生的费用支出。该账户借方登记审核和监督供应商发生的支出金额,贷方登记期末转入"社会责任利润"账户的金额,期末结转后无余额。

"招标广告支出"账户,主要核算企业有新的业务或者新的原材料需要,为了选择最佳供应商而进行广告招标发生的费用支出。该账户借方登记选择供应商而发生的招标和广告支出金额,贷方登记期末转入"社会责任利润"账户的金额,期末结转后无余额。

"资源支持"账户,主要指企业为促进供应商履行责任而给予的资源支持。该账户借方登记给予供应商的资源支出费用金额,贷方登记期末转入"社会责任利润"账户的金额,期末结转后无余额。

由于企业对供应商履行社会责任产生的收益会体现到供应商按时、按质、按量提供原材料,以及原材料价格的优惠和信用付款,这些最终体现在企业生产成本的降低、产品质量的稳定和提高等,增加企业的经济利润,但是,很难直接从企业的经济效益中区分供应商责任带来的收益,所以不设置账户对供应商社会责任带来的收益单独计量。

6.7.2.3　会计核算

[**例 19**]　(1)同辉化工有限公司20××年因开展新的业务需要选择新供应商,虽然还有厂家前来咨询合作,但公司为保证供应商的可靠安全,进行招标活动,花费2 000元,对中标企业聘请审计事务所进行审计,以确保最佳供应商,花费5 000元,用银行存款支付。

借:供应商责任支出——供应商审核监督费用　　　　　5 000

　　　　　　——招标广告支出　　　　　　　　　2 000

　　贷:银行存款　　　　　　　　　　　　　　　　　7 000

(2)同辉化工有限公司20××年对企业的供应商 A 企业派驻了一名人员，负责监督 A 企业所提供的原材料的生产，以保证原材料的质量。该人员每月工资等费用为3 000元。该经济活动每月的会计处理为：

借:供应商责任支出——供应商审核监督费用　　　3 000
　　贷:应付职工薪酬　　　3 000

实际发放工资等费用时:

借:应付职工薪酬　　　3 000
　　贷:银行存款　　　3 000

(3)同辉化工有限公司20××年年初承诺如果供应商全年提供的原料等没有发生任何质量或者安全问题将给予一定的资源支持，年底 C 公司获得20 000元的资源支持，用银行存款支付。

借:供应商责任支出——资源支持　　　20 000
　　贷:银行存款　　　20 000

(4)20××年期末把"供应商责任支出"账户余额结转入"社会责任利润"账户[①]。

借:社会责任利润——供应商责任　　　27 000
　　贷:供应商责任支出　　　27 000

6.7.3　企业对政府的社会责任

6.7.3.1　核算内容

企业按照政府有关法律、法规的规定，照章纳税和承担政府规定的其他责任与义务，并接受政府的依法干预和监督，不得逃税、偷税、漏税和非法避税。与此同时，企业应积极支持政府政策号召的各项活动。政府对履行社会责任突出的企业会有一定的奖励政策，如免税等措施。因此，企业对政府社会责任核算的主要内容是依法纳税和其他响应政府号召的支出及各项政府奖励带来的收益。

6.7.3.2　科目和账户的设置

(1)"政府责任支出"科目，是"社会责任支出"的二级明细科目，用于核算企

①　任向竞，赵公民.企业对供应商的社会责任管理[J].机械管理开发，2010(4):146－147.

业履行对政府依法纳税等责任的费用,该账户借方登记企业履行政府责任而发生的成本费用,贷方登记转入社会责任利润的金额。按照各项税费列明细账户。

政府责任支出——应交税费——增值税

——消费税

——营业税

——城市维护建设税

——土地增值税

——所得税

——房产税

——土地使用税

——个人所得税

——教育费附加

政府责任支出——其他税费——印花税

——车船税

——粮物调基金

——防洪保安基金

—— 文化建设基金

企业对于政府的责任,主要体现为依法纳税。增值税、消费税、营业税、资源税、土地增值税、城市维护建设税、教育费附加、房产税、土地使用税、车船税、矿产资源补偿费、保险保障基金、所得税等在传统会计中已经有详细的介绍,账户所代表的内容也与传统会计相同。

在传统会计中,"营业税金及附加"科目核算的税费项目包括城市维护建设税、教育费附加、矿产资源补偿费;"管理费用"科目核算的项目包括房产税、土地使用税、车船税等;"利润分配"科目直接核算保险保障金、粮物调基金、防洪保安基金、文化建设基金等。

下面主要介绍为了响应政府的号召和对政府政策的支持而开设的保险保障金、粮物调基金、防洪保安基金、文化建设基金四个账户。

"保险保障金"账户,主要核算企业为响应政府号召而每年上交的企业保险保障金。

　　"粮物调基金"账户,主要内容是指为了应对突发的通货膨胀等经济问题导致粮食等物价上涨,政府规定按比例缴纳粮物调基金。

　　"防洪保安基金"账户,主要内容是指企业按政府规定比例上交的费用,因近年自然灾害严重,政府规定企业按比例计提费用,作为防洪保安费用。

　　"文化建设基金"账户,主要核算企业为支持政府公益活动、福利事业、慈善事业、服务社会等按比例提取的费用。

　　(2)"社会责任负债——应交税费"科目,主要反映企业应各种税费的缴纳情况,并按照应交税费项目进行明细核算。该科目的贷方登记应缴纳的各种税费,借方登记已缴纳的各种税费,期末贷方余额反映尚未缴纳的税费;期末借方余额反映多交或尚未抵扣的税费。

　　"应交税费"科目核算的税费项目包括增值税、消费税、营业税、资源税、土地增值税、城市维护建设税、教育费附加、房产税、土地使用税、车船税、矿产资源补偿费、保险保障基金、所得税等。具体会计核算与传统会计相同。

　　(3)"政府责任收益——减免退税"账户,是"社会责任收益"的二级明细科目,主要核算由于企业履行社会责任而获得的政府的减免税和退税。

6.7.3.3　会计核算

　　[**例20**]　(1)同辉化工有限公司因为上年度被评为社会责任履行先进企业,奖励20 000元的减免退税。

　　　　借:应交税费　　　　　　　　　　　　　　　　　　20 000
　　　　　　贷:政府责任收益——政府减免退税　　　　　　　　　20 000

　　(2)同辉化工有限公司当月根据免抵税申报汇总表计算得出本月应退税额为33 000元,免抵税额为11 200元。会计处理如下:

　　　　借:其他应收款——出口退税　　　　　　　　　　　33 000
　　　　　　贷:政府责任收益——出口退税　　　　　　　　　　　33 000
　　　　借:应交税费——应交增值税(进项税额转出)　　　　11 200
　　　　　　贷:政府责任收益——出口抵减内销应纳税额　　　　　11 200

　　(3)同辉化工有限公司年底缴纳印花税1 000元,银行存款支付。

　　　　借:政府责任支出——其他税费(印花税)　　　　　　1 000
　　　　　　贷:银行存款　　　　　　　　　　　　　　　　　　1 000

　　(4)因最近连续3年自然灾害严重,政府规定企业按净利润的1%上交"防洪保安基金"。20××年同辉化工有限公司净利润为5 000 000元。

借:政府责任支出——其他税费(防洪保安基金)   50 000

　　贷:社会责任负债——应交防洪保安基金   50 000

(5)近年因民间借贷问题携款潜逃案件频发,为保障公民权益,政府规定企业每年按净利润的2‰提取保险保障金,当提取金额达到公司资本的50%时可以不再计提。同辉化工有限公司20××年实现净利润5 000 000元。

借:政府责任支出——其他税费(保险保障金)   100 000

　　贷:社会责任负债——应交保险保障金   100 000

(6)由于全球一体化使国内经济环境受国际经济环境的影响不断扩大,政府为能够在发生通货膨胀时采取有效措施,要求企业每年按比例提取粮物调基金。20××年同辉化工有限公司提取了150 000元的粮物调基金。

借:政府责任支出——其他税费(粮物调基金)   150 000

　　贷:社会责任负债——应交粮物调基金   150 000

(7)企业为支持政府公益活动、福利事业、慈善事业、服务社会等每年按比例提取一定费用,20××年同辉化工有限公司提取10 000元作为文化建设基金。

借:政府责任支出——其他税费(文化建设基金)   50 000

　　贷:社会责任负债——应交文化建设基金   50 000

6.7.4　企业对竞争者的社会责任

竞争者同时也是合作者,企业与竞争者共同构成了某一行业的生态环境,为了谋求未来的可持续发展,企业与竞争者都要履行好自己的社会责任。企业对竞争者的社会责任可以分为:①反不正当竞争,以保证行业的正常发展;②有效维护行业大局,提倡公平竞争净化行业生态环境,避免进行有损整体行业的竞价行为等①。

企业对竞争者的社会责任活动包括:企业与竞争者保持良好的竞争合作关系,避免恶性竞争,协调利益,优势互补,共同开发市场机会,求得双赢的结果。该部分活动通过企业制定发展战略,并体现在企业日常的活动中,难以用货币

---

① 李志军.如何与竞争者共谋社会责任[J].新智囊,2009(11).

直接计量,其最终结果体现在企业的经济效益上。因此,这部分内容的会计核算适合以非会计基础形式进行披露。

6.8　企业社会公益活动的核算

6.8.1　核算内容

企业的社会公益活动主要包括公益捐赠、公益性经济活动、与精神文明建设有关的活动等。

一般将公益捐赠分为两类:一类是经常性的公益捐赠,另一类是非经常性的公益捐赠。经常性公益捐赠指每年企业利用定额的利润支持教育、科学、文化、卫生、体育事业以及环境保护、社会公共设施建设;促进社会发展和进步的其他社会公共与福利事业。非经常性公益捐赠是指突发事件等引起的企业临时决定进行的捐赠,如:救助灾害、救济贫困、扶助残疾人等困难的社会群体和个人的活动;企事业单位、社会团体以及其他组织捐赠住房作为廉租房的也视同非经常性公益性捐赠。

公益性经济活动,如城市公共工程建设活动,公园建设与管理活动,防洪、防风灾活动,大江大湖治理活动,残疾人利益保护活动。

精神文明建设有关的活动,如企业对社会的文化教育、道德风尚、人际关系等精神方面的活动。

6.8.2　科目和账户的设置

企业进行社会公益活动的费用在传统会计中体现在"营业外支出"账户中,这里设置以下账户用以单独分类反映企业进行社会公益活动的支出。

按照企业社会公益活动的分类,在"社会责任支出"账户下设四个二级账户,借方登记企业发生的社会公益性活动支出,贷方登记期末转入"社会责任利润"账户的金额。

(1)"经常性公益捐赠"账户,主要核算每年企业定额的利润支持教育、科学、文化、卫生、体育事业以及环境保护、社会公共设施建设发生的支出;促进社会发展和进步的其他社会公共和福利事业。该账户借方登记企业进行相关经济活动发生的费用金额,贷方登记期末转入"社会责任利润"账户的金额,期末结转后无余额。

(2)"非经常性公益捐赠"账户,主要核算突发事件引起的如救助灾害、救济贫困、扶助残疾人等困难的社会群体和个人的活动支出。该账户借方登记企业捐赠突发性事件的支出金额,贷方登记期末转入"社会责任利润"账户的金额,期末结转后无余额。

(3)"精神文明建设支出"账户,主要核算企业进行与精神文明建设有关的活动所发生的费用。该账户借方登记企业进行精神文明建设活动发生的费用金额,贷方登记期末转入"社会责任利润"账户的金额,期末结转后无余额。

(4)"公益性经济活动支出"账户,主要核算企业的防洪活动、防风灾活动、大江大湖治理、残疾人利益保护等公益性经济活动所发生的费用。该账户借方登记企业进行公益性经济活动发生的费用金额,贷方登记期末转入"社会责任利润"账户的金额,期末结转后无余额。

企业进行社会公益活动无法带来直接的收益,但可以给企业带来的宣传效果,并给企业带来良好的声誉,所产生的这些效益最终体现在企业的经济效益上,无法单独计量,因此不单设账户核算社会公益活动带来的收益。

6.8.3　会计处理

6.8.3.1　非经常性公益捐赠

[例21]　同辉化工有限公司于20××年6月份通过政府部门向地震灾区捐赠现金50万元,并取得合法凭证。会计处理如下:

借:社会责任支出——非经常性公益捐赠　　　　500 000
　　贷:银行存款　　　　　　　　　　　　　　　　500 000

6.8.3.2　经常性公益捐赠

[例22]　同辉化工有限公司20××年通过政府机关约定每年向红十字会捐赠现金20万元。会计处理如下:

借:社会责任支出——经常性公益捐赠　　　　　200 000
　　贷:银行存款　　　　　　　　　　　　　　　　200 000

6.8.3.3　精神文明建设活动

[例23]　同辉化工有限公司20××年6月份为宣传党号召的精神文明建

设支付宣传费用15 000元。

借:社会责任支出——精神文明建设支出　　15 000

　　贷:银行存款　　15 000

6.8.3.4　公益性经济活动

[**例 24**]　同辉化工有限公司20××年6月份派员工参加了抗洪救灾活动,支付员工工资10 000元,银行存款6 000元。

借:社会责任支出——公益性经济活动支出　　16 000

　　贷:银行存款　　6 000

　　　应付职工薪酬　　10 000

7

企业社会责任的会计披露

社会责任信息披露的出现要早于社会责任会计的正式提出。据 Robert H. Hogner(1982)的研究,美国钢铁公司在 1905 年的年度报告中,就披露了相关的社会责任信息;Guthrie Parker(1989)描述了澳大利亚最大的公司之一——Broken Hill Proprietary Company Ltd.,自 1885 年开始就已经断断续续地提供了人力资源和社区贡献方面的披露。我国企业开始社会责任信息披露,最早是国家电网公司 2006 年以独立报告的形式发布了《国家电网公司 2005 年社会责任报告》。

7.1　企业社会责任的信息披露

企业社会责任信息披露在 21 世纪受到了国际组织以及不同国家更多的关注。例如,经济合作与发展组织(OECD)的《跨国公司指南》在 2001 年进行了重大修订,主要变化是要求更多的透明度,包括对跨国公司通过提供社会和环境信息来承担社会责任提供了一系列原则和标准。2002 年 4 月,世界银行集团发起了一个对发展中国家的强化企业社会责任的技术支持项目,其中一项就是报告企业的社会或环境业绩。法国政府在 2001 年颁布的《诺威尔经济管制条例》(Nouvelles Regulation Economiques)中,要求所有在第一股票市场(Premier Marche)上市的公司从 2002 年开始在年度财务报告中必须披露劳工、健康与安全、环境、社会、人权、社区参与问题等信息。2002 年,英国的约翰内斯堡证券交易所(Johannesburg Stock Exchange)要求在该所上市的所有公司披露一类非财务信息——综合的可持续发展报告。并要求公司所披露的这份报告要参考全球报告发起者(Global Reporting Initiative,GRI)的《可持续发展指南》(Global Sustainability Guidelines),做到可靠、相关、可复核、可比、及时、清楚。顺应国际潮流,加强我国企业社会责任信息披露的研究是十分必要的。

2006年1月1日起实施的我国《公司法》第5条对企业承担社会责任做出明确规定:"公司从事经营活动,必须遵守法律、行政法规,遵守社会公德、商业道德,诚实守信,接受政府和社会公众的监督,承担社会责任。"2006年9月25日,《深圳证券交易所上市公司社会责任指引》第35条规定:"本所鼓励公司根据本指引的要求建立社会责任制度,定期检查和评价企业社会责任制度的执行情况和存在的问题,形成社会责任报告。"这一倡导性的指引有利于我国上市公司引入社会责任制度。2008年1月,国资委制定颁布《关于中央企业履行社会责任的指导意见》,明确中央企业履行社会责任的重要意义、主要内容以及具体措施,并且要求中央企业定期公开发布社会责任报告。2008年12月,证监会、上交所、深交所发布"金融板块+(A+海外)+标准治理"板块;深交所"深圳100指数"成分股强制社会责任披露,鼓励其他有条件的上市公司披露社会责任报告的通知。

我国的企业社会责任信息披露的研究目前还处于探索阶段,我国企业社会责任信息披露的内容界定、披露形式等内容的研究还不够系统和深入,但是我国实务界已经开始尝试系统地披露社会责任信息。2006年3月10日,国家电网公司对外发布《国家电网公司2005年社会责任报告》,这是我国中央企业正式公布的首份社会责任报告,第一次让公众从社会责任报告的全新角度近距离的接触央企。此后,上海浦东发展银行、中国远洋集团等公司相继发布社会责任报告和可持续发展报告,掀开了国内企业社会责任运动的序幕。2006~2008年,我国企业社会责任报告总共140余份,2009年开始,企业社会责任报告的数量呈"井喷式"发展。在2011年度年报披露期内,沪深两市共有582家A股上市公司在披露年度报告时同步披露其社会责任报告(含可持续发展报告),相比上年的518家,同比增长约12%,其中,233家为深交所上市公司,349家为上交所上市公司,A股上市公司社会责任报告披露数量继续呈现稳步上升趋势。2011年沪深交易所在强制上市公司披露社会责任报告方面的政策较2010年并无明显调整,但上市公司社会责任报告披露数量仍有所增加,这一趋势表明企业社会责任信息披露正在成为上市公司综合信息披露的重要组成部分,企业承担社会责任并进行适当披露已经成为我国经济发展历程中的一个重要发展趋势。

以上事例表明,实务界披露企业社会责任信息的趋势在逐渐增加,但是,上述披露社会责任信息的企业还存在着如下问题:社会责任信息的内容界定不一致,这使得不同公司之间企业社会责任信息的可比性受到影响;在披露形式上以描述性内容为主,披露形式单一;以公司网站作为披露社会责任信息的媒介是否可靠等。因此,理论界加强企业社会责任信息披露的研究,将为实务界更好地披露社会责任信息提供理论支持。

综上所述,研究我国的社会责任信息披露是十分重要的。

7.2　企业社会责任会计信息披露目标

在企业会计信息披露发展的整个过程中,保护相关利益者的权益,以尽量减小因信息不对称所带来的无效率或低效率,始终是企业会计信息披露追求的目标。企业社会责任会计信息披露的目标包含基本目标与具体目标两方面。

7.2.1　企业社会责任会计信息披露的基本目标

企业社会责任会计信息披露的基本目标是提高企业经济活动的社会效益,提高企业社会价值,这是社会责任会计信息披露区别于传统财务会计信息披露的一个显著特点。传统财务会计主要向企业的经营管理者、投资者提供信息,目的是增加企业经济效益,追求股东财富最大化。企业社会责任会计则主要是对企业经营活动的社会影响进行反映,以达到监督的目的。通过对企业社会责任信息的充分披露,尤其是对企业经营活动产生的社会成本进行正确的计量和评价,优化社会资源的配置,消除企业外部"不经济"现象。企业的长远利益和社会效益是辩证统一的关系,企业的经济效益提高了,能为环境保护、公共事业发展提供物质支持;社会进步了,企业才能在安定团结的环境下发展生产,谋求自身的财富。

7.2.2 企业社会责任会计信息披露的具体目标

企业社会责任会计信息披露的具体目标是企业既要为投资者赚取利润,还应尽可能满足其他利益相关者的愿望和要求。这里的"其他利益相关者"包括投资者、债权人、消费者、供应商、员工、政府和竞争者等(见图7-1)。

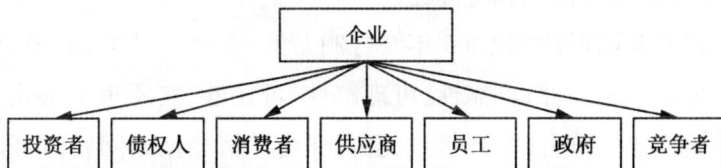

图7-1 企业及利益相关者

投资者通过社会责任会计信息,可以了解企业的企业管理思想、管理模式、经营机制等运营管理水平、财务与运营情况、财务业绩及未来发展,决定是否进行投资;员工通过社会责任会计信息,可以了解自身的薪酬待遇水平、福利与劳动条件、社会保障、文化生活、技术与技能培训以及保障员工民主权利等;消费者(既包括购买企业产品、服务的现实的消费者,又包括潜在的消费者)通过社会责任会计信息,可以了解企业的产品质量及服务水平,从而维护自身的利益;社区通过社会责任会计信息,可以了解企业对社区的文化、教育、体育、卫生及社会公益活动的影响与贡献,决定是否继续与企业保持良好的关系;环境部门通过社会责任会计信息,可以了解企业保护生态环境、降低能源消耗而采取的措施与相关费用支出,以及减少污染排放与提高资源综合利用效率的成果,有利于生态环境的保护和可持续发展;政府利用社会责任会计所提供的信息可以测定政府规划和政策的执行情况,以及企业目标与社会目标是否协调一致,实现宏观经济控制,有效地配置全社会的资源①。

总之,我国企业社会责任会计信息披露的目标是向各利益相关者提供企业社会责任履行情况的信息,以便于信息使用者掌握企业对社会的贡献及不良影响,并对企业进行监督和评价,谋求社会效益最大化。

---

① 李正,向锐.中国企业社会责任信息披露的内容界定——计量方法和现状研究[J].会计研究,2007 (7).

7.3　企业社会责任会计信息披露质量要求

会计信息质量是会计工作生命力的源泉之所在,是对企业财务报告中所提供的会计信息质量的基本要求,是使财务报告中所提供的会计信息对投资者等使用者决策有用应具备的基本特征。

中华人民共和国财政部 2006 年 2 月颁布的《企业会计准则》中,会计信息质量要求主要包括相关性、可靠性、可理解性、可比性、实质重于形式、重要性、谨慎性和及时性等。笔者认为研究社会责任会计信息披露问题时可以借鉴这些研究成果,同时必须注意企业社会责任会计信息披露时的特殊要求。

7.3.1　企业社会责任会计信息披露的一般要求

7.3.1.1　相关性

传统会计理论认为,相关性是指会计信息与决策相关的特性,但这样解释过于抽象。美国财务会计准则委员会(SFAC No.2)《会计信息的质量特征》中具体地指出,会计信息只有具备"导致差别"的能力,方能确定它与某一决策相关。"导致差别"是指既可增加也可减少信息的差异,以便使用者能减少对经济事件的不确定性,增进决策的把握性。要做到这一点,相关的会计信息应同时具备及时性、预测价值和反馈价值,这三者共同成为相关性的主要成分。

将传统会计理论借鉴于社会责任会计,我们可以这样理解,相关性是指社会责任会计信息要与信息使用者的信息需要相关。这种需要体现为社会责任会计信息使用者通过所能接触的信息了解企业社会责任绩效和与社会责任有关的财务信息,并以此做出与企业有关的决策,至少是能够了解社会责任的履行情况。作为具备相关性的社会责任会计信息,必须具备三个基本要素:第一,信息具有及时性,能够在信息失去有效价值之前到达使用者的手中;第二,信息具有预测价值,能够据此对企业未来的情况做出基本的推断和预测,以帮助未来决策;第三,信息具有反馈价值,能够反映和说明企业过去一段时间的与社会责任有关的各种业绩和问题,能够有助于理解和判断过去决策的正误。

相关性最初是指一般相关性,也即向信息使用者提供通用的会计信息。但是,信息使用者在一些共同的信息需求之外还面临一些特定决策问题,相比之下,他们更需要能够满足自己特定需求的信息。所以,传统会计理论认为,我们必须在提供通用信息和特定信息之间做出选择。企业对外披露社会责任信息要满足信息使用者一般性的要求,但另一方面,目前我国政府部门、投资者、金融机构是企业社会责任会计信息的主要使用者,他们往往根据自己的需要,侧重于满足自己的某些特定信息,而社会责任会计信息的外围利害关系者也有对特定信息的需求。所以社会责任会计也同样存在着在社会责任会计信息的通用性与特定性选择的问题。笔者认为,根据我国的实际情况,目前我国企业社会责任会计信息披露的重点应放在提供满足核心利害关系人需要的信息上。

此外,作为一个新兴的问题,社会责任会计信息的使用者究竟需要何种信息将需要经过相当长的一个时期才能真正弄清。在此之前,社会责任会计对外提供的社会责任会计信息只能是不断向相关性接近的过程,是由低相关逐步过渡到比较相关直至高度相关的过程。

7.3.1.2 可靠性

传统会计理论认为,会计信息可靠性是指确保信息能免于错误和偏差,并能忠实反映其意欲反映的现象或状况。具备可靠性的会计信息必须具备三个基本要素:第一,信息必须是如实反映事物的本来面貌,不能是虚假的或伪造的;第二,信息必须具备可核实性,即不同的独立的两个(组)会计人员应该对同样的现实能够得出相同的结论,在会计实务中更具备可操作性的标准是具备真凭实据的;第三,信息应该具有中立性,即要同时综合考虑各方的利益,为此,不但会计人员作为信息提供者要中立,对会计信息承担验证之责的审计人员要中立,信息披露规则的制定者也必须具备足够的中立性。

在社会责任会计中,履行可靠性的要求与传统会计可能会出现不一致。传统会计中对于会计信息的披露,严格按照经济业务的实际发生情况和交易价格确定信息的内容和数量。无疑,只要有可能,这种思路在社会责任会计中依然要坚持。但问题在于,社会责任会计中有些情况与传统会计不一样,比如,某一事件尚未真正发生或尚未全部完成;再如,金额可能无法用交易价格确定甚至是根本无法用货币金额衡量,那么,可靠性的要求就很难严格按照传统会计的要求去做。事实上,会计信息的可靠性本身就是相对的。由于会计中的各种估计和限制,会计符号很难与经济事项保持绝对一致,两者的差异导致了会计信息与可靠性的偏离。另外,由于各国在政治、经济、社会环境、会计体系方面存在很大差别,对于相同的经济事项各国会有不同的会计信息,讨论何者更可靠是没有意义的,我们只能从会计信息的产生过程来判断其可靠性。因此,在社会责任会计信息披露中的可靠性,主要应该强调的是事实和有法律支持的逻辑推断是事物或者说事件的性质,高度的精确性是可以不考虑或者说不能严格要求的。无论是承担收集和提供信息之职的企业人员,还是承担审核验证之责的审计人员,都应该按照这样的思路行事。

7.3.1.3 可比性

要求同一企业不同时期发生的相同或者相似的交易或事项,确保会计信息口径的一致,前后可比;要求不同企业之间,对社会责任内容、计量形式、报表的要素应基本保持一致,便于各企业之间的相互比较。可比性包括横向可比性和纵向可比性,横向可比性是指同一时期不同企业之间性质相同的信息的比较,纵向可比性是指同一企业不同时期性质相同的信息的比较。

可比性对于社会责任会计信息来说,也是非常重要的质量品质。社会责任会计信息披露在实务中尚属尝试阶段,企业披露社会责任信息主要依靠主动性和自愿性,没有统一的准则和制度对其加以规范。企业披露的社会责任会计信息无论从内容上还是从披露的形式上都是多种多样的,这大大削弱了企业披露的社会责任信息的价值。因此,出台统一的规范以增强社会责任会计信息的可比性是当前亟待解决的问题。

7.3.1.4 明晰性

明晰性又称可理解性,是指会计主体的会计记录和会计信息应当清晰明了,便于理解和利用。

企业披露的社会责任会计信息也应该让使用者容易理解,这是保证信息可以为使用者充分利用的一个基础。可理解性在社会责任会计信息披露中具有较之传统会计更为重要的作用。社会责任会计面对的是一些新生事物,许多信息项目是大家过去所未接触过的,尤其是在披露社会责任绩效信息时,涉及一些技术性很强的概念和术语。那么,在披露这些信息时,对于一些专业术语和概念包括它们本身的含义,它们与经济和财务情况之间的关系进行一定的解释是必要的。

7.3.1.5 重要性

会计信息的重要性,是指当一项会计信息被遗漏或错误的表达时,可能会影响到依靠该信息的使用者所做出的判断,换言之,该项信息的重要性大到足以影响决策。重要性的使用具有一定的主观性,一项信息应否单独提供或揭示,应视其本身的性质和金额以及其他相关情况而定。

社会责任会计信息的重要性,主要有以下几个方面的要求:一是对重要的信息应当详细地加以披露,相对次要的信息可以以简要的方式加以披露,非常次要的信息可以忽略不予披露;二是会计信息的使用者没有兴趣的信息,可以认为是不重要的,则不必花费成本去提供;三是其金额太小,不足以对决策产生任何差异的信息,可以认为是不重要的,不必花费成本去提供;四是对不同规模的企业来说,其应当提供信息的方式或程度上的重要性是相对的。

7.3.2　企业社会责任会计信息披露的特殊要求

7.3.2.1　社会性原则

社会性原则,要求企业披露的社会责任会计信息应最终有利于评价企业社会价值,有利于监督企业社会责任履行情况,有利于企业与社会了解生产经营所带来的社会成本与社会贡献。

7.3.2.2　强制和自愿结合原则

强制和自愿结合原则,要求企业遵守国家统一披露规定外,可以结合自身实际情况进行适当的披露,这是由企业社会责任信息的多样性和复杂性决定的。强制与自愿相结合原则中的强制,是指会计按照统一的规则运作,自愿指会计人员根据自己主动性和所在企业的情况来运作。按照"谁受益,谁负担"的原则,企业应对其牺牲社会效益与获取经济效益的行为付出一定的代价,如果没有相关的法律和制度的强制性要求,相当一部分企业不会为履行社会责任自觉增加支出,即使增加了相关支出,也不愿向社会披露此项信息。因此,政府相关部门必须对企业最低限度的披露要求做出强制性规定,支持、鼓励企业披露尽可能多的社会责任信息。但是,鉴于企业社会责任信息披露的多样性和复杂性,尤其我国目前缺乏完善的、统一的披露。因此,对社会责任会计信息披露的问题上,必须强调强制与自愿相结合的原则,需要在国家制定的统一的披露规则外,结合企业自身的实际情况做出更恰当的披露。

7.3.2.3　充分揭示原则

充分揭示原则,即所有与企业财务状况及经营成果有关的重要事项,必须在财务报表中予以充分揭示,包括:揭示的适当性,即会计报表至少要揭示不至于令决策者产生误解的信息;揭示的公正性,即会计报表所提供的信息不偏袒于任何一个报表阅读者和使用者;揭示的充分性,即在报表中要尽量包括所有与决策相关的重要信息。因此,要求企业应尽可能充分地将有关企业社会责任履行情况的信息报告给信息使用者,保证全面,不能隐瞒负面信息。

7.3.2.4　创新原则

创新原则,即社会责任会计信息在披露时应进行创新,不拘泥于传统会计的相关理论。社会责任会计是在可持续发展战略的背景下产生的,作为企业会计的新兴分支,社会责任会计是社会学、经济学、信息学、控制论和系统论等与传统会计学相结合的产物,因此,我国企业社会责任会计信息披露,应当遵守创新的原则。企业责任信息必须结合社会责任问题和社会责任会计的特点,勇于创新和探索形成一套科学的社会责任会计信息系统理论和方法体系。

7.4　披露标准

企业社会责任信息报告作为企业社会责任信息披露的主要方法,已经越来越被国际社会推崇。在社会责任发展的历程中,已有若干国际倡议、标准、指南等工具被相继采用,大致可划分为四类。

第一类是专门针对劳工保护的标准。此类标准大多由民间组织发起,从国际劳工标准中演化而来,具有单一性、分散性。目前,具有重要影响力并引起广泛争论的是国际劳工标准、社会条款和 SA8000。SA8000 是由美国民间组织社会责任国际(Social Accountability International,SAI)发布的全球首个道德规范国际标准,适用于世界各地、任何行业、不同规模的公司。作为社会责任方面的一个认证体系,不仅明确了社会责任规范,而且也提出了相应的管理体系要求。将社会责任和企业管理结合起来,主要关注的是人,而不是产品和环境,在一定程度上可以规范组织尤其是企业的道德行为,有助于改善劳动条件,保障劳工权益。

第二类是国际标准化组织(International Organization for Standardization,ISO)发布的 ISO9000、ISO14000 和 ISO26000 标准。前两个标准主要针对环境和产品质量,是企业建立和实施环境和质量管理体系并通过认证的依据。2010 年

11 月 1 日发布的《社会责任指南》(ISO26000)是综合性的、具有广泛影响力与号召力及全球普适性的社会责任标准。ISO26000 统一了概念,用社会责任(SR)代替企业社会责任(CSR),适用于除履行国家职能、行使立法、执行司法权力,为实现公共利益而制定公共政策,或代表国家履行国际义务的政府组织以外的所有类型的组织,包括组织管理、人权、劳工实践、环境、公平运营、消费者权益、社区参与和发展七项内容,兼顾了发达国家与发展中国家的实际情况与需要。

第三类是评价与审计标准。最著名的当属英国社会和伦理责任研究所(Institute of Social and Ethical Accountability)于 1999 年发布的 AA1000 标准。该标准旨在通过为各种组织提供审计监督和社会责任管理工具及标准来提高社会责任意识,实现可持续发展。AA1000 标准侧重改革企业可持续报告的独立审验,并重建人们对于透明而有效率的商业实践的信心。

第四类是衡量企业社会责任的综合性标准,包括多米尼社会责任投资指数(KLD)、道琼斯可持续发展指数(DJSI)、全球契约标准、跨国公司行为准则、全球报告倡议(GRI)等。其中,全球报告倡议组织(Global Reporting Initiative,GRI)于 2006 年 10 月发布了当前各界最广泛认可的第三版《可持续发展报告指南》(G3),它为企业社会责任标准提供关键平台和方法迈出了重要的一步。2011 年 3 月 23 日发布了新的可持续发展报告指南 G3.1 版,新的 G3.1 指引是对 G3 的修订版。G3.1 新增了有关人权、性别和社区方面的报告指引,使 GRI 目前的可持续发展报告指南涵盖了可持续发展的更多领域,内容更加完善。2013 年 5 月正式发布 G4 指南,推出一个新的评价体系以显示公司在应用指南的程度水平,明确了企业应如何报告其经济、社会、环境及治理绩效,加强单独的可持续发展报告之间的相关性和质量,关注了实质性的重要事项。G4 把过去的最佳实践与新的解决方案联系在一起,这些解决方案用于解决未来的挑战。

我国应根据国际标准的有关规定,针对我国经济、社会、文化的特点,参照 ISO26000 的内容,研究并制定符合我国国情的社会责任标准,以推动我国社会责任工作健康、有序地发展。

我国企业社会责任信息披露标准体系包括社会责任信息披露的目标、社会责任信息的质量要求、社会责任信息披露的内容和社会责任信息披露的模式四部分内容。

(1)社会责任信息披露的目标

目标包括基本目标和具体目标。基本目标是提高企业经济活动的社会效益,提高企业社会价值;具体目标是企业既要为投资者赚取利润,还应尽可能满足其他利益相关者的愿望和要求。

(2)社会责任信息的质量要求

会计信息质量是企业提供会计信息质量的基本要求和应具备的基本特征,社会责任信息质量要求应在参考传统会计的基础上结合社会责任的特点。具体的要求包括相关性、可靠性、可比性、重要性、社会性原则、强制和自愿结合原则、充分揭示原则和创新原则8项。

(3)社会责任信息披露的内容

为了保证企业披露的社会责任信息内容能满足信息使用者的要求,对社会责任信息披露的内容应加以规范。具体包括企业的经济责任(企业的经营理念、经营目标、产业结构、经营绩效等几个方面的核心指标)、企业对利益相关者的责任(具体包括企业对投资者、债权人、消费者、供应商、员工、政府以及竞争者7个方面的利益相关者的责任,在每一利益相关者的责任披露中可以分别包括各自的基本指标)、企业对环境的责任(具体包括:"三废"治理、环境监测考核、再生资源利用、单位收入耗料和资源循环利用5个方面的基本指标)和企业对社会的责任(具体包括社区服务、社会援助和慈善活动3个方面的基本指标)四部分。

(4)社会责任信息披露的模式

社会责任信息披露模式选择在传统财务报告的基础上进行创新,包括社会责任会计报表(社会责任资产负债表、社会责任利润表、社会责任现金流量表等主表)、社会责任会计报表附表和社会责任报表附注。整个体系采取沿用传统财务报告格式,报告中具体项目根据社会责任会计的内容进行设计。

7.5　企业社会责任会计信息披露内容

目前,我国会计界对企业社会责任会计信息的披露内容尚未有统一意见,但是,我国企业社会责任信息披露内容的确定,应既从中国国情出发,又要适当借鉴国际惯例。具体而言,我国企业应披露的社会责任会计信息应包括企业的经济责任、企业对利益相关者的责任、企业对环境的责任、企业对社会的责任四方面内容。下文将以《伊利乳业集团 2011 年企业公民报告》①为例，具体论述上述四方面社会责任的信息披露。

7.5.1 企业的经济责任

企业经济责任反映企业追求经济目标，获得财务上的盈余，可持续地生存下去。该责任主要是企业的经营理念、经营目标、产业结构优化升级的情况以及企业的经营管理、经营绩效等。社会责任会计信息披露应当包括：反映企业经营管理的理念与目标等，反映企业获利能力的短期利润和长期利润，反映企业生产效率提高的生产要素质量、生产过程质量、产品和服务质量，反映企业财富的保值和增值。

伊利乳业集团 2011 年的社会责任报告名称为《行动的力量——2011 伊利集团企业公民报告》。

《2011 伊利集团企业公民报告》中企业的经济责任的信息披露作为此报告的第一部分，内容主要包括：(1)基本信息。伊利集团坚持对市场、环境与社会责任的关注，以全球永续性报告协会(GRI)关于企业社会责任(CSR)的国际领先理念，建立了集团整体 CSR 战略管理体系，发布独立的社会责任报告并在其官方网站专门设立企业公民报告模块，信息使用者可以便捷地了解伊利集团关于社会责任的相关情况。(2)经营理念与目标。成为世界一流的健康食品集团，不断创新追求人类健康生活，核心价值为品质、效率、责任、合作。(3)企业的财务业绩。2011 年，伊利全年营业收入 374.5 亿元。(4)产品品质。为了达成产品 100%安全和 100%健康的目标，投资 14 亿元强化奶源基地建设，在我国三大黄金奶源带建设奶源基地，从源头上确保乳制品的安全和优质，采用了世界最先进的质量检测设备、坚持国际最严格的检测标准进行检验，严格控制生产过程的同时，对供应链的所有环节进行监控，以确保产品从源头到终端的全程安全。(5)质量管理。建立质量、环境、健康、质量信息管理体系，率先实现及时化、信息化管理。伊利集团以 ISO9001 质量管理体系为主线，建立了全面质量管理体系，分别引入并整合了 ISO14001 环境管理体系和 OHSAS18001 职业健康安全管理体系；建立了质量管理信息的综合集成系统，实现了集团质量

---

① A 股上市公司社会责任报告蓝皮书. 润灵环球责任评级，2009.11.

安全的实时在线监控,对产品质量从原料入厂到成品出厂以及市场监督的全线监控流程,提升了企业的质量安全管理信息化能力,进一步夯实了基础管理,在行业内率先实现了质量信息管理的全面化、及时化和信息化。

7.5.2　企业对利益相关者的责任

传统财务会计中从股东、债权人的角度出发对企业财务状况和经营成果进行披露,全面清晰地反映企业的财务状况。社会责任会计则主要满足利益相关者了解企业履行社会责任的情况。企业在披露社会责任时需要披露企业对投资者、债权人、消费者、供应商、员工、政府以及对竞争者的社会责任信息。

7.5.2.1　企业对投资者的社会责任

企业对投资者的社会责任是指企业应遵纪守法,遵守公德,诚信开展经营活动,确保投资者投资利益的长期最大化。社会责任会计信息披露应当包括:企业以经营业绩为主的财务与运营情况,同时阐述企业管理思想、管理模式、经营机制等运营管理水平等。

《2011 伊利集团企业公民报告》中企业对投资者责任的信息披露采用文字与数字图表结合的形式,内容主要包括:(1)投资风险。伊利集团本着对全体股东负责的态度,以高度的责任心保障股东的长远利益,以科学的决策和持续的创新降低投资风险,不断拓展增值空间,以规范的管理与合法的经营保证持续盈利。(2)财务运营。2011 年 1~12 月,伊利股份实现营业收入 374.5 亿元,同比增长 26%;归属于母公司所有者的净利润为 18.09 亿元,同比增长 132%,实现基本每股收益 1.13 元。(3)内部控制。2011 年伊利集团继续加强公司内部治理,在决策方式、授权方式、组织和培养员工方式等企业内部环境控制方面已经形成了良好的治理机制。加强董事、监事、高级管理人员相关法律、法规的学习和培训,提升公司治理水平,实现公司持续、稳定的发展。

7.5.2.2　企业对债权人的社会责任

企业对债权人的社会责任是指企业向债权人提供真实信息,并按照合同约定以及法律的规定对债权人承担相应的义务,保障债权人的合法权益。作为资本的主要供给者,债权人主要关注企业组织是否有可靠的信誉,是否有足够的获利能力偿还债务。社会责任会计信息披露应当包括流动比率、速动比率、资产负债率、利息保障倍数、总资产报酬率等内容。

《2011 伊利集团企业公民报告》中企业对债权人责任的信息未采取专门内容进行披露,债权人关注的偿还能力在传统财务报表中可以获取相应的信息,而企业的信誉信息,可以通过传统财务报表和社会责任报告中的经济责任、对所有者的社会责任获取相关信息。

7.5.2.3 企业对消费者的社会责任

企业对消费者的社会责任是指企业本着为消费者服务的思想,讲求诚信,不利用虚假信息欺骗消费者,为消费者提供安全的产品,保护对方在使用企业产品时的人身和财产安全,并且提供优质的售后服务。社会责任会计信息披露应当包括向公众报告企业产品的使用效能、产品的耐用年数、产品的安全性和售后服务等信息,以及顾客对本企业产品的满意程度等内容。

《2011 伊利集团企业公民报告》中企业对消费者责任的信息披露采用文字与图片相结合的形式,内容主要包括:(1)产品的安全性。伊利集团始终将食品安全问题视为企业的生命线,不断加强产品质量安全保障工作,将食品安全贯穿于生产经营全过程,强化安全措施、增强服务意识。伊利在自身产品品质锻造和管理标准中不断创新优化,117 项原奶检测项目,899 项涵盖原辅材料、包装材料的超国标检测,物流全程 GPS 跟踪等都成为行业品质管理的标杆。(2)顾客满意程度。开放工厂,接受消费者监督,让消费者零距离了解伊利奶制品,见证"放心奶"生产,以品质赢得数亿消费者的支持和信赖。

7.5.2.4 企业对供应商的社会责任

为了确保最佳供应商,企业在履行社会责任的同时,要对其供应商进行社会责任管理。社会责任会计信息披露应当包括对供应商审核监督与资源支持等内容。

《2011 伊利集团企业公民报告》中企业对供应商社会责任的信息披露采用文字叙述式,内容主要包括:(1)供销社理念。伊利集团一直秉承"同享成功,共赢未来"、"与供应商一起成长"的理念。(2)资源支持。伊利集团在生产经营中所需的物资和服务需求拉动了原料、辅料供应商和经销商的发展壮大。通过长期稳定的合作,不断提升双方的品质。在对供应商社会责任信息披露的同时对经销商的社会责任信息一并做了披露。

7.5.2.5 企业对员工的社会责任

企业对员工的社会责任是指企业应对员工承担的责任。员工是企业价值成长的基石,是企业生存发展的内在动力。企业应当建立健全劳动保障制度,提供平等的就业机会,尊重员工,关爱员工,维护员工权益,建立完善科学的员工培训和晋升机制、员工薪酬增长机制,同时要保护员工的合法休息权、为员工提供健康安全的工作环境、维护员工的身心健康,促进企业与员工的和谐稳定和共同发展。社会责任会计信息披露应当包括员工培训制度、员工晋升机制、员工薪酬、工会组织和健康管理等内容。

《2011 伊利集团企业公民报告》中企业对员工的社会责任信息披露采用文字与图片相结合的形式,内容主要包括:(1)员工晋升机制。伊利集团坚持"以德为先、以才为上"的用人理念,遵循公开、公平、公正的招聘与选拔原则,建立了"领导能力模型"与"核心能力模型",为员工选拔与晋升提供了统一的机制,建立了良好的用工氛围。针对员工的状况,公司提供了三种职业发展通道,实行全员绩效管理,强化同员工的沟通、辅导,通过绩效评估与改进,为晋升、人才培养、培训、激励等提供强有力的支持,实现公司与员工共同成长。(2)员工薪酬。根据不同职业领域中的岗位特性,伊利建立了四类薪酬体系,为员工提供行业内具有竞争力的薪酬和福利待遇。分析公司不同岗位薪酬水平的竞争力,结合公司的经营承受能力逐年调整员工的薪酬水平。自 2008 年起,已连续 4年每年采取有力的调薪举措,为员工增加工资,使工待遇与公司发展实现了同步增长。(3)员工社会保障。伊利集团根据我国《劳动法》、《劳动合同法》,依法签订劳动合同,为员工缴纳"五险一金",同时建立了更为细致的制度保障,让员工能够共同分享企业的发展成果。2011 年,劳动合同签订率达 100%,公司的社会保险覆盖率达 100%,实现了应保尽保。(4)员工培训制度。伊利商学院培训员工,实现员工和企业的共同发展。(5)员工健康管理。伊利为生产一线员工提供每年一次的健康体检,为所有女性员工提供每年一次的妇科健康体检,2011 年度健康体检覆盖率达 90%以上。(6)企业关怀。公司工会组织年度职工代表大会、每季度一次的民主沟通对话会,实现了职工和经营管理者的双向沟通。建立了职工生活保障机制,开展扶贫帮困救助工作,建立档案并实行动态管理。除法定福利项目外,公司还制定了 40 余项形式多样的其他福利项目,实现企业对员工的关心,如 2011 年开始建立外派员工信息库,做到对外派员工"一对一"的关心。

7.5.2.6　企业对政府的社会责任

企业按照政府有关法律、法规的规定,照章纳税和承担政府规定的其他责任义务,并积极支持政府政策号召的各项活动。政府一方面作为社会的公共管理者,通过公共政策对企业的经营和理财产生直接的影响,并对企业行为所导致的社会影响和后果施加一定的管制。企业对政府责任的会计信息披露应当包括缴纳的税金及相关附加费用、员工数量及残障员工数量、社会主义新农村建设投入、建设和谐社区的投入等。

《2011 伊利集团企业公民报告》中企业对政府社会责任信息披露内容主要包括:(1)促进地方经济发展。2011 年,伊利继续优化产能布局,加强奶源基地建设的过程中,积极与地方政府沟通,带动地方经济产业链条上相关产业的发展,在自身发展的同时实现了与地方经济的共赢。(2)和谐社会发展。伊利为奶农提供科技、资金、人力等多方面的支持与帮助,并在良种繁育、科学饲养、统一防疫上加大投入。截至 2011 年,伊利累计发放奶款近 770 多亿元,以滚动的方式累计向农户发放购牛款 20 多亿元,带动 500 万奶农走上了脱贫致富的道路。近年来,伊利以极其优惠的方式向农户发放购牛借款,以缓解奶牛养殖区广大奶农对良种奶牛的迫切需求与支付能力不足的矛盾,同时扶植了一批想养牛但没有资金的贫困户。伊利集团利用自身优势,让出饲料利润,补贴奶农,使奶农少花钱、喂好料,提高奶农的收益,实现多方共赢的良好局面。

7.5.2.7　企业对竞争者的社会责任

企业为了谋求未来的可持续发展应反对不正当竞争,以有效维护行业大局,提倡公平竞争净化行业生态环境,避免进行有损整体行业的竞价行为等,与竞争者履行好自己的社会责任。尊重竞争者和合作伙伴,发展和谐关系,追求"双赢"局面。社会责任会计信息披露可采取以非会计基础形式进行披露,内容应当包括是否存在不正当竞争、对行业发展的作用等。

《2011 伊利集团企业公民报告》中企业对竞争者的社会责任虽然没有作为单独一部分信息进行披露,但是从伊利集团对整个行业所起的作用中可以看出其对竞争者的社会责任。2011 年 4 月,伊利集团通过中国银行业务平台,实现了面向全国 20 万户奶农的跨行、跨地区集中支付奶款业务,实现奶款实时发放,进一步增强公司原奶产业的核心竞争力,为行业规范化发展提供可资借鉴的模式。

7.5.3　企业对环境责任的相关内容

生态环境包括企业生产经营活动对环境的影响以及企业提高资源使用效率,保护环境方面的贡献。只有人类与环境的和谐相处,走可持续发展的道路才是正确的,如何保护环境,已经成为全球极度关注的问题之一。企业应根据其对环境的影响程度制定总体环境保护政策,购买先进的环保处理设备,加大环境保护的投入资金,使污染物的排放符合国家标准,在生产过程中保证没有违反任何国家的环保法律及规定。同时应该依靠科技进步和技术创新,着力开发利用可再生资源,推动替代技术和发展替代产品、可再生资源,提高能源的使用率,降低资源消耗并积极采取措施提高废弃物的回收利用率。对于排放污染物的企业,应当积极采取措施,对排放物进行治理,通过对生态环境的保护树立良好的企业形象,使企业与周边的环境和谐共处,提高企业的竞争优势,达到可持续发展。社会责任会计信息披露应当包括:"三废"治理、环境监测考核、再生资源利用、单位收入耗料和资源循环利用。

《2011 伊利集团企业公民报告》中企业对环境的责任信息披露采用文字与图片相结合的形式,内容主要包括:(1)"三废"治理。伊利集团温室气体排放量符合 ISO14064-1:2006 标准体系,成为业内首家完成碳排查的企业。2011年,集团吨产品平均综合能耗较 2010 年下降 2.4%,减排二氧化碳约 2.3 万吨,吨产品排污水量下降了 12.4%。(2)节能减排。对锅炉设备进行改造,提高热能传递效率,同时进行热能串级利用,使热能效率提升 5%～10%。2011 年实施小型节能减排创新项目 138 项,实现节能减排收益 1 570 万元。(3)清洁能源。伊利已完成一座自有牧场和 220 座标准化奶站的太阳能热水供应系统的改造工作,年节约电能约 689.8 万千瓦时,年节约标准煤达 8 968 吨,年节约费用达 450 万元。(4)单位收入耗料和资源循环利用。建立了节能减排管理机构,建立了管理网络,在生产和设备两个部门聘请专业环评工程师负责工厂污染物的达标排放、控制、环保手续的办理以及节能减排工作的计划推进,每年降低3%的万元产值的综合能耗。

7.5.4　企业对社会的责任

社会公益责任是指勇于承担社会责任,积极支持慈善事业,奉献爱心和善心,扶助社会弱势群体。企业是社会中的一员,是社会中的公民,在自身经济运作的过程中,在关注自身发展的同时,需要与社会进行合作。因此,应该将慈善行为与企业发展目标有机地联系起来,不断增强自身参与社会慈善事业发展的积极性和可持续性,以实际行动践行企业公民的责任和义务。社会责任会计信息披露应当包括社区服务、社会援助和慈善活动等内容。

《2011伊利集团企业公民报告》中企业对社会的责任信息披露采用文字与图片相结合的形式,内容主要包括:(1)社区服务。作为来自草原的民族企业,在内蒙古自治区开展社会公益活动,多次走进打工子女学校和贫困小学,为他们捐赠牛奶、图书、桌椅等物品;组织开展伊利集团员工子女与呼和浩特市多所小学的学生"手拉手"活动;多次走进福利院,为孤残老人捐款捐物。(2)社会援助。关注青少年,加入广东省"幸福厨房"活动,为粤西、粤北山区留守儿童解决午饭问题;与重庆团市委、中国西部人才开发基金会、重庆青少年基金会共同举办"红领巾心向党——太阳花工程"大型公益联欢慰问活动;为新疆中小学生供应学生奶,全疆128所小学学生总数累计达42万多人次。(3)慈善活动。组织婴育专家团倡导科学喂养,使近100万的城乡母婴家庭受益。2011年1~9月份,伊利集团供应牛奶约62万件,为偏远地区的孕妇提供"孕妇奶粉"3 800余盒。2011年9月开展"我要上学"公益活动,聚焦由于疾病、生活贫困等原因,身心健康成长受到影响的孩童,通过营养补助、宣传教育等措施,改善贫困地区儿童营养条件和健康状况;同时致力于加强城市儿童科学营养观念的宣传教育,从而更好地促进儿童的身体发育和健康成长。多年来,伊利累计为社会公益事业投入近8亿元。

《2011伊利集团企业公民报告》[①]是继2006年发布的第四份年度企业公民报告,是一份独立的非会计基础的社会责任报告。在该报告中,以文字、数字、图片、图表的形式展现了2011年伊利为履行企业公民职责,在社会、经济、环境三个方面所做的努力,做到与员工共成长、与奶农共富裕、与供销商共发展、与投资者共增值,致力环保、打造绿色产业链;发挥产业带动、促进地方的发展;投身公益,为社会和谐尽责。报告翔实、图文并茂,但唯一的不足是信息使用者在大量的文字、图片信息中甄选所需要的信息需要花费大量的精力。

---

① 2011伊利企业公民报告.伊利官网。

7.6　企业社会责任报告披露模式

西方发达国家实施社会责任会计的时间较早,积累了一定的经验。从西方发达国家的具体实践看,社会责任会计的核算方法主要有文字叙述法、改进传统财务报告法和运用独立报表法三种。文字叙述法就是用文本方式描述企业履行社会责任的情况。改进传统财务报告法就是在传统的会计报表中添加新项目及在会计报表附注中披露新内容的方式反映企业履行社会责任的情况。如在利润表中单独列示环境治理等费用;在资产负债表的资产方列示用于环境控制的设施,在负债方列示环境负债(即把由于过去交易而引起的必须在将来支付的治理污染等的费用作为负债处理)。运用独立报表反映企业履行社会责任的情况是指编制"社会责任年报"、"环境报告"、"污染报告"、"社会收益表"、"社会资产负债表"、"社会效益和成本报告"、"雇员报告"等独立报表反映企业履行社会责任的情况。

社会责任会计在国外虽然有近四十年的发展历史,并且在理论和实务上取得了一定的成果,但从总体来看,不管是在信息的披露内容还是披露模式上还不够成熟和完善,更重要的是,国外的研究成果基本上都是基于各国企业的实际情况得出的,这势必很难适应我国企业的要求。因此,我国企业在选择社会责任会计信息披露模式时,应结合我国企业自身的特点和我国的国情,在充分吸收国外已有的披露模式的基础上进行披露方式的创新。

7.6.1　企业社会责任会计报告

目前,企业社会责任会计信息的披露模式有会计基础型和非会计基础型两种。会计基础型是指用会计特有的程序和专门方法来反映企业的社会责任,并规定相应的资产负债项目和收益项目。它既可以在现有报表内披露,而不用单列社会责任会计科目;也可以在现有会计报表内披露并单列社会责任会计科目;还可以编制独立的社会责任会计报告。而非会计基础型主要以文字表述的方法对企业应承担的社会责任和履行情况加以说明和评价。

非会计基础型社会责任信息披露模式虽然过于简单,没有使用货币计量,形式各异,但仍能向公众提供有用的信息,并且能让投资者知道报告中提及的环境问题及公司所做的努力在未来可能产生的影响。只是披露的信息过于模糊,没有精确的概念,不具有可比性并且很容易陷入形式主义的误区。

会计基础型社会责任信息披露模式首先能与传统会计报表相衔接,方便信息使用者理解和使用。其次,采用货币计量方式使得不同企业的社会责任会计报告具有可比性,有利于利益相关者进行分析和决策。再次,设置的社会责任会计账户具有明确的含义使得企业社会责任财务报告披露的信息精确明了。但是这种模式需要新增与社会责任有关的会计账户,特别是单独填报社会责任会计报告需要不断创新,对企业和政府部门提出了更高的要求。

虽然两种披露模式各有优缺点,但是随着我国市场经济的不断完善和会计制度的不断健全,非会计基础型社会责任信息披露的不可比性这一缺点,必然会导致编制独立的社会责任会计报告成为最终的发展趋势。

7.6.2　独立会计基础型社会责任会计报告披露模式

从财务报告的历史沿革看,对财务报告的改进尝试从未间断,但仍然未脱离以记录、计量和确认为基础的传统财务会计模式,会计界一直是以不改变现有模式为前提逐步改善财务报告。独立会计基础型社会责任会计报告应以传统的三大会计报表为基础编制,以社会资产负债表、社会利润表和社会现金流量表作为传输手段并以财务状况说明书的形式披露企业的独立社会责任财务指标分析体系,提供给包括环保、民政、劳动、税务、工商、审计和企业工会等在内的社会各有关部门使用者。相关的财务报告体系如图7-2所示。

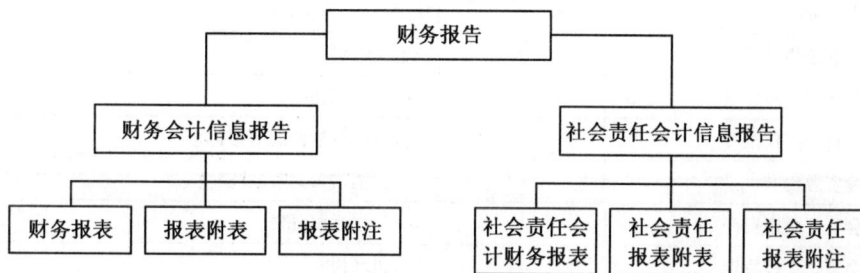

图7-2　财务报告体系

7.6.2.1 社会责任财务报表设计

(1)社会责任资产负债表

社会责任资产负债表是反映企业在某一特定日期的社会责任财务状况的报表。企业需要按月、季、年编制社会责任资产负债表,及时为有关部门和有关人员提供企业社会责任信息,为社会责任信息使用者进行决策提供依据。社会责任资产负债表采用账户式结构,账户的两方分别排列"社会责任资产"、"社会责任负债和社会责任权益"的项目名称,以及各项目的"期末余额"、"年初余额"。"年初余额"栏内各项数字应根据上年末社会责任资产负债表"期末余额"栏内所列数字填列。如果本年度项目的名称和内容与上年度不相一致时,应将上年末的名称和数字按本年度的规定进行调整。在这里需要说明的是三者之间不一定存在"社会责任资产=社会责任负债+社会责任权益"的平衡关系。因为三者间是与企业其他资产、负债、权益相互联系、相互作用,并非一个完整的独立体系,所以,尽管企业作为会计核算主体,加入社会责任会计要素之后,仍符合"资产=负债+权益"的平衡公式,但三者之间不存在这种必然的平衡关系,单独编制的社会责任资产负债表只是披露了社会责任资产、社会责任负债、社会责任权益所包含的内容及金额,但并未表明三者之间存在平衡关系。

企业社会责任资产负债表的格式,见表7—1。

表7—1　　　　　　　　　　社会责任资产负债表

编制单位:　　　　　　　　　　年　月　日　　　　　　　　　　单位:元

资　产	期末数	年初数	负债及所有者权益	期末数	年初数
社会责任资产项目:			社会责任负债项目:		
社会责任物资			应交税费		
消费者售后服务投资			应付职工薪酬		
其他社会责任投资			应付职工社会统筹保障金		
环境资源资产			应付消费者退货款或赔偿金		
社会责任固定资产			应付售后服务费		
社会责任工程物资			应付环保费		
在建社会责任工程			应交矿产资源补偿费		
社会责任无形资产			应交环境资源税		
环境生物资产			应交社区服务费		
			应交社区公益福利款		

续表

资　产	期末数	年初数	负债及所有者权益	期末数	年初数
			社会责任权益项目：		
			社会责任资本		
			社会责任资本溢价		
			其他各种社会责任资本		
社会责任资产总计			社会责任负债及权益合计		

特别需要指出的是，由于该表项目有的采用定量指标反映，也有的采用文字表述。因此，社会责任资产总计与社会责任负债及权益总计不一定相等。

(2)社会责任利润表

传统的利润表是反映企业一定期间生产经营成果的会计报表，它是把一定期间的营业收入与其同一会计期间相关的营业费用进行配比，以计算出企业一定期间的净利润(或净亏损)。而社会责任利润表是反映企业一定期间履行社会责任导致的社会责任成果的会计报表，它是把一定期间的企业社会责任收益与企业社会责任成本费用相比较得出企业的社会责任利润。社会责任利润表分为本期金额和上期金额两栏。"本期金额"栏反映各项目的本期实际发生数；"上期金额"栏反映上年实际发生数；如果社会责任利润表上期与本期的项目名称和内容不相一致，应对上期利润表项目的名称和数字按本年度的规定进行调整，填入"上期金额"栏。在社会责任利润表中，社会责任成本费用并不一定与社会责任收益是配比关系，也许并不相关联，所以社会责任利润表所提供的数据与传统利润表中的数据具有不同的财务参考价值。

社会责任利润表的格式，见表7—2。

表7—2 社会责任利润表

编制单位： 年 月 单位:元

项　目	本期金额	上期金额
一、社会责任收益：		
环保收益		
直接环境收益		
利用"三废"生产产品的收益		
社会福利事业贡献奖		

项　目	本期金额	上期金额
员工责任收益		
社区责任收益		
政府减免退税收益		
其他社会责任收益		
二、社会责任支出:		
环境责任支出		
职工社会统筹保障金		
职工薪酬费用		
职工困难补助支出		
产品售后服务费		
退货或返修费用		
产品安全支出		
供应商责任支出		
社区责任支出		
政府责任支出		
公益福利及公益捐赠支出		
社会责任资产累计折耗		
其他社会责任成本费用		
三、社会责任利润		

应说明的是,本表所列示的"社会责任收益"和"社会责任成本费用"具体项目对于大多数企业是适用的,但具体到某一企业,一些项目不一定是必需的,或者也不见得是足够的,需要针对企业的实际情况进行相应的调整。

(3)社会责任现金流量表

社会责任现金流量表是指反映企业在一定会计期间的现金和现金等价物流入和流出的财务报表,是一张动态报表。基本内容可以按照企业为履行社会责任所发生的业务性质将企业一定期间内产生的现金流量归为三类:

①经营活动产生的现金流量。经营活动是指企业投资活动和筹资活动以外的所有为履行社会责任而发生的交易和事项,包括接受国家环保补贴和社会

福利事业贡献奖、缴纳各种税金、支付职工工资及福利费、处理环境治污及绿化保护费等。

②投资活动产生的现金流量。投资活动是指企业社会责任资产的购建和履行社会责任进行的投资及其处置活动,如处置社会责任资产投资、改善环境而购建环境设备、提供售后服务等。

③筹资活动产生的现金流量。筹资活动是指导致企业社会责任资本及社会责任负债规模和构成发生变化的活动,包括吸收社会责任权益性投资、分配社会责任权益性投资者红利、支付社会责任项目筹资费用等。

社会责任现金流量表的格式,见表7-3。

表 7-3　　　　　　　　　　　社会责任现金流量表

编制单位:　　　　　　　　　　年　　　月　　　　　　　　　　单位:元

项　　目	金　　额
一、经营活动产生的现金流量:	
收到的环保和社会福利事业贡献奖	
履行员工责任收到的现金	
履行社区责任收到的现金	
销售利用"三废"生产产品收到的现金	
治理环境收到的现金	
收到政府减免退税的现金	
收到的社会责任专项拨款	
经营活动现金流入小计	
支付给职工以及为职工福利改善等支付的现金	
支付的各种税金及附加费	
支付的产品售后服务费用	
支付的环境保护费用	
支付的社区保护费用	
支付的公益福利及公益捐赠支出	
支付的其他社会责任成本费用	
经营活动现金流出小计	
经营活动产生的现金流量净额	

项　目	金　额
二、投资活动产生的现金流量：	
处置社会责任资产投资收回的现金	
投资其他企业社会责任资产收到的红利	
投资活动现金流入小计	
为改善环境而构建环境设备所支付的现金	
对外社会责任投资（如：捐赠）所支付的现金	
其他社会责任投资所支付的现金	
投资活动现金流出小计	
投资活动产生的现金流量净额	
三、筹资活动产生的现金流量：	
吸收社会责任权益性投资所收到的现金	
借款购建社会责任工程所收到的现金	
为社会责任目的发行债券所收到的现金	
筹资活动现金流入小计	
对社会责任权益性投资者分配红利所支付的现金	
偿还购建社会责任工程的借款支付的现金	
对社会责任项目筹资费用所支付的现金	
筹资活动现金流出小计	
筹资活动产生的现金流量净额	
四、汇率变动对现金的影响额	
五、现金流量净增加额	
六、期末现金及现金等价物余额	

（4）其他相关附表

除上述社会责任报表外，还可通过辅助报表反映企业社会责任履行情况，如员工信息汇总表、环境成本汇总表、社会公益汇总表等。该类报表可根据企业自身情况进行选择，不做强制披露，报表形式也不予严格规范。

以员工信息汇总表为例，见表7—4。

表7—4 员工信息汇总表

编制单位： 年 月

项 目	内 容
员工人数(人)	
其中:残障员工(人)	
女员工(人)	
员工培训(人次)	
工作时间数(小时)	
职工薪酬(元)	
社会统筹保障支出(元)	
人才引进附加支出(元)	
员工培训支出(元)	
员工奖励支出(元)	
劳动保护支出(元)	
基本生活补助(元)	
贫困补助(元)	
子女教育补贴(元)	

此外,有部分研究提出通过专门报表对企业社会责任指标信息进行汇总披露,并作为企业社会责任辅助报表的组成部分。对此,笔者认为相关附表应根据成本—效益原则,由企业自行决定是否披露,外部监管机构不做强制性要求。

(5)报表附注

对于企业承担的社会责任,如果可以确认和进行数据计量的,则应优先采用定量指标进行反映;对于确实无法进行定量反映的,则可以用附注的方式进行披露。一般从企业应承担社会责任情况、履行社会责任情况以及影响社会责任履行的影响因素三个方面进行披露:

第一,企业应承担的社会责任情况,如企业主要排放的污染物、企业职工数量、企业应缴纳的税金、企业占用的自然资源情况、企业与竞争者的关系等。

第二,本会计期内企业已承担的社会责任及因承担社会责任而对财务状况产生影响的情况,如企业的人力资源管理政策、企业对其主要污染物的处理措施、资源环境管理政策、职工工资、培训及福利情况等。

第三,社会责任完成情况及其影响因素的披露,如企业所采用的环境标准及企业的达标情况、企业的安全生产制度及重大安全生产事故说明、重大环境事故的说明、重要的或有事项的说明等。

7.6.2.2　社会责任财务报表的编制

(1)社会责任资产负债表

社会责任资产负债表中的数据主要来自会计账簿记录,有的可以根据相关账户的期末余额填列,有的应按有关账户合并分析或调整后填列。社会责任负债表项目的"年初余额"应按上年各有关项目"年末余额"填列,各项目的"期末余额"应根据相关账户的期末余额填列。

同辉化工有限公司有关账户余额资料,见表7-5。

表7-5　　　　　　　　　同辉化工有限公司年末有关账户余额表　　　　　　单位:元

账户名称	借方余额	贷方余额	账户名称	借方余额	贷方余额
环境资源资产	770 000		应交税费		45 000
环境资源资产累计折耗		51 000	应付职工薪酬		200 000
环境生物资产	37 000		应付社会统筹保障金		98 000
社会责任物资	80 000		应付消费者退货款或赔偿金		5 000
在建社会责任工程	120 000		应付环保费		150 000
社会责任固定资产	2 000 000		应付社区服务费		5 000
累计折旧		650 000	应付社区公益福利捐赠款		30 000
社会责任无形资产	90 000		所有者投入资本		770 000

根据同辉化工有限公司账户余额资料,现试编社会责任资产负债表,见表7-6。

表7-6　　　　　　　　　　　　社会责任资产负债表

编制单位:同辉化工有限公司　　　　　201X年12月31日　　　　　　　　单位:元

资　产	期末数	年初数	负债及所有者权益	期末数	年初数
社会责任资产项目:			社会责任负债项目:		
社会责任物资	80 000		应交税费	45 000	
消费者售后服务投资			应付职工薪酬	200 000	
其他社会责任投资			应付职工社会统筹保障金	98 000	
环境资源资产	619 000		应付消费者退货款或赔偿金	5 000	

资　产	期末数	年初数	负债及所有者权益	期末数	年初数
社会责任固定资产	1 350 000		应付售后服务费		
在建社会责任工程	120 000		应付环保费	150 000	
社会责任无形资产	90 000		应交矿产资源补偿费		
环境生物资产	37 000		应交环境资源税		
			应付社区服务费	5 000	
			应付社区公益福利款	30 000	
			社会责任权益项目：		
			社会责任资本	770 000	
			社会责任资本溢价		
			其他各种社会责任资本		
社会责任资产总计	2 426 000		社会责任负债及权益合计	1 303 000	

(2)社会责任利润表

社会责任资产利润表中的数据主要来自会计账簿记录,可以根据相关账户的"期末余额"填列。"本期金额"应按各有关项目账户的发生额分析计算"年末余额"填列,"上期金额"应根据上年同期报表金额填列。

同辉化工有限公司有关账户累计发生额资料,见表7—7。

表7—7   同辉化工有限公司有关账户累计发生额   单位:元

账户名称	借方发生额	贷方发生额
环保收益		1 050 000
直接环境收益		600 000
员工责任收益		50 000
政府责任收益		55 000
环境责任支出	3 400 000	
员工责任支出	340 000	
产品售后服务费	200 000	
退货或返修费用	15 000	
产品安全支出	10 000	
供应商责任支出	28 000	
社区责任支出	490 000	

续表

账户名称	借方发生额	贷方发生额
政府责任支出	250 000	
公益福利及公益捐赠支出	780 000	

　　根据相关账户累计发生额，现试编社会责任利润表，见表7—8。

表 7—8　　　　　　　　　　　　社会责任利润表

编制单位:同辉化工有限公司　　　　　201×年12月　　　　　　　　单位:元

项　目	本期金额	上期金额
一、社会责任收益:	1 755 000	
环保收益	1 050 000	
直接环境收益	600 000	
利用"三废"生产产品的收益		
社会福利事业贡献奖		
员工责任收益	50 000	
社区责任收益		
政府责任收益	55 000	
其他社会责任收益		
二、社会责任支出:	4 733 000	
环境责任支出	3 400 000	
员工责任支出	340 000	
产品售后服务费	200 000	
退货或返修费用	15 000	
产品安全支出	10 000	
供应商责任支出	28 000	
社区责任支出	490 000	
政府责任支出	250 000	
公益福利及公益捐赠支出	780 000	
社会责任资产累计折耗		
其他社会责任成本费用		
三、社会责任利润	－2 978 000	

(3)社会责任现金流量表

现金流量表说明企业现金进出的整体情况,提供财务状况的变动信息,方便信息使用者评价企业支付能力、偿债能力和周转能力,准确预测企业未来的现金流量,分析企业收益质量及影响现金净流量的因素。但是,作为财务会计报告体系的延伸,在企业社会责任报告体系中,社会责任现金流量表可作为辅助报表,或不予披露。在实践中也较少有进行社会责任现金流量披露的要求,因此对非上市企业可由企业自行判断是否设立,不做强制性规定,编制方法参照传统现金流量表,兹不赘述。

总之,社会责任会计所披露的信息内容不是一成不变的,其模式等也在不断发展完善。但一个企业不管在什么时间和环境下应责无旁贷承担社会责任,因而对企业社会责任会计的研究必然随着社会的发展不断地进行下去。同时,社会责任的多样性决定了相关研究的复杂性,再加上社会责任会计在国外发达国家发展至今只有近40年的历史,我国的起步更晚,如何更科学、合理地进行社会责任会计信息披露的确认、计量等还有待进一步探讨。

7.7 推动企业社会责任会计信息披露的建议

由于社会责任会计在我国起步较晚,目前在信息披露上做得比较好的一般都是规模较大、实力较强的企业。要将社会责任会计应用到我国各行各业和国民经济核算当中还需在借鉴发达国家有关社会责任会计理论和实践先进经验的基础上,逐步完善我国社会责任会计理论和实践。

7.7.1 加强社会责任会计的理论研究

与西方发达国家相比,我国的社会责任会计尚处于认识与探索阶段,还没有形成完整的理论体系,因此也无法有效地指导实务操作。

企业的社会责任涉及面较广,依据的理论和方法体系较为多元化,各种社会责任的计量也相对较为复杂,企业社会责任报告很多内容还不能以具体的数据进行表达,这在很大程度上阻碍了利益相关者对报告有用信息的获取和使用。企业的管理者也只能运用现存的财务体系去评价企业自身的社会行为,因此需要社会责任会计从理论上解决核算和计量问题。但是,目前我国的社会责任会计研究大多数局限于对国外社会责任会计的介绍以及我国实行社会责任会计的方法及社会责任会计的信息披露方面,没有可行的会计方法及实务操作供现有企业进行社会责任信息披露时进行参考。因此,会计理论界应对社会责任会计这一新兴学科进行深入的探讨与研究,力求解决计量、成本确认等基本理论问题,以突破社会责任会计信息披露中的障碍。只有这样,才能提高我国的社会责任会计理论水平,促使社会责任会计理论早日与会计实务相结合,突破实务操作的主要障碍,逐步完善社会责任会计的理论体系。

7.7.2　完善立法工作

为了规范经济行为,维护公众利益,保护自然环境,推动社会责任会计信息披露的发展,建立和完善与社会责任有关的立法工作是不容忽视的一个重要方面。

从西方发达国家来看,政府在社会责任信息披露发展进程中充当了重要的角色,以制定法规、准则的方式极大地推动了社会责任信息披露的发展。目前我国还没有专门的社会责任法律,仅有一些部门发布的相关规定和指引,并且以环境管理方面的居多,这些远远不能满足日益复杂和广泛的社会责任问题。企业是否具有社会责任意识以及社会责任意识的强弱程度直接关系到企业社会责任财务信息披露的质量。由于缺乏相关的强制性法律规定和社会责任信息披露的准则、规则和指南,大多数企业不会主动披露社会责任会计信息,即使有些企业主动披露,也由于没有相关的标准,信息使用者无法评定信息的质量,影响信息使用的效果,因此,建立健全社会责任信息披露的法规势在必行。我国的政府部门及各相关部门应当针对我国企业承担社会责任的现状,结合国内的实际情况,制定出具备可操作性的法律法规,出台相应的社会责任信息披露的法律法规、准则和指南。依法强制要求企业必须提供社会责任方面的信息,建立社会责任报告制度,并对企业损害社会利益的行为进行处罚,促使企业由被动地履行社会责任变为主动承担社会责任。只有有法可依、有法必依,才能使我国企业履行社会责任的情况置于国家机关监督控制之下,从而产生良好的效果,推动社会责任信息披露的发展,使企业对社会责任的履行与社会会计信息披露不断走向规范化。

7.7.3　制定社会责任会计准则

企业的经济业务纷繁复杂、千差万别,不同行业的企业又有各自的特殊性,会计准则使得会计人员在进行会计核算时有了共同遵循的标准,各行各业的会计工作可以在同一标准的基础上进行,会计行为达到规范化。虽然在社会责任会计研究中,社会责任会计信息披露是最早进入实务领域的,但发展至今仍没有共同可接受的专业标准。因此,制定社会责任会计准则,作为社会责任会计工作的标准和准绳,对社会责任会计的核算、会计要素、报告等内容进行规范,使企业提供的社会责任会计信息具有可比性,进而提高社会责任会计信息的质量,对于规范和推广社会责任会计工作具有重要意义。

7.7.4　加强社会责任会计信息披露的政府监管

在我国实行社会责任会计一方面要靠企业,一方面要靠政府推动。从业务层面上看,企业实施社会责任会计并不难,国外企业有成功的经验可以借鉴。但是,从利益层面上看,单靠觉悟还不行,须依靠政府强有力的推动和规制,靠教育、靠倡导、靠鼓励有时并不一定能起多大作用[①]。

在社会责任会计信息披露问题上由国家实施强制性的管制是极其必要的。借鉴传统会计和信息披露的做法,并考虑社会责任会计的特点,笔者认为,这种管制工作实际上就是由政府有关部门对企业的社会责任会计信息披露进行科学的监管。从事社会责任会计信息披露工作的政府部门应该是财政部、中国证监会和其他政府部门(如国家环保局等)。就政府监管的内容来说,应包括以下几个方面:通过某种法规或规章明确提出企业对外披露社会责任会计信息的要求,通过辅导、检查、指导促使各企业按照要求定期予以披露;开发研究和推广社会责任会计信息披露的技术和方法;培养称职的从事社会责任会计工作的人员;指导建立社会责任会计信息披露的审计体制,通过政府有关部门的检查和社会性审计机构的努力,确保社会责任会计信息的可靠性。

7.7.5　开展社会责任审计工作

传统会计和报告需要以独立的外部审计来保证信息的可靠性,同样社会责

---

① 黎友焕,文志芳.国际标准 ISO26000 解读[M].兰州:西北工业大学出版社,2011.

任会计和信息披露也需要社会责任审计作为其可靠性的重要保障。欧美国家在兴起企业社会责任运动的同时,也正在推行社会责任审计。但是我国的审计现在主要侧重于财务报表审计,社会责任方面的审计才刚刚起步,目前报告有第三方审验的企业为数不多。

　　企业的社会责任报告有没有公信力,是否可信,都需要有第三方的认证和审验加以保证。由于我国社会责任会计信息披露起步晚且没有严格的标准遵照执行,因此只有开展社会责任审计工作才能使信息披露逐步走向规范化的道路。社会责任审计应重点审计其真实性、正确性与客观性,确保社会责任会计信息的真实可信,满足各利益相关者对社会责任会计信息的需要。为保证审计的质量,进行社会责任审计的审计人员不仅要具备会计、财务和审计知识与技能,还必须具备社会责任政策法规、社会学和社会福利经济学、生产经营与社会责任关系等诸多方面的知识和技能。此外,一些规模较大的企业集团也应积极开展内部社会责任审计,及时监督企业各部门和单位履行社会责任情况,建立和实施企业内部社会责任奖惩和考核制度,推动企业集团全面落实企业社会责任目标。因此,我国政府应当加快制定有效可行的社会责任报告审计制度,提高审计人员的专业素养,加大对社会责任报告的监督力度,使社会责任报告的信息披露进一步完善。

　　虽然在目前情况下我国要构建完善的社会责任会计信息披露体系还有较长的路要走,但是,从长期来看,建立完善而科学的社会责任会计信息披露体系将是一种客观必然的趋势。

8

结论与建议

8.1 结　论

构建企业社会责任会计体系十分必要。实证分析与案例研究证明了企业对股东、员工、债权人、政府等承担的社会责任都与企业经营绩效呈正相关关系。企业对公益事业承担的社会责任与经营绩效呈弱负相关关系,企业对社会公益事业所做的贡献实际上是一种长期投资,在当期会增加企业的成本,但从长期看,有利于提高企业的形象,有利于提高企业长期的经营绩效。改革开放三十多年来,我国经济高速发展,现阶段已经进入了矛盾凸显期,尤其以企业行为的外部不经济为甚。企业社会责任会计能够较好地反映企业经济活动对社会造成的影响,扩大传统会计学的应用范围,提高企业社会责任行为的透明度,有效遏制企业行为对社会的损害,缓和社会各阶层的矛盾,间接地促进经济社会的全面协调、可持续发展。

加强企业社会责任会计理论研究是制定企业社会责任会计准则的前提。我国理论界对企业社会责任会计的研究起步较晚,研究得不够深入,即使在国外已经发展了近50年,对企业社会责任的范围、确认对象、计量方法等仍然存在较大分歧。核算内容的繁杂和难以界定以及计量的困难,都使理论界对企业社会责任会计的研究难以深入。理论的缺陷使准则的制定难度加大,是准则缺位的根本原因。因此,大力开展企业社会责任会计理论研究是准则制定的前提。要想早日建成社会责任会计制度,就必须大力发展社会责任会计研究,建立和完善与社会责任有关的立法工作,制定关于企业社会责任会计制度的会计准则,建立社会责任会计信息披露的基础,完善我国企业社会责任信息披露机制,在企业内部建立起社会责任会计指标体系,完善日常核算程序等工作。为了确保信息的真实性,必须加强社会责任审计理论的研究。与此同时,国家还应该颁布各项社会责任标准,为企业社会责任会计核算提供计量依据,如环境社会责任标准、劳动社会责任标准、食品安全标准、添加剂使用标准等,并且对违法者严惩,提高国家法规的威慑力。国家要加大企业社会责任会计研究的科研经费的投入和奖励,为理论研究创造基础和激励机制。国家财政部应该组织相关研究,抽调各方面人士代表组成小组成员,加强实务调研、计量论证,可以先在条件成熟的单位,例如在央企和上市公司开展试点实施工作,有计划、有步骤地推动企业社会责任会计核算在全国的普遍开展。

企业社会责任会计相关准则的出台会给社会责任会计的实施提供依据和强制力。从发达国家社会责任会计的产生、发展轨迹来看,政府是其从空想走向现实的重要推动力量。企业承担社会责任必定会有支出发生,这是追求最大利润的企业不情愿自觉履行的;在披露社会责任信息时,企业愿意披露其社会贡献,不愿意披露其社会损害。因此,只有通过政府立法,从制度上对企业进行约束、激励、奖励或惩戒,强制企业履行社会责任,强制企业披露法规规定的信息。

企业履行社会责任的关键在于公司治理结构和组织。首先要从公司治理的架构上对企业社会责任工作有所保障,例如董事会设置社会责任工作委员会负责企业履行社会责任、财务部设专职社会责任会计人员负责社会责任收益与成本的核算等;其次,要制定企业履行社会责任发展战略,将企业履行社会责任渗透到企业的生产经营的各环节中去,体现在企业核心竞争力中;再次,要向员工加强履行社会责任的教育、宣传和培训,提高员工的社会责任意识,在生产中严格遵守企业制定的各项社会责任劳动准则、提高劳动生产率、减少浪费、节水、节电、积极开发新技术。

建设一支高素质的人才队伍是实施企业社会责任会计的必须条件。企业社会责任会计核算最终必须靠会计人员去执行,我国现阶段的会计教育在社会责任会计领域是空白,而且我国广大的财会从业人员囿于传统会计观念,对社会责任会计这一新兴学科体系认识不清、重视不够,因此会计人员对企业履行的社会责任核算能力相对较低,因此需要启动关于社会责任会计核算的教育和各级各类培训工作,培养受过高等教育的企业社会责任会计从业人员,提高我国会计从业人员的社会责任会计核算技能。

本研究提出的核算方法和披露方式基本可以满足企业履行社会责任的会计核算与披露要求,但是不足之处是对企业社会责任的会计计量的研究还不够透彻和深刻,仅仅停留在初级水平。探索切实可行的科学计量方法,是我国社会责任会计信息生成、披露的重要一环,计量方法不能太简单,但也不能太复杂,太复杂会大大增加社会责任信息的成本,从成本效益的原则考虑是不可取的。计量方法选择的另一个判断标准是计量结果的精确程度,信息的准确性直接关系报告的质量。因此,在后续研究中,还需要对社会责任会计的计量技术深入探索。随着理论界对计量技术的突破,企业社会责任会计准则的颁布和实施必然会实现。

8.2　相关建议

8.2.1　建议尽快制定相关法律法规和会计准则

目前,各个国家的社会责任会计信息主要是依靠企业自愿披露。然而,社会责任的履行属于企业的社会义务,当社会义务与经济利益相冲突的时候,企业就可能不履行这一责任。因此,从长远来看,为了规范社会责任信息,制定相关的社会责任会计强制性法律法规和会计准则是必然趋势。从西方国家社会责任会计发展历程和实施经验来看,政府通过制定法律和法规等方式规范社会责任会计,明确规定企业应承担的社会责任,强制企业执行,使企业行为得到调整,促进企业步入良好发展态势。例如,法国在 1975 年就提出了《关于公司法改革的报告》,建议各家大公司每年公布企业的"社会报告"。之后还先后制定和修改了相关法律,强制规定达到一定规模的组织要用货币金额揭示企业履行社会责任的情况,必须编报年度社会资产负债表。除此之外,英国制定了《工作和健康安全法》、《就业保护法》、《就业法》、《水资源安全及质量法》、《空气污染检查法》等,美国也颁布了《环境政策法案》、《空气质量标准法案》等。通过这些法律法规,各国政府分别规定了企业的社会责任,极大地促进了企业社会责任意识的提高,推动了本国社会进步。我国虽然也颁布了一些关于企业社会责任方面的法律法规,但主要侧重于环境方面,且比较空洞,对企业社会责任规定缺乏系统性和可操作性。建议我国从本国实际情况出发,借鉴西方国家的经验,制定一套具有实务可操作性的社会责任法律法规,其内容应涵盖环境资源、社保、公共事业、劳动、产品质量和税收等各方面。同时,国家在完善立法的基础上,应提高政府管理效率,落实各执法环节,严格监督企业的社会活动,修正和规范企业的经营目标,做到奖惩分明,使企业在国家机关的监督控制之下自觉履行社会责任。此外,社会责任会计也必须建立一定的准则和制度,这是企业处理社会责任会计的基本依据和原则。开展对社会责任会计准则的研究,规定社会责任成本和社会责任收益等具体内容和信息披露方式,使企业会计核算、披露信息时有相应的规范和准则可循,用以指导社会责任会计的实践。

8.2.2　加强社会责任会计理论体系的研究

实务上的操作往往需要理论知识的指导,但是到目前为止,我国还没有建立起一套较为完善的社会责任会计理论体系,尤其是在计量、报告环节上的研究盲点,使得我国社会责任会计的发展停滞不前。面对这样的现实状况,我国会计界可参考美国注册会计师协会成立的社会计量委员会机构,建立起一个专门的研究机构。这个机构除了包括会计界的专家学者外,还应吸收经济学、社会学、人力资源学、计量学、组织行为学和企业文化理论等学科的专家或学者,集百家之长,解决社会责任会计在理论和实践中的难点问题,并结合中国国情,构建起有中国特色的企业社会责任会计理论体系。在构建社会责任会计理论体系过程中,还应注意到社会责任会计与财务会计的区别,改变传统会计的思维模式。如企业社会责任会计的目标是社会效益,而不再仅限于经济效益;其核算内容不同于传统会计核算的企业生产经营活动过程中的资金运动,而是企业的社会成本和社会效益;由于社会责任会计的核算内容的多样化,传统会计中的货币计量会计假设也不再适用;除了传统会计的核算原则外,社会责任会计还需要增加社会性、政策性和强制性等原则;由于会计核算对象的不同,社会责任会计在会计要素上也需要进行创新;与传统企业会计主要是从数量、金额方面来反映企业的财务状况和经营成果相比,社会责任会计既可用文字叙述的形式,也可运用社会资产负债表、社会收益表、增值表和环境损益与效益对照表等数字形式,对企业社会责任履行情况进行报告。只有通过分析比较,建立起一个不同于传统会计的理论体系,社会责任会计的实务操作才能真正实现突破。

8.2.3　加强企业履行社会责任的意识

社会责任会计至今仍然存在较多的理论难题,且缺乏相应的法律法规和准则的约束及监督,从而导致企业是否披露履行社会责任信息和披露程度主要依靠企业的社会责任意识强弱。因此,企业作为社会责任会计信息披露的主体,是否具有社会责任意识、社会责任意识的强弱程度就直接关系到企业社会责任会计信息能否披露、披露是否全面。由此可以看出,要提高企业披露的社会责任信息的质量,首先必须加强企业自身的社会责任意识。例如,在发达国家,社会各界特别是政府、会计理论界和社会公众都非常关注企业内部管理当局的社会责任意识,创造条件培养企业自愿披露意识。我国也应该借鉴国外成功经验,在企业中大力宣传和倡导社会责任观,组织社会责任方面的讲座,充实社会责任会计信息披露的内容。尤其要转变企业经营管理者长期形成的只重视经济利润的观念,增强他们的社会责任意识,如环保意识、人本意识等。教育企业管理当局在从事生产经营活动时既要立足于自身的经济利益,同时又要考虑社会的整体效益。对企业经营业绩的考评,也不能仅仅局限于企业经济目标的完成情况,还应对企业应承担的社会责任的履行情况进行考核,促使企业自觉承担应尽的社会责任。与此同时,作为企业生存和发展的基础,社会公众对企业社会责任的关注程度也是实施社会责任会计的重要推动。同时我国除了需要在企业界广泛开展社会责任的讨论和教育以外,也应加强对社会公众的宣传,使社会各界意识到社会责任的重要性。如具有社会责任意识的企业相关利益者就会抵制不履行社会责任的企业,有维权意识的企业职工和消费者也会使得只追求经济利益的企业产品缺乏市场竞争力,广大的舆论压力也会迫使企业不得不开始重视社会责任。这些都为建立社会责任会计提供了一个良好的外部环境。

8.2.4　加强社会责任会计的教育

企业会计人员的业务素质是推行社会责任会计的关键,会计人员的观念、素质和技术水平直接影响到社会责任会计的实施效果。目前,尽管有部分上市公司、国有大型企业已经开展了社会责任方面的信息披露,但其内容相对简单,且仅限于文字方面的描述,这与财务人员的相关理论和技能的欠缺不无关系。由于企业社会责任会计作为会计的一个新分支,无论是它的理论基础还是核算对象、方法均与传统会计区别很大,一些传统会计概念、原则、方法已不适用于企业社会责任会计。因此,会计人员进行培训和教育显得尤为重要。而现今我国各大高校会计专业教学计划中设有《社会责任会计》这门课程的还很少。即使一些重点院校中专业素质比较高的学生,对于社会责任会计的计量方法等专业性要求较高的知识也了解甚少。这也反映我国在这方面的人才储备上的欠缺,从而也影响社会责任会计在我国的广泛应用。因此,建议我国高等教育在各层级会计专业人才培养方案中相应提高对社会责任会计的重视程度,规范这一课程的教学内容和教学方法。社会责任会计课程的重点是社会责任会计的确认、计量和核算、社会责任会计指标体系和社会责任审计,其难点也在于社会责任会计的计量。社会责任会计由于其计量对象的广泛性以及计量的复杂性和模糊性等,其计量模式的选择不可能单一化,多种计量模式并存是它的客观要求。针对这一学科特点,社会责任会计课程应在理论讲解的基础上,增加大量近期发生的、国内外真实的社会责任案例,培养学生掌握运用新理论、新工具计量和分析社会成本和社会效益的技能。同时,财政部门也应利用会计后续教育职能,开展社会责任会计的教育与培训,采取培训、岗位学习、业务考核和交流等灵活多样方式,提高在职人员的相关技术水平,为准确反映企业社会责任信息提供人才保障。

8.2.5　分步实施、有序推进

由于目前社会责任会计理论体系尚不成熟,且在计量方法上还存在许多问题,推广应用社会责任会计不可能一步到位,应采取循序渐进的方式,先试点后推广,由低级到高级,由简单到复杂。如法国政府在 1977 年出台法律,要求员工超过 750 人的公司必须按年编报和披露其社会责任信息,1982 年再将披露范围推广到员工超过 300 人的公司。我国在推行社会责任会计时,也可借鉴已经实施社会责任会计的国家的经验,分步骤、分阶段、有计划地进行。由于社会责任会计实施效果受到多方面因素的影响,如计量手段和计量方法、信息披露成本、企业社会责任意识、社会公众对社会责任的关注程度等,建议先在某一个地区或某一行业的某些企业进行试点,取得经验后再加以推广。如首先选择一些具有推行企业社会责任会计经济条件的地区,如经济特区和经济技术开发区等。同时,考虑到每个企业的环境和条件不同,政府可先要求会计管理工作较健全的企业,如上市公司等大规模企业披露其社会责任信息,然后逐步向中小企业推广。也可以选择一些重点国有企业,或造成环境污染较严重的企业,如矿业、化工、石油企业。针对这些试点单位,制定一些临时性法规,进行强制监督,并对其在实验期间遭受的损失给予一定的补偿。通过实际推行的效果,不断修改完善相应规范。在披露的社会责任信息方面,可以先披露容易计量的项目,然后随着计量技术的不断进步和社会责任会计实践的不断完善逐渐增加披露内容。披露方式也可先通过文字叙述方法在传统财务报表附注中列示,再慢慢向独立的社会责任会计报表过渡。通过这种逐步推进的方式,逐渐建立起适合我国国情的企业社会责任会计体系。

附 录

样本公司企业社会责任与企业经营绩效指标基础数据

年份	股票代码	股票简称	每股收益（元/股）	员工所得与收入比（%）	资产负债比	总资产税费率（%）	捐赠与收入比（%）	净资产收益率（%）
2010	000668	荣丰控股	0.390 0	3.665 6	4.604 2	6.617 7	1.786 5	8.582 1
2010	000863	三湘股份	0.030 0	0.169 6	0.142 9	0.042 3	0.224 0	0.000 0
2010	002022	科华生物	0.457 6	11.244 1	6.986 4	8.937 5	0.023 1	25.038 9
2010	002028	思源电气	1.260 0	12.813 4	4.443 1	7.394 6	0.289 3	19.017 3
2010	002058	威尔泰	0.210 0	16.795 9	5.493 5	5.861 5	0.000 0	7.155 4
2010	002116	中国海诚	0.569 0	20.018 4	1.373 3	6.407 6	0.012 1	13.336 3
2010	002158	汉钟精机	0.755 7	5.387 9	4.249 5	5.160 7	0.009 3	20.624 7
2010	002178	延华智能	0.170 0	5.962 4	2.698 1	2.391 6	0.050 1	5.104 4
2010	002184	海得控制	0.136 7	5.270 7	4.153 5	7.228 8	0.000 2	4.206 8
2010	002195	海隆软件	0.610 0	46.358 2	9.518 5	5.037 8	0.000 0	14.782 5
2010	002252	上海莱士	0.680 0	16.353 6	9.386 2	10.184 6	0.104 0	22.510 1
2010	002269	美邦服饰	0.750 0	8.437 8	1.633 8	8.823 0	0.086 0	22.752 2
2010	002278	神开股份	0.360 0	14.729 5	7.531 5	3.861 1	0.112 9	7.063 2
2010	002324	普利特	0.740 0	3.056 0	8.771 7	3.209 3	0.000 4	9.524 7
2010	002328	新朋股份	0.530 0	9.404 3	11.947 2	0.700 3	0.023 4	7.482 9
2010	300008	上海佳豪	0.722 0	21.707 5	6.926 4	2.786 9	0.000 0	12.909 6
2010	300017	网宿科技	0.250 0	15.148 9	19.448 6	2.076 0	0.043 0	5.189 1
2010	600000	浦发银行	1.234 0	21.000 8	1.059 6	0.381 4	0.000 0	15.591 7
2010	600009	上海机场	0.680 0	21.236 1	5.309 4	2.448 3	0.000 0	9.326 6
2010	600018	上港集团	0.258 1	18.115 8	2.696 9	2.421 1	0.011 2	15.312 0
2010	600019	宝钢股份	0.740 0	3.970 1	2.062 8	3.368 0	0.006 1	12.305 0
2010	600021	上海电力	0.090 1	6.558 3	1.376 3	2.002 1	0.000 0	3.347 6
2010	600026	中海发展	0.504 2	13.580 3	2.310 6	1.143 9	0.018 1	7.602 4
2010	600050	中国联通	0.058 0	13.336 2	1.885 4	1.525 6	0.003 7	1.733 0
2010	600061	中纺投资	0.049 0	4.344 6	2.484 7	3.497 0	0.003 8	3.715 9
2010	600072	中船股份	0.111 0	8.462 8	2.579 1	3.917 0	0.004 4	3.167 6
2010	600073	上海梅林	0.010 0	21.308 8	1.648 4	2.360 2	0.012 5	0.354 2
2010	600081	东风科技	0.522 6	9.718 6	1.638 1	7.205 8	0.000 6	31.245 4

年份	股票代码	股票简称	每股收益（元/股）	员工所得与收入比（%）	资产负债比	总资产税费率（%）	捐赠与收入比（%）	净资产收益率（%）
2010	600088	中视传媒	0.241 0	6.175 2	2.494 9	4.150 0	0.000 0	8.044 4
2010	600094	大名城	0.003 3	36.929 9	4.082 1	1.655 5	0.000 0	11.708 0
2010	600097	开创国际	0.133 9	12.867 1	2.048 5	0.062 8	0.001 0	4.295 1
2010	600104	上汽集团	1.611 0	2.836 0	1.661 8	10.742 0	0.015 9	20.747 5
2010	600115	东方航空	0.482 6	13.186 8	1.196 8	3.263 7	0.000 0	34.540 3
2010	600119	长江投资	0.042 3	4.006 7	1.866 7	2.724 2	0.000 7	2.128 3
2010	600150	中国船舶	3.940 0	4.835 3	1.514 5	1.828 8	0.000 1	16.354 7
2010	600151	航天机电	0.160 1	9.769 1	1.838 9	1.249 0	0.000 0	5.156 7
2010	600170	上海建工	0.880 0	4.051 0	1.229 7	5.371 9	0.005 2	11.867 2
2010	600171	上海贝岭	0.020 0	16.798 9	8.431 2	0.910 8	0.016 7	0.987 1
2010	600193	创兴资源	0.550 0	9.906 0	2.052 6	1.811 9	5.015 8	26.078 2
2010	600196	复星医药	0.460 0	13.049 0	2.268 3	2.562 3	0.057 8	10.253 5
2010	600210	紫江企业	0.472 0	6.290 2	1.697 9	4.556 2	0.016 0	19.001 1
2010	600272	开开实业	0.110 0	13.885 2	1.437 5	3.832 5	0.024 0	8.548 7
2010	600278	东方创业	0.310 0	4.146 1	2.604 7	1.702 8	0.002 2	6.110 7
2010	600284	浦东建设	0.659 9	5.942 7	1.450 5	0.946 8	0.019 3	9.439 2
2010	600315	上海家化	0.650 0	7.129 7	3.511 4	14.268 4	0.002 4	18.415 8
2010	600320	振华重工	−0.160 0	7.163 3	1.525 2	0.928 5	0.002 2	−4.550 9
2010	600420	现代制药	0.375 7	9.358 6	3.810 2	7.220 4	0.001 4	14.941 6
2010	600490	中科合臣	0.090 0	2.812 3	1.454 2	1.421 9	0.000 0	10.762 1
2010	600500	中化国际	0.470 0	1.569 7	1.491 1	3.174 0	0.005 9	11.484 6
2010	600503	华丽家族	0.980 0	4.526 0	1.502 8	1.088 5	0.000 0	31.817 3
2010	600508	上海能源	1.840 0	22.206 1	3.348 0	16.826 7	0.000 0	22.192 8
2010	600517	置信电气	0.517 0	5.253 0	3.767 7	9.044 0	0.009 9	24.393 8
2010	600530	交大昂立	0.190 0	16.709 8	6.355 9	4.486 0	0.002 9	5.478 0
2010	600555	九龙山	0.010 0	262.089 8	2.681 0	4.099 9	0.000 0	0.645 0
2010	600597	光明乳业	0.190 0	5.457 4	1.817 2	8.335 0	0.004 2	8.344 7
2010	600601	方正科技	0.117 6	3.521 0	2.420 7	2.469 8	0.000 1	5.866 2
2010	600602	仪电电子	0.130 0	20.389 2	12.802 4	0.840 2	0.001 4	7.019 0
2010	600604	市北高新	−0.160 7	13.122 1	1.256 8	1.612 7	0.000 0	−53.409 3
2010	600605	汇通能源	0.030 0	0.582 3	2.280 8	2.207 3	0.000 0	0.905 1
2010	600606	金丰投资	0.520 0	8.268 5	1.795 4	3.365 0	0.014 7	11.662 5

续表

年份	股票代码	股票简称	每股收益（元/股）	员工所得与收入比（%）	资产负债比	总资产税费率（%）	捐赠与收入比（%）	净资产收益率（%）
2010	600608	上海科技	0.060 0	17.637 7	0.800 0	4.206 2	0.000 0	0.000 0
2010	600610	S 中纺机	0.020 0	34.061 8	2.336 8	0.937 5	0.000 0	4.278 6
2010	600611	大众交通	0.340 0	17.461 0	2.361 3	2.660 6	0.002 7	9.756 8
2010	600612	老凤祥	0.931 6	1.927 5	1.482 7	6.604 3	0.017 2	17.643 2
2010	600613	永生投资	0.040 0	8.060 5	7.754 0	8.182 6	0.000 0	3.264 1
2010	600614	鼎立股份	0.110 0	5.060 9	1.740 1	2.474 3	0.302 8	8.384 0
2010	600615	丰华股份	0.160 0	3.818 4	3.328 0	3.265 3	0.000 0	5.963 1
2010	600616	金枫酒业	0.300 0	13.223 0	4.897 7	12.940 5	0.891 4	11.886 3
2010	600618	氯碱化工	0.122 3	5.566 1	1.812 0	5.055 4	0.000 0	5.643 1
2010	600619	海立股份	0.240 0	7.352 8	1.496 6	3.555 2	0.018 6	8.859 3
2010	600620	天宸股份	0.470 0	2.472 6	2.414 6	16.499 1	0.000 6	23.005 9
2010	600621	华鑫股份	0.215 0	6.581 9	2.188 7	2.746 3	0.002 1	9.208 5
2010	600622	嘉宝集团	0.657 0	6.453 1	1.673 1	2.485 2	0.105 0	16.668 5
2010	600623	双钱股份	0.327 0	6.882 1	1.455 5	3.215 8	0.000 5	13.027 8
2010	600624	复旦复华	0.059 0	29.794 6	1.767 4	3.334 3	0.016 2	3.765 4
2010	600626	申达股份	0.425 3	2.994 5	2.984 4	3.704 5	0.004 1	11.418 4
2010	60062 8	新世界	0.370 0	6.484 2	1.630 0	3.606 0	0.032 8	10.383 7
2010	600629	棱光实业	0.249 0	9.257 2	2.411 8	12.874 2	0.132 1	9.582 3
2010	600630	龙头股份	0.135 0	8.953 1	2.242 2	6.210 3	0.007 9	4.061 0
2010	600635	大众公用	0.190 0	9.462 8	1.774 9	1.513 3	0.042 7	9.096 4
2010	600636	三爱富	0.132 0	5.186 6	1.534 1	2.005 8	0.086 6	5.848 9
2010	600637	百视通	0.149 8	11.836 3	1.874 6	1.681 5	0.000 2	8.228 1
2010	600638	新黄浦	0.380 0	9.374 4	1.903 7	1.052 0	0.013 0	7.208 8
2010	600639	浦东金桥	0.570 2	3.348 5	1.930 1	3.773 0	0.040 4	14.395 0
2010	600640	号百控股	−0.036 1	10.718 9	19.674 2	1.530 0	0.000 0	−1.418 2
2010	600641	万业企业	0.301 5	3.445 0	1.847 2	2.541 5	0.037 2	8.523 5
2010	600642	申能股份	0.468 0	2.233 8	2.913 7	2.729 3	0.000 0	7.747 0
2010	600643	爱建股份	0.128 0	22.220 7	3.119 2	2.653 2	0.131 2	8.446 6
2010	600647	同达创业	0.176 9	3.576 7	1.834 1	16.088 0	0.000 0	12.444 5
2010	600648	外高桥	0.660 0	5.349 3	1.272 6	2.226 3	0.005 0	14.534 3
2010	600649	城投控股	0.370 0	6.104 2	1.986 7	1.857 1	0.006 7	7.084 9
2010	600650	锦江投资	0.515 0	24.401 8	3.490 7	3.098 3	0.000 0	14.099 9

年份	股票代码	股票简称	每股收益（元/股）	员工所得与收入比（%）	资产负债比	总资产税费率（%）	捐赠与收入比（%）	净资产收益率（%）
2010	600651	飞乐音响	0.151 0	13.679 8	2.249 2	1.746 1	0.000 0	8.734 5
2010	600652	爱使股份	0.040 0	23.130 7	2.003 9	9.050 9	0.017 4	2.335 2
2010	600653	申华控股	0.035 0	2.527 8	1.421 7	1.465 1	0.001 2	3.672 5
2010	600654	飞乐股份	0.140 0	15.497 4	3.326 2	2.392 9	0.004 2	9.432 3
2010	600655	豫园商城	0.468 0	3.615 2	1.870 8	3.682 1	0.014 2	14.721 2
2010	600661	新南洋	0.040 0	11.624 1	1.862 3	3.188 9	0.003 6	1.780 0
2010	600662	强生控股	0.140 0	21.660 8	2.097 1	3.975 8	0.002 8	7.028 5
2010	600663	陆家嘴	0.638 1	8.133 2	2.064 6	1.728 0	0.000 0	11.590 1
2010	600665	天地源	0.263 2	3.316 0	1.330 0	4.187 0	0.012 7	11.061 5
2010	600675	中华企业	0.498 0	4.591 2	1.302 3	3.232 7	0.035 9	16.038 2
2010	600676	交运股份	0.240 0	11.843 1	2.061 1	4.197 9	0.001 6	8.724 7
2010	600679	金山开发	0.021 1	7.433 8	2.313 1	1.274 1	0.057 3	1.255 2
2010	600680	上海普天	−0.230 0	8.480 0	2.816 1	1.141 0	0.000 0	−6.151 0
2010	600688	S上石化	0.376 0	2.721 2	2.654 3	29.296 0	0.000 0	15.093 7
2010	600689	上海三毛	0.080 0	3.365 0	1.512 6	1.370 0	0.006 1	3.907 1
2010	600692	亚通股份	−0.201 0	41.328 8	1.557 8	0.866 9	0.000 1	−15.445 3
2010	600695	大江股份	0.018 9	7.099 6	1.533 1	1.656 5	0.000 0	6.536 8
2010	600696	多伦股份	0.017 0	14.043 7	3.622 9	0.648 6	0.000 0	1.210 8
2010	600708	海博股份	0.317 5	12.865 3	1.713 2	2.958 3	0.002 2	13.778 0
2010	600732	上海新梅	0.038 0	8.252 8	2.046 2	3.068 9	0.006 5	1.799 5
2010	600741	华域汽车	0.973 0	5.352 6	2.123 0	5.421 3	0.005 5	17.322 1
2010	600748	上实发展	0.300 0	5.112 2	1.202 1	2.921 3	0.007 5	12.727 4
2010	600754	锦江股份	0.630 9	22.086 1	4.695 9	3.465 8	0.000 0	8.906 2
2010	600767	运盛实业	−0.092 0	33.617 8	1.927 1	2.139 1	0.049 3	−8.889 9
2010	600781	上海辅仁	0.130 0	11.661 2	1.776 5	5.347 2	0.018 1	9.876 9
2010	600816	安信信托	0.204 1	85.224 9	2.098 6	1.763 5	0.000 0	28.413 7
2010	600818	中路股份	0.080 0	9.609 1	1.984 9	1.975 6	0.000 0	6.525 5
2010	600819	耀皮玻璃	0.266 0	12.467 6	1.604 6	2.646 3	0.000 0	9.658 1
2010	600820	隧道股份	0.750 0	5.569 9	1.285 0	3.157 7	0.001 5	12.497 7
2010	600822	上海物贸	0.210 0	0.290 7	1.260 2	0.781 9	0.000 1	6.559 2
2010	600823	世茂股份	0.750 0	2.383 5	1.645 7	2.492 9	0.007 9	10.604 2
2010	600824	益民集团	0.168 0	10.511 2	2.838 0	7.595 3	0.045 1	9.103 1

续表

年份	股票代码	股票简称	每股收益（元/股）	员工所得与收入比（%）	资产负债比	总资产税费率（%）	捐赠与收入比（%）	净资产收益率（%）
2010	600825	新华传媒	0.190 0	11.523 5	1.876 1	3.723 6	0.094 0	8.907 8
2010	600826	兰生股份	0.329 2	2.772 2	4.012 8	0.272 2	0.007 2	4.801 0
2010	600827	友谊股份	0.631 0	6.114 1	1.521 8	5.789 5	0.002 3	11.054 8
2010	600832	东方明珠	0.199 0	9.014 7	3.661 2	2.005 8	0.084 1	8.254 2
2010	600833	第一医药	0.190 0	7.989 1	2.237 2	5.826 3	0.000 0	7.070 7
2010	600834	申通地铁	0.200 0	0.440 3	2.607 5	3.195 9	0.000 0	8.543 3
2010	600835	上海机电	0.650 0	5.710 4	1.948 8	4.979 0	0.005 0	12.132 5
2010	600836	界龙实业	0.054 0	8.463 1	1.256 1	4.518 5	0.000 1	4.099 8
2010	600837	海通证券	0.450 0	26.305 1	1.653 6	1.203 6	0.023 5	8.289 8
2010	600838	上海九百	0.071 8	33.776 3	2.491 1	1.097 2	0.067 8	4.866 4
2010	600841	上柴股份	0.280 0	8.106 6	2.028 8	6.333 9	0.000 0	6.718 5
2010	600843	上工申贝	0.100 6	30.243 1	1.746 8	1.413 2	0.000 0	7.515 4
2010	600844	丹化科技	0.017 5	5.245 9	2.306 5	0.547 2	0.000 0	1.067 1
2010	600845	宝信软件	0.861 0	25.817 2	1.847 5	8.111 7	0.000 0	20.562 8
2010	600846	同济科技	0.150 0	3.831 2	1.577 6	3.963 2	0.007 7	8.036 3
2010	600848	自仪股份	0.015 0	14.761 1	1.145 9	3.625 9	0.006 2	3.544 1
2010	600850	华东电脑	0.083 2	9.016 0	1.688 6	6.704 7	0.000 0	5.263 2
2010	600851	海欣股份	0.012 6	15.976 9	3.310 8	0.856 2	0.010 6	0.501 4
2010	600895	张江高科	0.310 0	6.157 9	1.632 7	1.413 0	0.035 2	7.706 5
2010	601328	交通银行	0.660 0	13.646 2	1.060 0	0.433 5	0.018 2	17.525 5
2010	601601	中国太保	1.000 0	5.144 6	1.206 9	0.936 5	0.012 7	10.656 7
2010	601607	上海医药	0.686 7	5.661 1	1.740 0	5.687 8	0.041 9	14.978 9
2010	601727	上海电气	0.220 0	6.895 4	1.541 6	3.666 3	0.005 0	10.441 6
2010	601788	光大证券	0.640 0	17.278 2	1.624 4	2.443 5	0.126 2	9.685 1
2010	601866	中海集运	0.359 8	4.437 7	2.572 5	0.417 0	0.007 9	14.401 7
2010	601872	招商轮船	0.180 0	11.187 7	2.540 8	1.635 7	0.114 0	6.310 1
2011	000668	荣丰控股	0.020 0	6.964 2	4.680 3	3.260 2	3.311 5	0.499 9
2011	000863	三湘股份	0.420 0	6.904 5	1.257 8	4.215 2	0.000 0	25.266 2
2011	002022	科华生物	0.460 6	11.009 6	6.832 4	9.118 0	0.000 0	23.168 6
2011	002028	思源电气	0.350 0	14.747 2	3.913 4	9.470 1	0.021 1	5.776 8
2011	002058	威尔泰	0.110 0	21.196 7	4.508 1	5.169 6	0.000 0	6.868 2
2011	002116	中国海诚	0.795 0	16.830 7	1.327 3	7.486 7	0.013 5	16.780 4

年份	股票代码	股票简称	每股收益（元/股）	员工所得与收入比（%）	资产负债比	总资产税费率（%）	捐赠与收入比（%）	净资产收益率（%）
2011	002158	汉钟精机	0.660 4	6.614 9	4.383 1	5.852 4	0.007 4	19.065 5
2011	002178	延华智能	−0.070 0	6.763 8	1.845 4	2.129 2	0.000 0	−3.122 4
2011	002184	海得控制	0.093 1	6.155 5	3.675 5	6.322 5	0.000 0	2.827 0
2011	002195	海隆软件	0.580 5	45.492 2	10.405 7	5.736 7	0.001 3	17.692 7
2011	002252	上海莱士	0.740 0	14.536 2	12.272 8	11.607 2	0.009 5	21.905 3
2011	002269	美邦服饰	1.200 0	8.340 9	1.867 4	12.454 8	0.022 7	29.229 9
2011	002278	神开股份	0.310 0	15.150 7	4.784 2	2.618 1	0.016 4	6.920 6
2011	002324	普利特	0.330 0	3.834 0	6.968 3	2.709 9	0.011 9	7.781 1
2011	002328	新朋股份	0.210 0	11.090 9	9.126 8	0.952 7	0.000 0	3.028 2
2011	300008	上海佳豪	0.527 0	24.100 6	5.652 3	3.537 2	0.010 0	14.461 0
2011	300017	网宿科技	0.350 0	13.023 7	13.839 0	3.225 1	0.018 4	7.021 6
2011	600000	浦发银行	1.463 0	17.934 9	1.059 0	0.441 4	0.000 0	18.330 0
2011	600009	上海机场	0.780 0	21.884 5	5.517 2	2.726 7	0.000 0	9.762 7
2011	600018	上港集团	0.213 1	16.538 7	2.608 8	2.393 6	0.000 5	10.422 1
2011	600019	宝钢股份	0.420 0	4.086 7	1.964 6	3.188 2	0.006 6	6.912 9
2011	600021	上海电力	0.216 5	7.106 5	1.392 6	2.665 1	0.000 0	7.869 3
2011	600026	中海发展	0.307 6	13.834 5	1.896 5	0.773 7	0.097 6	4.430 5
2011	600050	中国联通	0.066 6	12.269 7	1.834 7	2.071 6	0.003 4	1.988 4
2011	600061	中纺投资	0.040 0	3.425 8	1.765 8	2.271 4	0.000 8	2.864 6
2011	600072	中船股份	0.080 0	8.162 7	2.677 2	2.547 2	0.000 0	2.695 4
2011	600073	上海梅林	0.420 0	7.090 3	1.764 8	4.807 9	0.000 0	8.283 4
2011	600081	东风科技	0.438 6	11.567 4	1.715 7	8.742 7	0.004 6	22.056 9
2011	600088	中视传媒	0.221 0	7.464 3	1.851 6	2.272 2	0.000 0	7.067 0
2011	600094	大名城	0.460 8	1.379 3	1.761 0	7.687 4	0.081 8	31.921 2
2011	600097	开创国际	0.320 0	10.437 2	2.052 0	0.270 8	0.013 6	9.618 1
2011	600104	上汽集团	1.834 0	2.629 0	1.717 5	11.545 3	0.001 4	19.755 2
2011	600115	东方航空	0.433 4	14.382 2	1.245 9	3.318 4	0.000 0	23.910 6
2011	600119	长江投资	0.060 0	6.269 1	2.690 4	2.809 6	0.000 0	2.584 3
2011	600150	中国船舶	2.120 0	5.937 7	1.643 9	2.878 3	0.002 8	12.650 5
2011	600151	航天机电	0.015 4	13.143 8	1.552 4	0.785 7	0.000 0	0.562 1
2011	600170	上海建工	1.170 0	4.003 3	1.200 6	4.530 3	0.007 4	13.031 9
2011	600171	上海贝岭	0.047 0	17.263 0	7.376 9	0.779 3	0.041 6	1.861 4

续表

年份	股票代码	股票简称	每股收益（元/股）	员工所得与收入比（%）	资产负债比	总资产税费率（%）	捐赠与收入比（%）	净资产收益率（%）
2011	600193	创兴资源	−0.160 0	7.195 9	1.963 9	2.673 1	0.000 0	−8.261 0
2011	600196	复星医药	0.610 0	10.127 5	2.041 3	3.075 0	0.048 0	11.928 2
2011	600210	紫江企业	0.366 0	6.943 6	1.709 1	5.280 6	0.014 9	13.992 8
2011	600272	开开实业	0.160 0	12.499 5	1.544 9	3.830 5	0.025 5	11.190 7
2011	600278	东方创业	0.470 0	2.538 2	2.015 9	1.908 5	0.000 5	7.926 7
2011	600284	浦东建设	0.493 6	5.047 4	1.486 3	0.779 0	0.008 8	7.950 8
2011	600315	上海家化	0.850 0	7.260 9	3.328 9	17.859 4	0.005 6	20.540 3
2011	600320	振华重工	0.010 0	6.259 7	1.542 9	0.580 6	0.000 7	0.198 8
2011	600420	现代制药	0.417 2	8.913 5	2.739 7	6.193 6	0.009 8	14.731 2
2011	600490	中科合臣	0.040 0	10.264 8	1.794 6	0.443 4	0.000 0	4.615 5
2011	600500	中化国际	0.540 0	1.175 5	1.527 8	2.065 3	0.001 1	12.306 4
2011	600503	华丽家族	0.525 3	2.184 3	1.740 4	8.114 8	0.000 9	31.217 2
2011	600508	上海能源	1.960 0	23.003 7	3.655 1	15.935 8	0.000 0	19.520 4
2011	600517	置信电气	0.265 4	5.376 5	4.089 2	6.342 6	0.000 0	13.373 2
2011	600530	交大昂立	0.180 0	15.946 8	6.004 1	3.119 7	0.085 5	4.083 6
2011	600555	九龙山	0.060 0	6.240 4	2.707 1	1.161 4	0.071 9	4.152 3
2011	600597	光明乳业	0.230 0	4.820 4	1.624 5	11.677 4	0.017 2	9.701 8
2011	600601	方正科技	0.069 4	4.757 9	3.071 6	3.033 0	0.000 0	3.596 4
2011	600602	仪电电子	0.130 0	15.066 1	6.966 4	1.409 0	0.014 0	6.597 0
2011	600604	市北高新	0.026 5	1.535 9	1.257 1	3.352 5	0.000 0	8.871 1
2011	600605	汇通能源	0.040 0	0.355 9	2.378 7	5.221 0	0.000 0	1.254 0
2011	600606	金丰投资	0.410 0	13.309 9	1.601 5	2.912 4	0.054 4	9.648 5
2011	600608	上海科技	0.050 0	19.355 1	1.017 3	4.630 6	0.006 5	0.000 0
2011	600610	S中纺机	0.020 0	46.325 5	1.879 5	2.391 0	0.000 0	3.242 7
2011	600611	大众交通	0.270 0	25.470 6	2.271 0	4.576 1	0.010 1	8.193 2
2011	600612	老凤祥	1.199 6	1.892 1	1.524 6	7.442 1	0.004 8	24.114 8
2011	600613	永生投资	0.120 0	4.186 3	7.698 9	9.291 8	0.000 0	9.173 9
2011	600614	鼎立股份	0.100 0	5.166 3	1.731 8	2.397 8	0.035 8	6.546 3
2011	600615	丰华股份	−0.080 0	8.000 8	7.462 6	6.726 0	0.000 0	−3.071 0
2011	600616	金枫酒业	0.320 0	12.709 6	5.108 3	13.247 4	0.009 6	11.993 9
2011	600618	氯碱化工	0.198 7	6.056 0	1.843 0	4.474 3	0.000 0	8.428 3
2011	600619	海立股份	0.290 0	8.945 7	1.527 8	2.739 8	0.014 7	9.750 4

年份	股票代码	股票简称	每股收益（元/股）	员工所得与收入比（%）	资产负债比	总资产税费率（%）	捐赠与收入比（%）	净资产收益率（%）
2011	600620	天宸股份	0.030 0	47.427 7	3.228 4	16.527 3	0.000 0	1.985 9
2011	600621	华鑫股份	0.260 2	7.682 3	2.719 0	4.596 7	0.000 0	10.478 7
2011	600622	嘉宝集团	0.519 0	3.556 9	1.619 5	1.817 7	0.018 1	12.174 8
2011	600623	双钱股份	0.199 0	6.678 3	1.489 6	3.471 8	0.000 9	7.777 9
2011	600624	复旦复华	0.069 0	26.067 2	1.719 1	3.178 2	0.016 9	4.211 8
2011	600626	申达股份	0.303 8	3.170 0	2.942 3	2.852 4	0.004 4	11.168 4
2011	600628	新世界	0.400 0	6.536 4	1.606 6	3.090 2	0.001 6	10.356 6
2011	600629	棱光实业	0.117 0	20.286 1	3.636 6	2.335 5	0.087 6	4.706 4
2011	600630	龙头股份	0.110 0	7.782 0	2.336 1	6.263 8	0.003 3	3.155 4
2011	600635	大众公用	0.250 0	10.494 6	1.825 6	1.139 1	0.000 0	10.990 7
2011	600636	三爱富	2.107 0	4.958 2	2.191 0	6.287 6	0.000 1	47.806 4
2011	600637	百视通	0.630 0	14.705 9	6.951 6	2.784 5	0.000 3	13.715 7
2011	600638	新黄浦	0.422 0	4.953 2	1.867 6	1.201 2	0.001 8	7.832 5
2011	600639	浦东金桥	0.487 3	2.687 8	2.031 1	2.916 1	0.028 8	11.214 4
2011	600640	号百控股	0.007 9	6.282 2	23.584 8	0.568 4	0.026 1	0.309 2
2011	600641	万业企业	0.187 6	4.807 9	1.626 0	2.361 7	0.064 5	6.214 1
2011	600642	申能股份	0.301 0	2.097 3	3.298 5	3.190 2	0.000 0	7.623 2
2011	600643	爱建股份	0.146 0	33.765 4	3.483 0	2.446 3	0.036 7	8.794 0
2011	600647	同达创业	0.195 7	5.555 2	1.775 7	11.699 6	0.000 0	12.328 5
2011	600648	外高桥	0.350 0	6.763 0	1.279 7	1.998 3	0.006 7	7.691 8
2011	600649	城投控股	0.480 0	3.455 6	1.975 6	2.344 3	0.003 0	8.832 9
2011	600650	锦江投资	0.441 0	24.820 9	4.318 0	3.044 3	0.000 0	11.596 0
2011	600651	飞乐音响	0.246 0	12.500 0	2.610 2	2.968 1	0.000 0	13.010 8
2011	600652	爱使股份	0.040 0	25.934 6	2.199 9	10.575 5	0.010 3	2.377 9
2011	600653	申华控股	0.052 0	2.010 3	1.500 6	1.620 2	0.011 3	5.319 0
2011	600654	飞乐股份	0.140 0	12.866 3	2.670 4	1.580 3	0.007 6	7.973 4
2011	600655	豫园商城	0.595 0	2.866 8	1.771 9	4.174 1	0.005 7	16.795 3
2011	600661	新南洋	0.020 3	14.823 2	2.004 0	3.120 1	0.060 4	0.862 7
2011	600662	强生控股	0.194 3	25.494 7	2.103 1	3.586 2	0.005 7	7.145 7
2011	600663	陆家嘴	0.527 4	5.465 3	1.825 4	1.769 1	0.000 0	9.070 5
2011	600665	天地源	0.316 4	3.690 1	1.348 5	3.964 5	0.010 7	11.745 8
2011	600675	中华企业	0.533 0	3.548 4	1.326 9	2.523 7	0.036 0	14.950 5

续表

年份	股票代码	股票简称	每股收益（元/股）	员工所得与收入比（%）	资产负债比	总资产税费率（%）	捐赠与收入比（%）	净资产收益率（%）
2011	600676	交运股份	0.260 0	11.796 3	2.062 7	5.033 7	0.001 2	9.191 2
2011	600679	金山开发	0.011 5	9.174 1	2.484 9	2.738 2	0.033 0	0.706 7
2011	600680	上海普天	0.029 0	6.068 6	2.612 3	0.338 1	0.000 0	0.777 5
2011	600688	S上石化	0.131 0	2.481 9	2.444 3	30.104 6	0.000 0	5.214 2
2011	600689	上海三毛	0.090 0	2.379 2	1.660 7	2.312 7	0.004 9	4.536 4
2011	600692	亚通股份	0.010 4	15.027 8	1.653 7	4.597 8	0.014 7	0.795 3
2011	600695	大江股份	0.077 4	8.912 1	1.878 3	2.630 7	0.000 0	21.266 2
2011	600696	多伦股份	0.060 0	13.230 8	2.322 9	1.742 8	0.000 0	4.146 6
2011	600708	海博股份	0.248 9	19.706 6	1.625 1	2.466 1	0.007 6	10.098 8
2011	600732	上海新梅	0.104 0	5.813 4	1.938 7	1.615 8	0.287 3	4.617 3
2011	600741	华域汽车	1.158 0	6.020 7	2.208 3	4.578 5	0.002 3	18.051 2
2011	600748	上实发展	0.420 0	5.633 5	1.550 1	6.132 5	0.008 9	9.469 4
2011	600754	锦江股份	0.531 3	24.017 5	5.222 1	4.031 2	0.000 0	8.115 4
2011	600767	运盛实业	0.068 0	7.010 6	1.845 3	4.956 5	0.089 7	6.364 3
2011	600781	上海辅仁	0.110 0	11.804 6	1.719 6	6.065 6	0.004 6	8.166 5
2011	600816	安信信托	0.429 6	147.373 8	2.504 8	8.972 5	0.000 0	37.310 2
2011	600818	中路股份	0.060 0	10.296 9	2.105 5	3.351 0	0.000 0	4.596 7
2011	600819	耀皮玻璃	0.110 0	12.567 6	1.583 7	2.256 6	0.000 0	3.761 5
2011	600820	隧道股份	0.705 1	6.363 1	1.292 0	2.566 6	0.000 9	10.676 1
2011	600822	上海物贸	0.214 0	0.259 6	1.250 9	0.765 3	0.000 1	6.362 6
2011	600823	世茂股份	1.010 0	3.814 9	1.643 2	2.858 3	0.053 7	11.470 4
2011	600824	益民集团	0.185 0	10.448 1	2.675 8	8.271 6	0.074 3	9.397 2
2011	600825	新华传媒	0.170 0	13.971 3	1.866 2	2.832 4	0.006 1	7.294 4
2011	600826	兰生股份	0.124 2	2.043 6	3.781 0	0.958 5	0.000 0	3.219 1
2011	600827	友谊股份	0.850 0	6.914 5	1.585 7	6.070 6	0.002 4	12.671 8
2011	600832	东方明珠	0.143 0	10.090 1	3.371 7	1.828 7	0.001 0	6.316 2
2011	600833	第一医药	0.160 0	7.739 4	2.177 1	5.693 2	0.000 0	8.699 9
2011	600834	申通地铁	0.120 0	0.498 1	2.841 0	2.789 8	0.000 0	4.928 1
2011	600835	上海机电	0.700 0	9.442 8	1.529 3	3.791 6	0.002 2	11.990 2
2011	600836	界龙实业	0.022 0	11.524 2	1.197 6	3.083 2	0.031 7	1.642 3
2011	600837	海通证券	0.380 0	25.372 8	1.891 8	1.814 2	0.003 2	6.889 1
2011	600838	上海九百	0.265 9	31.127 1	3.236 8	1.063 7	0.150 6	15.319 4

年份	股票代码	股票简称	每股收益（元/股）	员工所得与收入比（%）	资产负债比	总资产税费率（%）	捐赠与收入比（%）	净资产收益率•（%）
2011	600841	上柴股份	0.430 0	9.681 8	2.213 2	8.129 9	0.000 0	9.505 2
2011	600843	上工申贝	0.251 0	22.743 2	2.108 7	1.137 1	0.000 0	16.137 4
2011	600844	丹化科技	−0.378 1	7.772 6	1.899 8	0.267 0	0.000 0	−30.076 1
2011	600845	宝信软件	0.720 0	28.447 2	1.866 1	7.377 3	0.000 0	19.420 5
2011	600846	同济科技	0.180 0	4.582 6	1.430 1	3.213 2	0.027 3	8.751 4
2011	600848	自仪股份	0.016 0	15.064 7	1.127 8	2.631 0	0.000 0	3.648 4
2011	600850	华东电脑	0.113 1	7.536 4	1.592 3	4.498 8	0.000 0	6.882 3
2011	600851	海欣股份	0.031 6	15.228 3	3.275 6	1.372 6	0.004 0	1.508 9
2011	600895	张江高科	0.300 0	4.492 7	1.591 3	0.901 3	0.005 7	7.418 3
2011	601328	交通银行	0.820 0	14.103 3	1.062 9	0.522 1	0.014 2	18.666 2
2011	601601	中国太保	0.970 0	5.961 4	1.158 5	1.324 9	0.004 4	10.824 8
2011	601607	上海医药	0.843 7	4.574 3	2.198 1	4.506 3	0.008 4	8.849 1
2011	601727	上海电气	0.260 0	7.933 5	1.514 1	2.574 2	0.007 4	11.313 7
2011	601788	光大证券	0.451 9	25.083 3	2.013 4	5.279 4	0.034 1	7.191 5
2011	601866	中海集运	−0.234 8	5.559 1	2.195 0	0.483 8	0.001 4	−10.542 3
2011	601872	招商轮船	0.050 0	12.698 9	2.345 8	0.108 2	0.000 0	1.732 3
2012	000668	荣丰控股	0.010 0	10.485 9	2.998 3	4.033 0	0.142 6	0.264 2
2012	000863	三湘股份	0.590 0	4.911 2	1.363 8	5.856 1	0.000 0	31.864 0
2012	002022	科华生物	0.487 2	12.296 0	6.458 1	12.088 5	0.004 9	23.487 8
2012	002028	思源电气	0.560 0	14.149 2	3.314 4	5.434 5	0.053 9	8.669 4
2012	002058	威尔泰	0.040 0	27.102 7	5.547 7	5.418 2	0.000 0	2.674 4
2012	002116	中国海诚	0.590 0	15.810 3	1.253 8	7.072 2	0.004 0	20.491 3
2012	002158	汉钟精机	0.489 1	9.785 3	4.428 2	5.392 4	0.234 5	13.788 8
2012	002178	延华智能	0.130 0	7.510 5	1.798 4	3.064 8	0.000 0	5.518 9
2012	002184	海得控制	0.010 0	6.339 4	3.046 2	5.500 6	0.000 0	0.307 6
2012	002195	海隆软件	0.582 1	47.582 8	18.098 6	6.343 0	0.000 0	15.012 2
2012	002252	上海莱士	0.460 0	15.369 8	6.400 1	11.070 1	0.022 7	22.419 4
2012	002269	美邦服饰	0.850 0	10.997 0	2.437 4	15.217 5	0.019 6	20.561 6
2012	002278	神开股份	0.200 0	16.489 3	4.138 0	2.127 0	0.021 6	4.457 6
2012	002324	普利特	0.590 0	3.420 4	5.675 2	4.824 0	0.000 0	12.515 9
2012	002328	新朋股份	0.070 0	12.123 5	6.648 3	0.605 0	0.045 2	1.567 8
2012	300008	上海佳豪	0.110 0	35.709 6	5.980 0	3.984 1	0.000 4	4.540 0

续表

年份	股票代码	股票简称	每股收益（元/股）	员工所得与收入比（％）	资产负债比	总资产税费率（％）	捐赠与收入比（％）	净资产收益率（％）
2012	300017	网宿科技	0.670 0	12.749 5	8.777 9	4.212 5	0.012 5	11.920 0
2012	600000	浦发银行	1.833 0	16.912 2	1.060 6	0.523 6	0.000 0	19.260 0
2012	600009	上海机场	0.820 0	25.864 8	5.783 3	3.247 9	0.000 0	10.016 0
2012	600018	上港集团	0.218 4	13.368 6	2.599 0	2.880 5	0.000 4	10.409 9
2012	600019	宝钢股份	0.600 0	4.593 8	2.188 7	2.006 4	0.018 1	9.324 6
2012	600021	上海电力	0.412 7	9.736 3	1.466 9	2.959 8	0.000 0	12.685 9
2012	600026	中海发展	0.021 7	14.390 9	1.728 5	0.265 1	0.000 7	0.313 6
2012	600050	中国联通	0.111 7	11.113 1	1.693 3	2.188 8	0.003 3	3.275 5
2012	600061	中纺投资	0.010 0	3.021 5	1.520 3	1.210 1	0.000 9	0.863 9
2012	600072	中船股份	−0.159 0	13.584 1	2.337 6	1.872 6	0.003 4	−5.757 6
2012	600073	上海梅林	0.190 0	6.947 9	1.647 8	5.268 7	0.000 7	7.468 0
2012	600081	东风科技	0.309 0	14.728 0	1.965 3	7.948 3	0.005 3	13.443 8
2012	600088	中视传媒	0.136 0	10.846 4	2.406 8	3.127 7	0.000 0	4.294 5
2012	600094	大名城	0.125 0	3.860 9	1.515 3	4.724 1	0.160 5	7.969 5
2012	600097	开创国际	0.640 0	11.197 8	2.515 2	0.058 3	0.027 0	16.181 7
2012	600104	上汽集团	1.882 0	2.829 7	1.842 1	9.579 8	0.002 4	16.962 7
2012	600115	东方航空	0.304 2	15.515 9	1.261 1	2.797 7	0.000 0	14.673 4
2012	600119	长江投资	0.110 0	5.320 2	2.319 6	3.825 4	0.000 0	4.470 6
2012	600150	中国船舶	0.020 0	7.611 2	1.766 5	1.786 2	0.001 8	0.153 4
2012	600151	航天机电	−0.842 9	24.314 7	1.610 9	0.410 7	0.000 0	−24.466 2
2012	600170	上海建工	0.690 0	4.081 0	1.183 4	3.943 6	0.006 0	13.530 3
2012	600171	上海贝岭	0.050 0	18.333 8	6.646 5	0.636 5	0.008 9	1.924 5
2012	600193	创兴资源	0.340 0	11.426 0	1.970 7	1.848 4	0.019 2	21.493 3
2012	600196	复星医药	0.800 0	10.434 1	2.500 1	3.091 4	0.045 4	11.534 3
2012	600210	紫江企业	0.113 0	8.000 1	1.653 3	4.525 3	0.002 8	4.467 3
2012	600272	开开实业	0.250 0	12.477 3	1.567 0	3.435 2	0.049 2	17.742 5
2012	600278	东方创业	0.290 0	2.511 7	2.175 0	1.935 5	0.000 9	5.958 9
2012	600284	浦东建设	0.720 8	5.426 3	1.562 6	1.159 3	0.006 6	12.378 5
2012	600315	上海家化	1.410 0	6.591 4	3.984 0	14.804 8	0.007 4	22.679 7
2012	600320	振华重工	−0.240 0	6.542 7	1.445 5	0.513 1	0.000 0	−7.344 1
2012	600420	现代制药	0.403 0	9.795 8	1.931 3	6.765 1	0.006 3	12.830 8
2012	600490	中科合臣	0.240 0	1.591 8	3.065 5	0.168 6	0.000 0	8.921 2

续表

年份	股票代码	股票简称	每股收益（元/股）	员工所得与收入比（%）	资产负债比	总资产税费率（%）	捐赠与收入比（%）	净资产收益率（%）
2012	600500	中化国际	0.410 0	1.458 3	1.506 9	1.421 7	0.000 0	8.835 6
2012	600503	华丽家族	0.031 1	1.881 2	2.325 7	5.602 0	0.000 0	1.800 8
2012	600508	上海能源	1.280 0	25.175 3	3.863 1	12.803 0	0.000 0	11.604 3
2012	600517	置信电气	0.246 0	5.319 9	2.603 0	5.534 8	0.000 0	13.439 0
2012	600530	交大昂立	0.267 0	17.149 2	5.643 2	2.799 4	0.000 0	5.654 6
2012	600555	九龙山	−0.140 0	15.361 4	2.321 9	0.697 4	0.076 4	−11.481 3
2012	600597	光明乳业	0.280 0	4.730 6	1.900 3	12.744 1	0.008 1	7.755 7
2012	600601	方正科技	0.036 7	5.946 8	2.922 5	1.494 0	0.000 0	1.875 3
2012	600602	仪电电子	0.090 0	18.228 2	8.227 5	2.129 8	0.000 0	4.479 7
2012	600604	市北高新	0.258 8	5.114 8	3.648 8	6.479 1	0.003 3	12.914 2
2012	600605	汇通能源	0.044 8	0.448 4	2.219 7	1.675 1	0.001 7	1.389 3
2012	600606	金丰投资	0.200 0	28.075 6	1.584 4	1.767 1	0.090 9	4.803 7
2012	600608	上海科技	0.080 0	17.107 8	1.116 3	5.420 8	0.010 6	9.428 0
2012	600610	S中纺机	−0.110 0	53.017 7	1.537 9	1.373 3	0.000 0	−30.696 7
2012	600611	大众交通	0.250 0	26.457 2	2.604 1	3.476 3	0.007 2	7.174 7
2012	600612	老凤祥	1.168 6	1.758 8	1.556 6	7.820 0	0.003 0	22.136 9
2012	600613	永生投资	0.090 0	4.381 5	10.323 6	13.075 4	0.000 0	6.681 7
2012	600614	鼎立股份	0.100 0	5.625 8	1.651 3	1.327 4	0.006 6	6.372 1
2012	600615	丰华股份	0.020 0	27.572 3	14.208 7	0.640 7	0.000 0	0.828 4
2012	600616	金枫酒业	0.240 0	11.417 7	4.184 6	15.349 0	0.000 0	8.268 9
2012	600618	氯碱化工	0.088 7	6.044 0	1.847 7	3.676 5	0.000 0	3.625 4
2012	600619	海立股份	0.230 0	9.550 2	1.686 9	3.807 9	0.009 7	6.251 4
2012	600620	天宸股份	0.030 0	57.223 4	3.397 1	0.790 2	0.000 0	1.840 1
2012	600621	华鑫股份	0.349 3	9.384 4	2.044 7	3.129 1	0.000 0	12.763 4
2012	600622	嘉宝集团	0.589 0	4.220 0	1.554 8	0.807 6	0.002 4	12.518 6
2012	600623	双钱股份	0.328 0	5.977 7	1.558 8	3.203 0	0.000 9	11.714 2
2012	600624	复旦复华	0.081 0	24.099 6	1.935 6	4.882 3	0.070 8	4.846 5
2012	600626	申达股份	0.231 9	3.449 8	2.527 6	2.849 8	0.008 0	8.125 7
2012	600628	新世界	0.450 0	6.410 7	1.779 3	4.324 9	0.011 1	10.599 2
2012	600629	棱光实业	0.028 0	15.875 2	2.910 1	4.109 4	0.000 0	1.283 2
2012	600630	龙头股份	0.110 0	7.991 6	2.437 1	6.293 8	0.003 8	3.012 8
2012	600635	大众公用	0.200 0	10.780 0	1.751 5	1.987 1	0.001 9	8.703 7

续表

年份	股票代码	股票简称	每股收益（元/股）	员工所得与收入比（%）	资产负债比	总资产税费率（%）	捐赠与收入比（%）	净资产收益率（%）
2012	600636	三爱富	0.365 0	8.113 6	2.315 4	5.845 5	0.000 4	8.389 5
2012	600637	百视通	0.460 0	11.563 1	5.234 3	4.872 8	0.000 0	16.742 6
2012	600638	新黄浦	0.371 0	6.247 1	1.734 6	3.264 1	0.000 0	6.417 1
2012	600639	浦东金桥	0.359 4	4.960 0	2.034 7	3.872 9	0.053 5	7.766 8
2012	600640	号百控股	0.247 7	11.617 1	5.408 9	4.874 3	0.012 1	5.566 0
2012	600641	万业企业	0.137 8	3.629 7	1.594 0	2.079 7	0.006 7	4.441 3
2012	600642	申能股份	0.329 0	2.247 4	3.109 5	3.504 9	0.000 0	8.019 5
2012	600643	爱建股份	0.326 0	55.197 4	21.702 2	2.269 3	0.006 5	7.584 8
2012	600647	同达创业	0.205 9	4.367 3	2.165 6	7.218 5	0.000 0	11.485 4
2012	600648	外高桥	0.440 0	6.368 9	1.280 1	1.820 9	0.007 5	8.897 3
2012	600649	城投控股	0.450 0	4.079 3	1.972 3	1.930 4	0.005 0	9.905 4
2012	600650	锦江投资	0.335 0	26.727 5	4.240 1	3.968 6	0.000 0	8.722 9
2012	600651	飞乐音响	0.142 0	13.412 2	2.160 3	3.364 7	0.000 0	9.145 5
2012	600652	爱使股份	0.350 0	32.952 3	2.303 4	12.194 7	0.008 5	19.477 1
2012	600653	申华控股	0.084 7	1.870 4	1.611 6	1.872 4	0.004 4	7.835 5
2012	600654	飞乐股份	0.140 0	13.042 3	3.196 5	2.852 0	0.005 5	7.495 9
2012	600655	豫园商城	0.673 0	2.544 9	2.323 9	4.157 4	0.003 8	16.607 1
2012	600661	新南洋	−0.286 8	17.541 3	1.853 3	2.613 7	0.004 0	−13.432 7
2012	600662	强生控股	0.173 6	27.284 7	2.039 4	3.576 1	0.002 6	6.224 0
2012	600663	陆家嘴	0.541 3	7.061 1	1.750 0	3.868 6	0.000 0	8.727 2
2012	600665	天地源	0.280 0	4.674 3	1.341 5	4.556 0	0.018 2	11.088 9
2012	600675	中华企业	0.363 0	4.692 0	1.339 4	3.948 9	0.039 8	9.943 7
2012	600676	交运股份	0.320 0	11.235 9	2.024 9	4.554 4	0.004 1	9.343 8
2012	600679	金山开发	0.011 6	8.144 0	2.290 5	1.799 0	0.094 5	0.693 1
2012	600680	上海普天	−0.209 0	6.107 8	2.237 3	1.343 9	0.000 0	−5.934 3
2012	600688	S上石化	−0.215 0	2.732 8	1.808 8	18.132 2	0.000 0	−9.564 1
2012	600689	上海三毛	−0.240 0	2.242 0	1.469 5	1.639 8	0.003 0	−13.076 6
2012	600692	亚通股份	0.056 1	5.140 5	1.595 4	1.368 5	0.009 8	4.102 2
2012	600695	大江股份	−0.198 9	19.686 8	2.347 5	1.601 5	0.000 0	−47.203 1
2012	600696	多伦股份	0.071 0	3.143 6	2.499 7	4.208 8	0.000 0	4.713 3
2012	600708	海博股份	0.296 2	21.467 4	1.703 0	3.123 9	0.007 3	11.099 3
2012	600732	上海新梅	0.015 0	8.577 0	1.798 7	3.470 7	0.000 0	0.678 9

年份	股票代码	股票简称	每股收益（元/股）	员工所得与收入比（%）	资产负债比	总资产税费率（%）	捐赠与收入比（%）	净资产收益率（%）
2012	600741	华域汽车	1.201 0	6.601 4	2.229 8	4.423 0	0.002 2	16.106 1
2012	600748	上实发展	0.590 0	6.407 9	1.583 7	2.630 9	0.039 5	13.384 1
2012	600754	锦江股份	0.612 0	24.410 4	4.802 6	4.597 2	0.000 0	8.693 4
2012	600767	运盛实业	0.101 0	5.252 0	2.812 1	5.132 9	0.000 0	8.641 1
2012	600781	上海辅仁	0.060 0	13.451 9	1.572 4	4.814 7	0.000 0	4.299 2
2012	600816	安信信托	0.237 1	501.489 4	2.967 0	10.661 5	0.000 0	17.077 1
2012	600818	中路股份	0.060 0	12.831 8	2.217 6	1.514 4	0.000 0	4.268 3
2012	600819	耀皮玻璃	0.080 0	13.176 2	1.644 1	2.209 9	0.000 0	2.751 4
2012	600820	隧道股份	0.886 3	5.851 1	1.291 7	2.412 8	0.001 2	10.439 7
2012	600822	上海物贸	−1.200 0	0.226 2	1.106 3	0.741 2	0.000 1	−60.827 1
2012	600823	世茂股份	1.170 0	4.143 8	1.603 2	4.277 4	0.000 3	10.881 1
2012	600824	益民集团	0.204 0	9.964 4	2.938 2	8.088 7	0.040 4	9.654 5
2012	600825	新华传媒	0.100 0	16.266 7	1.744 1	2.255 3	0.014 8	4.288 0
2012	600826	兰生股份	0.118 0	2.073 9	3.853 2	0.265 4	0.000 0	2.401 6
2012	600827	友谊股份	0.680 0	7.400 7	1.634 6	6.441 6	0.001 1	9.548 0
2012	600832	东方明珠	0.172 0	8.582 2	3.356 0	2.044 2	0.000 6	7.220 5
2012	600833	第一医药	0.160 0	7.719 4	2.273 7	5.984 0	0.000 0	7.392 8
2012	600834	申通地铁	0.232 6	0.601 1	3.152 8	2.956 3	0.000 0	9.174 8
2012	600835	上海机电	0.690 0	8.454 7	1.383 1	4.668 9	0.002 8	13.781 6
2012	600836	界龙实业	0.026 0	9.723 1	1.200 6	3.197 8	0.019 5	1.872 3
2012	600837	海通证券	0.330 0	25.298 9	1.916 8	1.172 0	0.011 0	5.146 2
2012	600838	上海九百	0.064 2	22.752 6	2.714 6	0.842 9	0.042 1	3.783 6
2012	600841	上柴股份	0.240 0	12.416 5	2.790 8	2.262 4	0.000 0	6.418 4
2012	600843	上工申贝	0.092 9	24.555 9	2.161 3	1.458 6	0.000 0	5.714 6
2012	600844	丹化科技	0.035 6	8.456 9	1.974 3	0.508 8	0.000 0	2.756 5
2012	600845	宝信软件	0.770 0	26.124 9	1.894 0	7.680 8	0.000 0	17.714 6
2012	600846	同济科技	0.190 0	4.399 4	1.471 5	3.691 2	0.000 9	8.239 2
2012	600848	自仪股份	0.025 0	14.538 9	1.121 3	1.689 8	0.000 0	5.533 1
2012	600850	华东电脑	0.593 8	7.178 8	1.709 6	4.437 2	0.000 0	16.263 4
2012	600851	海欣股份	0.042 9	14.105 7	3.515 9	1.251 7	0.015 3	1.796 7
2012	600895	张江高科	0.240 0	3.648 1	1.596 4	1.240 0	0.010 8	5.740 8
2012	601328	交通银行	0.880 0	14.164 8	1.078 0	0.553 6	0.008 1	15.364 6

年份	股票代码	股票简称	每股收益（元/股）	员工所得与收入比（%）	资产负债比	总资产税费率（%）	捐赠与收入比（%）	净资产收益率（%）
2012	601601	中国太保	0.590 0	6.277 0	1.167 1	1.011 4	0.003 5	5.278 8
2012	601607	上海医药	0.763 5	4.231 6	2.185 4	4.963 6	0.000 0	8.331 7
2012	601727	上海电气	0.210 0	8.422 8	1.521 5	4.277 1	0.005 3	8.918 4
2012	601788	光大证券	0.293 4	29.791 3	1.646 3	2.654 5	0.036 9	4.523 5
2012	601866	中海集运	0.044 7	5.907 7	2.157 7	1.135 0	0.001 0	1.970 3
2012	601872	招商轮船	0.020 0	13.076 9	2.691 4	0.362 4	0.041 8	0.740 0